成也薪酬 败也薪酬

让老板发的每一分工资都有效

舒瀚霆 ◎ 著

电子工业出版社
Publishing House of Electronics Industry
北京·BEIJING

未经许可,不得以任何方式复制或抄袭本书之部分或全部内容。
版权所有,侵权必究。

图书在版编目(CIP)数据

成也薪酬 败也薪酬:让老板发的每一分工资都有效 / 舒瀚霆著. —— 北京:电子工业出版社,2022.5
ISBN 978-7-121-43357-3

Ⅰ.①成… Ⅱ.①舒… Ⅲ.①企业管理－工资管理 Ⅳ.① F272.923

中国版本图书馆 CIP 数据核字(2022)第 073472 号

责任编辑:张振宇　　　特约编辑:田学清
印　　刷:三河市鑫金马印装有限公司
装　　订:三河市鑫金马印装有限公司
出版发行:电子工业出版社
　　　　　北京市海淀区万寿路 173 信箱　　邮编:100036
开　　本:700×1000　1/16　印张:21.5　字数:309 千字
版　　次:2022 年 5 月第 1 版
印　　次:2022 年 5 月第 1 次印刷
定　　价:78.00 元

凡所购买电子工业出版社图书有缺损问题,请向购买书店调换。若书店售缺,请与本社发行部联系,联系及邮购电话:(010)88254888,88258888。
质量投诉请发邮件至 zlts@phei.com.cn,盗版侵权举报请发邮件至 dbqq@phei.com.cn。
本书咨询联系方式:(010)88254210,influence@phei.com.cn,微信号:yingxianglibook。

成也薪酬 败也薪酬

让老板发的每一分工资都有效！这就是我创作这套书的愿望！

今天，薪酬变得更简单，还是更困难了？

这是一个不容易回答的问题。老板们发现，管理方法层出不穷，可真正行之有效的寥寥无几。HR（人力资源管理者）们也发现，从学校和专业书籍里学到的理论知识是一回事儿，在工作中的实际运用又是另一回事儿。特别是在互联网和大数据时代来临之后，这样的趋势越发明显：一方面，传统的薪酬模式余威尚在，岗位、能力、绩效仍然是我们这个时代"薪酬＋设计"最强劲有力的"三驾马车"；另一方面，互联网、大数据和人工智能等带来的组织变革，"大众创业，万众创新"带来的自主创业思潮，"90后""00后"成为公司的生力军带来的人性复苏，这三大新变化给薪酬设计带来了前所未有的新挑战、新变革。在旧方法和新变革之中做出取舍往往是最难的。

事实上，大多数老板和薪酬工作者已经深有体会：薪酬变得越来越难做了。

在我的轻奢顾问企业家社群"瀚霆研习会"上，曾经有一位企业家会员和我半开玩笑地说："瀚霆老师，你万万想不到，我们这些企业不是被市场搞死的，而是发工资发死的。"

这句话引起了我的深思。

因为不会发工资，导致不是"劣币驱逐良币"，发生人才流失现象，就是激活不了团队动力，让团队变成"咸鱼"，甚至招不到人才，失去重大发展机遇，等等。

我专注于企业管理顾问领域20余年，服务过的企业有百余家，培训过的企业家及高管有数万人次。在这20余年间，我见证了太多企业因为薪酬而兴盛或衰败。面对薪酬问题，一部分企业束手无策，只能隐忍屈服；另一部分企业尝试做出改变，却收效甚微。究其原因，往往是这些企业没有找到薪酬问题的根源所在。

在很多企业里，薪酬往往是HR的事情。有问题问HR，出问题怪HR，已经成为很多企业的共识。可问题往往是，99%的薪酬问题不是HR的错，并非HR不够专业，也绝非老板不够支持。

企业薪酬出现问题，根源往往在于：企业老板缺乏必要的薪酬素养，对HR的薪酬方案一知半解，想要支持HR的工作，却不知道如何支持，想要解决薪酬问题，却不知道从何着手，致使薪酬规划设计与落地执行之间产生了严重分歧与隔阂甚至偏差与错误，导致专业的薪酬方案失效，企业陷入薪酬困局。

所以，对于企业来说，薪酬不只是HR的痛，更是老板的痛。

市面上，关于薪酬的书籍琳琅满目，可是却很少有人注意到老板与HR角色错位带来的薪酬困局。在进行了大量的市场考察，盘点了市场上大量的薪酬类书籍后，我发现80%以上的薪酬类书籍是面向HR（或MBA）的专业教材和普及读物，或者是一些关于薪酬的表格工具等；针对管理者实践，尤其是针对企业老板的薪酬类书籍却不足10%。要想找一本既适合企业老板阅读，从企业的发展战略角度来提升老板的薪酬素养，又适合企业管理者和薪酬工作者阅读，提升他们的专业能力，特别是让老板、企业管理者和薪酬工作者达成深度一致的薪酬类书籍的可能性几乎为零。所以我认为，市场上不缺少薪酬专业书籍，而是缺少适合老板、高管和HR阅读的薪酬类书籍。

同时，我也认为，想要真正解决企业的薪酬问题，只提升 HR 们的专业度是远远不够的。更重要的是，让企业管理者，尤其是老板们关注薪酬、了解薪酬、重视薪酬，并认识到"薪酬是企业的动力系统，文化是企业的活力系统"。我们不仅要解决企业的薪酬问题，还要建设企业的薪酬文化系统。

那么，老板们究竟需要了解哪些薪酬问题呢？

一方面，老板们要抓大放小。老板们无须和 HR 们一样面面俱到、事事皆晓，成为一个薪酬专家。老板们时间宝贵、视野开阔、格局远大，应该站在更高的位置，从更宏观的视角去审视企业的薪酬问题。例如，明白企业如何将愿景与使命、企业战略和发展目标联系起来制定相应的薪酬战略，明白哪种薪酬模式更适合企业、更能促进企业的发展，明白运用哪种薪酬策略更适合自己的企业、能给企业带来更长久的利益；明白自己作为企业最高管理者，肩负的薪酬责任是什么，自己要起到的作用又是什么。

另一方面，老板们要抓住人性和人心。人是复杂的，人心是复杂的，人性更是复杂的。这个时代，薪酬问题说到底仍然是"钱"的问题。"钱"是生产资料，也是生活成本，是每个人都很关心的大问题。在这个问题上，企业和员工既是利益合作者，又是利益分配者，两者之间有着十分微妙的关系，怎么处理好这种关系，是老板薪酬艺术里的大学问。

以上两个方面，我称之为薪酬艺术里的"道"和"法"。"道"是指薪酬的策略和方法，"法"是指承载薪酬的人性和道理。这是老板们真正需要了解的"薪酬问题"。我将这部分内容放在了本书中，希望从更宏观的视角为老板们提供帮助，让老板们发的每一分工资都有效！

针对"道""法"可能遇到的问题，我独创性地提出了"八字方针"，从战略、策略、公平、竞争、发展、激励、挑战、保障八个维度，为企业老板和管理者提出薪酬治理的建设性意见及指导。

对于薪酬工作者，他们又需要明白薪酬的什么问题呢？

一方面，薪酬工作者需要从专业角度支持老板做好薪酬决策。他们需要学习专业的薪酬调查方法、预算方法、设计和管理薪酬的方法，用这些方法辅助老板做好薪酬决策，并将这些方法灵活运用在企业的薪酬和人力资源管理上。

另一方面，薪酬工作者需要掌握落地的路径和工具。这些路径和工具能更好地帮助他们执行老板的薪酬战略、薪酬理念、薪酬模式等，也能帮助他们明白在什么时候、什么情况下运用哪种薪酬路径和工具才是最好的、最有利于企业发展的。

以上两个方面，我称之为薪酬艺术里的"术"和"器"。"术"是指具体操作的方式和手段，"器"是指承载这些方式和手段的路径和工具。这是薪酬工作者们真正需要领悟的"薪酬问题"，我将这部分内容放到了下一册书中，希望从更专业的视角为薪酬工作者提供帮助。

当然，对于达到一定程度和级别的薪酬工作者来说，也不必局限于"术"和"器"的限制。他们可以更上一层楼，从"道"和"法"的层面思考薪酬问题。甚至可以说，真正优秀和了不起的 HR，是可以完美兼容"道""法""术""器"，做到既从宏观思维思考，又从微观实践着手的。

正是本着"既能满足人力资源管理需要，又能帮助老板决策"的想法，我开始谋划本套书的创作。不过，真正让我下定决心一定要把这套书写好的原因，很大程度上来自我的顾问客户和"瀚霆研习会"的企业家会员们。

作为一名每次给数百位老板及其高管授课的资深企业顾问，在每次授课结束后，我都会收到大量的反馈。一方面，是他们遭遇到了各类经营、管理和薪酬问题，尤其是薪酬问题，想要寻求我的帮助和解答；另一方面，他们也向我反映，每次的培训授课对他们的帮助都很大，解决了他们的很多实际问题。略有遗憾的是，当他们回到企业，重新回忆我讲授的内容时，往往会有疏漏。他们希望我能就这方面的问题出一本书,以供他们随时翻阅,解答困惑。

有一些企业家在听过我的课之后,风趣地说:"瀚霆老师,你讲的薪酬,道中有术,术中有道,不限于狭隘的视角,很好地结合了老板的视野和HR的做法,不出一本书让更多的人知道,实在是太可惜了。"

我要感谢这些企业家朋友们,正是他们为我编写本套书带来了极大的信心和鼓励。于是,我开始尝试整理20多年来在薪酬方面的大量实践内容,特别是我在数十家企业担任顾问时遇到的问题和总结的经验。我想,这些问题是很多企业的通病,是值得所有老板注意的。

同时,我也要感谢我的团队,他们在短时间内翻阅、收集、整理了许多的实践资料,从我担任顾问的数十家企业的案例中,提炼了大量的共性问题,供我思考和写作。尤其要感谢我的助理陈泓伊、蔡昌鹏和刘汉松。他们在资料品质的把控、书籍结构的构建和内容加工的打磨等方面,为我提供了大量的建议,并完成了很多实质性的工作,帮助我大幅缩短了创作时间,让本套书可以尽早跟大家见面。

最初,我编写本套书的初衷无非两个:一是那些可爱可敬的企业家强烈的意愿触动了我;二是作为一名资深企业顾问,我深知薪酬的问题和痛点所在,想写一本真正可以帮助老板和HR的书籍。

创作的过程中,我内心一种更为强烈的声音突然被唤醒:我曾经是一名"拿工资"的员工,后来成为一名"发工资"的老板,现在又是一名"教别人如何发工资"的企业顾问。其中的角色转换使我有太多触动、太多想法、太多思考,想要分享给各位朋友。

本套书于我,已经不单单是20多年管理经验的总结,更是这20多年我一路走来的成长和转变。此书,与君共勉,望朋友们能读有所益、用有所获,助力朋友们的事业蒸蒸日上,帮助朋友们的企业蓬勃发展。

舒瀚霆
2022年1月

目 录

第一部分 八字方针篇

第一章　学会这八个字，秒懂薪酬 / 003
　第一节　让你心愁的，不是薪酬，而是人心 / 006
　第二节　好薪酬，离不开企业的发展与进化 / 013
　第三节　所有的薪酬问题，都绕不开这八只拦路虎 / 027
　第四节　薪酬的关键是对症下药，运用八字方针，解决薪酬的八个核心问题 / 042

第二部分 四维薪酬篇

第二章　起点：岗位薪酬 / 067
　第一节　避开薪酬"雷区"，从岗位设计开始 / 071
　第二节　岗位设计，需要一套好的评估方法 / 079
　第三节　如何才能高效完成岗位价值评估 / 099
　第四节　岗位薪酬是如何设计的 / 106

第三章　进阶：能力薪酬 / 118
　第一节　为什么替补比主力要多薪 / 121
　第二节　四种不同的能力，四种不同的薪酬 / 128
　第三节　如何将员工纳入合适的薪档 / 146
　第四节　为能力付薪，让你的薪酬由"窄"变"宽" / 152

第四章　强化：绩效薪酬 / 157
　第一节　如何让你的薪酬浮动起来 / 160

第二节　学会这三种绩效薪酬，解决企业 99% 的烦恼 / 169

第三节　绩效离不开管理，教你最简单的绩效目标制定、
　　　　分解和考核 / 190

第四节　绩效根植于企业的文化土壤 / 226

第五章　提升：战略薪酬 / 237

第一节　"VUCA 时代"下，企业如何解决自己的
　　　　"薪愁" / 240

第二节　时间越是明确，员工越能准确执行 / 246

第三节　不是所有人都适合你的战略事件，找到正确的人
　　　　是关键 / 256

第四节　如何进行战略薪酬设计 / 264

第五节　运用好"四维薪酬"，让你的薪酬更有
　　　　竞争力 / 271

第三部分　薪酬管理篇

第六章　保障：薪酬管理 / 281

第一节　薪酬诊断：要想薪酬健康，就给你的薪酬
　　　　做一次体检 / 281

第二节　薪酬预算：薪酬出问题，往往是从预算
　　　　开始的 / 290

第三节　薪酬管理制度：没有管理制度，再好的薪酬
　　　　也驶不出港湾 / 299

附录 A　薪酬背后的老板心智 / 308

A1　"心智模式"的内容分享 / 310

A2　"团队心智"的内容分享 / 313

A3　"运营心智"的内容分享 / 316

A4　"赚钱心智"的内容分享 / 319

A5　"发展心智"的内容分享 / 321

A6　"个人心智"的内容分享 / 323

结束语 / 329

第一部分

八字方针篇

大多数管理者能意识到企业的薪酬出了问题,却意识不到薪酬到底出了什么问题。他们绞尽脑汁,在薪酬问题上耗费大量时间和精力,投入大量资源和成本,换来的却是令人沮丧的结果。看着结果,他们会纳闷:到底是哪里出了问题?

其实很简单,他们把薪酬问题看得太肤浅了。薪酬,说的简单点儿就是发钱。可说得复杂点儿,它又是一场关于人性和企业发展的洞察与整合。所以,在发钱之前,管理者首先要明白那些与薪酬相关联的人性,掌握企业发展的战略。

大多数企业的薪酬问题,寻根问底,最终是管理者对人性缺乏洞察和对企业战略认知不足导致的。当管理者了解了人性、战略和薪酬的关系,企业的薪酬战略也就成功了一半。

第一章
学会这八个字，秒懂薪酬

从人性和战略出发，解决企业的薪酬设计拦路虎

成吉思汗：让士兵成为战场的主角

古往今来，组织变革最为高效的往往是军队。伟大的将领，除了精通指挥作战，还是极为优秀的管理者和薪酬设计者。这其中，成吉思汗绝对是佼佼者。

在成吉思汗之前，蒙古各部落往往将战争中得来的财物原封不动地献给自己部落的可汗和贵族，拼死拼活打仗的士兵到头来却收获甚微，甚至一无所获。早年，成吉思汗也曾推行这种分配制度，不过效果并不能令他满意。

42岁那年，成吉思汗想要征服乃蛮部落，一统蒙古大草原。战争前夕，面对数倍于己的敌人，成吉思汗必须想出一个战胜敌人的办法。出人意料的是，成吉思汗不走寻常路，没有直接在战略战术上想办法，反倒在"薪酬设计"上动起了"歪脑筋"，推出了一个"损害自己利益"的千户制。

为什么说是"损害自己利益"呢？

原本，作为可汗的他，原本可以享受并自由分配战争中的绝大部分战利品。可是，千户制一推出，反倒要把其中的9成战利品拱手送

给别人，自己只拿得可怜兮兮的1成战利品。一场仗打下来，自己得到的东西可就少多了。

他这样做自有一番高明的打算。

千户制规定，战争中缴获的财物只有1成需要上缴，其余9成用来犒赏部下和士兵。这可都是看得见、摸得着的财物啊！哪个部下不眼馋？哪个士兵不心动？

这一举措，基本上解决了士兵的"工资问题"，也就是薪酬设计中"薪"的问题，而且是按能力和绩效付薪。只要你有本事，成为一位百万富翁也不是没有可能；只要你肯卖命，加官晋爵的机会绝对少不了。

同时，千户制还规定，无论是富人、官员，还是平民，甚至是奴隶，只要在战争中立功，就能受到赏赐。并且，所获得的赏赐还可以世袭下去，由子女继承。

要知道，在那个时代，奴隶的地位甚至连牛马都不如。贵族们贩卖牛马还会在心中盘算一下，打死一个奴隶却可能连眼睛也不会眨一下。千户制的出台简直就是给了奴隶们翻身做主的机会。

这样一来，又解决了"薪酬设计"中"酬"的问题。这些士兵，就像一家大型企业的持股员工，不仅靠着战场上的功绩，拿着高额赏赐，还持有这家"帝国企业"的股份，成为分享帝国红利的原始股东。这样的薪酬福利，想让他们不卖命都难。

最后，千户制还规定，士兵在战场上即便没有功劳，也有苦劳，也能从胜利中分一杯羹。这一条看似简单，成吉思汗却一下解决了两个难题：士兵们的"底薪问题"和"薪酬分配"中的相对公平问题。有了这一条作为基本保障，所有士兵都知道，只要跟着这位草原上的王，就绝对亏待不了自己。

千户制一推行，无论是贵族还是奴隶，都看到了改变命运的绝佳机会，眼神中闪烁起饿狼般的精光。他们磨刀备箭，自带干粮，骑上自家的马匹，携兄弟，带伙伴，在成吉思汗的大蠹（dao）下奋勇拼杀；喝着草原上的马奶酒，比功劳，论赏赐，谈论着将来的丰功伟绩。

命运从未如此牢靠地掌握在自己手中，所以上至白发老者，下至十四五岁的少年，无不成为成吉思汗的拥趸。为自己而战、为子孙后代而战，成为每个草原勇士的不二信条。他们坚信，自己就是这场战争的参与者和受益者，是战场上真正的主角。

反观他们的对手，草原上其他部落的士兵却没有这样优渥的"薪酬待遇"。他们只能把战利品上缴，拿着微薄的"固定工资"，却要拼死卖命。成吉思汗对待士兵的"薪酬方式"一旦传入他们耳中，他们心中又是什么滋味呢？

欧洲诸国在遭遇蒙古士兵时，紧急召集骑士团、雇佣兵、矿工和农民，组成"临时工联盟"。除了对蒙古人的恐惧和遵照执行城主命令，这些拼凑的"临时工"只能得到极少的报酬，并没有什么期待。除了零星的几个钱币，他们不知道还能从战争中得到什么，对胜利也就没有多少渴望了。和拿着高额"浮动工资"的蒙古人比起来，他们那点儿固定工资简直少得可怜。在"主角光环"加持的蒙古士兵眼中，他们就像是待宰的羔羊，也难怪他们称蒙古人是外星人了。

南宋和契丹的情况或许稍微好一些，但却无法和蒙古人相提并论。他们实行募兵制，大量招收灾荒中的难民和罪犯，还抓民为兵。虽然有极为优厚的"退伍保障"和"医疗保险"，并且军队也允诺每个士兵都有加官晋爵的机会，可是军营中三六九等的差别待遇破坏了平等的晋升机会，不少士兵到死也看不到自己的前途和希望。很多士兵的愿望很单纯，只想吃饱喝足，好好活下去，混到自己退伍，对"薪酬待遇"也没啥更高的期待了。

相比之下，千户制是绝对天才的薪酬设计方案。首先，它不仅通过"薪酬"将帝国的战略与每个士兵紧密联系起来，而且还利用极为具体有效的策略将其推行到部队的各个层级，使之完美地运行。其次，它在给予每个士兵最基本的保障的基础之上，更注重激励所有人去挑战更大的目标，去夺取更多的战利品，取得更大的胜利。最后，它在激励士兵英勇作战的同时，还带给了他们更长远的期待，激励他们去改变自己的命运，改变子孙后代的命运。

纵观我们的企业，像这样有战略、有策略、有期待、有激励、有保障、有挑战，同时又公平有力、足够吸引人的薪酬设计，不正是每位老板和薪酬设计者梦寐以求，却又力有未逮的吗？

第一节　让你心愁的，不是薪酬，而是人心

一、"工具人"：饿得半死不活的工人才是好工人

现代意义上的薪酬，最初以工资的形式，伴随着工人的出现而出现。

18世纪后半叶，这样的场景在英国或许十分常见：一名工人拖着疲惫的身体，从肮脏昏暗的工厂里走出来。一连干了十几个小时的苦力活，他满脸疲惫，无精打采，来到一家面包店门口，用今天赚到的工资买了一些面包。回到家中，他把面包分给妻儿，独自坐下来，看着他们狼吞虎咽，顾不上擦去脸上的污渍，又不得不为明天的口粮担心起来。

这并不是个例，而是时代现象。

第一次工业革命时期，工厂主们乐于看见这种场景，乐于看见自己的工人忍饥挨饿，乐于看见工人工作十几个小时和机械捆绑在一起的模样。

在这个只有工资没有福利的时代，工厂主们有一个近乎偏执的爱好：不择手段地压低工人的工资。

在他们看来，高工资就是给工人插上自由的翅膀，只会让他们像鸟儿一样飞走。想要将工人牢牢绑在工厂里，沦为"工具人"，为自己工作，就得把工资压低、压低、再压低。

"饿得半死不活的工人才是好工人，为下一顿饭操碎了心的工人才是好'工具人'。"这或许是那个时代，工厂主们相聚一堂把酒言欢

时，最聊得来的共同话题了。

将工人当作"工具人"的想法，贯穿了整个第一次工业革命时期。在那时的工厂主们看来，工人和机器没有区别，一个吃饭，一个烧煤而已。工厂主们没有意识到人性的问题，也不知道薪酬为何物，他们没有把工人当人看待。暴力和强迫，是他们对待工人的唯一方式。

二、"经济人"：用物质激励和薪酬保障刺激员工

到了19世纪末，这样的景象在美国流行开来：下班时，监工清点着工人们加工的零件数量，计算他们的工作时长，按照数量多少和上班时间分发工资。几个工人围在工厂门口，彼此攀比着工资，笑谈一会儿，相约在附近某家小酒馆喝上一两杯，再买些像样的食物，慢悠悠地走回家。

监工结算完工人们的工资，来到大老板的办公室。一摞工资已经摆在桌前，他乐呵呵地走过去，拿起钱，向老板挥手道别，走出办公室。

这个时代，"经济人"思想在各种工厂和企业中渐渐发挥作用。许多老板退居二线，将工厂交给监工负责。同时，老板们也意识到工人不是简简单单的工具，他们也是有血有肉的人，他们也有人的欲望。

那么，一个人最大的欲望是什么？

一定是追求自身利益的最大化。

在"经济人"思潮的影响下，科学管理学之父弗雷德里克·泰勒根据深入的研究，结合自己的学徒和打工经历，提出了"科学管理"的概念。他认为，管理是为了提升效率，让老板和员工共同富裕。

科学管理的提出，不仅是企业管理的一个变革，还将人们对员工的认知提升到新的高度。"让员工和老板一起追求富裕"，在这之前是人们想也不敢想的，现在却被提上了日程。

在"一起致富"的思想下，老板们纷纷在自己的企业推行计件工资制和计时工资制，按照工人的生产数量和工作时间的长短来计算工

资。在这种模式下，工人们干得越多，得到的工资也越多。为了赚更多的钱，工人们往往不惜体力，拼尽全力地干活。

几乎在同一时期，医疗保险、养老保险、工伤保险等福利措施也正在德国兴起，并以极快的速度传遍欧美各国。而在遥远的新西兰和澳大利亚，一些企业则开始推行最低工资保障制度，并以同样的速度传遍世界。

这是企业管理者第一次意识到物质激励和薪酬保障的重要性。从此，薪酬是否具备激励性和保障性，成为判断企业薪酬设计成功与否的重要标准之一。

"经济人"思想的流行，让人性得到初步释放。与"工具人"思想最大的区别在于，"经济人"思想意识到工资在整个经济活动中的激励作用和保障作用。让人们投身于劳动的方式不再是暴力和强迫，而变成物质上的激励和保障。

正是抓住了这一点，很多企业在这个时期迅猛发展，成为屹立于时代的巨头企业，而那些依旧执着于把工人"不当人看"的工厂，则在这场人性的角逐中落得惨败，黯然退场。

三、"社会人"：激励员工的方式不只是物质

20世纪20年代，工人对老板和监工的监视感到厌烦，对没完没了的工作感到心力交瘁，他们学会了在上班时间"摸鱼"。

怠工成为一种时代情绪。无论工厂和企业给出多么诱人的工资，也很难保证工人和员工在自己的岗位上安分守己。单一的物质激励已经无法让员工们买账了。这迫使管理者开始重新思考"薪酬激励"的问题。

一位名叫梅奥的教授带领着团队，在美国芝加哥市郊外的霍桑工厂进行了一系列关于人性的实验。这就是管理学上著名的"霍桑实验"。"霍桑实验"的结果表明，影响员工工作的因素，不只是经济和物质上的激励，一些非物质性的激励也是极为重要的。

一部分高瞻远瞩的管理者迅速把握这一"人性",开始整顿自己的公司,将管理的重心放在"关心员工、满足员工需要"上来。

老板和监工的工作,不再是瞪着眼睛,背着手,在公司里走来走去,监督和责骂员工。他们需要时刻关注员工之间的关系,关心员工的心理变化和工作态度,培养员工的集体感和归属感。

聪明的管理者掌握了管理精髓,他们跟员工"讲起了感情"。不仅给你钱,还对你嘘寒问暖,关怀备至。员工从中体会到的不再是冷冰冰的金钱关系,还有一层"人情味"在里面,工作自然更卖力,企业也因此大幅提高了生产效率。而那些对此浑然不察,还陶醉于用简单的物质激励来引导员工卖力干活儿的管理者,则迅速被时代吞噬,成为弃儿。

"社会人"思想让企业的薪酬设计不再只是停留在物质层面,而是更加深入员工的内心世界,开始关注员工的精神需求。同时,它也打破了公司单向管理的模式,让员工参与到企业的管理中来。这一改变,不仅是对"人性"的再一次深入探索,还是对"薪"和"酬"两部分的极大完善。

四、"自我实现的人":员工的梦想就是最大的动力

20世纪40年代,社会心理学家马斯洛根据心理学的激励理论建设性地提出,人的需求是员工在工作中最核心的内在驱动力。在此基础上,他进一步分析得到人的五大需求层级:生理需求、安全需求、爱与归属的需求、尊重需求及自我实现的需求。

马斯洛认为,生理需求是一个人最基本的需求,也就是支撑一个人活下去的最基本的物质需求,是衣食住行等方面的需求。

在此之上,人们会追求安全需求,寻找一个身体和心灵的"避风港"。

一旦身心安稳,人们的需求就会进一步上升,开始追求感情需求,通过各种社交方式寻求感情的寄托、获得归属感。这时候,除了恋人

的爱情，一个人还需要朋友的友谊、同事的关心、上下级的关怀、别人的关注等，这就是爱与归属的需求。

同时，渴望被尊重的需求（尊重需求）也会油然而生。这时候，一个人需要被认同，需要别人的认可，希望自己被理解。

马斯洛认为，如果以上四个方面都能得到满足，人们就会进一步提升自己的需求，开始追求自我价值的实现，这就是自我实现的需求。他认为，自我实现是一个人最强劲的内驱力，能使人爆发无与伦比的力量。在工作中，这种内驱力更可以让员工不断挖掘潜力，创造更大的价值。

换句话说，员工不再只想着工作和赚钱，更希望在工作中获得发展的机会，从而实现自我价值，完成自身梦想，达成对自我的超越。

在"自我实现的人"思想的影响下，越来越多的企业开始将员工当作主角，为员工提供更大的舞台，创造更多的机会，让他们尽情地发挥能力，施展才华。尤其是在"90后""00后"进入职场后，这种趋势更加明显。他们有着强烈的自我认知，希望在工作中展现个性、追寻梦想、实现自我价值。有人说，这些年轻人都是追梦人！他们在追求梦想和价值的道路上乐此不疲地奔跑着。

"自我实现的人"的活跃，为企业提供了一种新的思路：给员工提供舞台，让他们成为企业的舞者。

员工越是在工作中追求自己的梦想和价值，就越能在人生舞台上跳出优美的舞蹈，也就越能吸引台下的观众驻足欣赏，他们自己产生的价值自然也越大。而管理者需要做的，或许是让这个舞台更漂亮，让灯光更闪耀，帮助员工改善舞蹈动作，让员工舞动得更动人，让员工的梦想成为企业的价值来源，而不是管理者在舞台上，像用线牵引提线木偶一样对员工指挥来指挥去。

五、"复杂人"：每个人都是独一无二的焦点

20世纪六七十年代，随着经济学和管理学的发展，人们意识到一

个严重的问题：无论是"经济人"思想、"社会人"思想，还是"自我实现的人"思想，都在同一方面上犯了错，那就是将所有人的所有发展阶段等同起来，混为一谈，忽略了每个人的个性化追求和发展。于是，"复杂人"思想出现了。

"复杂人"思想最初由企业文化与组织心理学奠基人艾德佳·沙因首次提出。他认为，人的欲望和需求是复杂的，不断变化的。这种复杂性主要体现在以下两个方面。

第一，每个人的欲望和需求是不一样的，不能简单地等同起来。比如，很多女性的需求和男性有着明显的差异；公司中高层管理者对薪酬的期待和一般的基层员工有着明显的差异；等等。

第二，单一的个体同样是复杂的、多变的。即便是同一个人，由于所处的企业环境、工作条件、发展阶段和社会地位等不同，其追求也会有所变化，不能简单地等同起来。比如，20岁作为职员加入公司的你和40岁作为企业高管的你，在工作中的追求必然有所不同；你刚进入公司的时候和即将退休离开公司的时候，在需求方面也肯定大有不同。

显然，"复杂人"思想意识到了员工的个体差异性，认为企业中的员工是多种多样的，不能进行简单的归类和一般性处理，而应当在管理中因人而异，灵活应对。管理者应当把对个体员工的关切当作企业管理的一部分，使员工在工作中收获愉悦和满足。尤其是在薪酬激励上，更应该体现出对员工个体的关切，以此激励员工充分发挥个体的潜力，帮助企业实现价值。

六、"文化人"：用企业文化强化薪酬设计的底层逻辑

20世纪80年代，日本经济异军突起，成为世界瞩目的焦点。人们将目光聚焦在这个东方国家时，突然发现一个有别于西方经济发展的有趣现象。

当西方人都在讲"自我实现的人""复杂人"，希望通过发动员工

的内驱力和独特个性来为企业创造价值时，日本人却反其道而行之，走出了自己的道路。

日本企业家并不刻意主张员工发扬个性和内驱力，而是希望在企业与员工之间搭建东方式的微妙联结，在彼此之间建立一种亲密和信任的关系，实现命运共联，价值共享。

为此，日本大量企业推行"终身雇佣制"。员工一旦进入公司，就像嫁到婆家的媳妇儿，进了一家门，成了一家人，终身都有了保障。在特定的时期，这样的制度赋予了员工极大的安全感和彼此间的信任感。加上一年年累积增长的薪酬制度，极大地激发了员工的工作热情。

这种日本式的企业文化盛行起来，逐渐形成了"文化人"思想。20世纪90年代，"文化人"模式被美国人学去，并与现代管理理念结合，进一步发展形成了"文化管理模式"，也就是我们现在说的企业文化。

无论是"文化人"思想，还是"文化管理模式"，都主张企业通过某种方式建立自己的企业文化，并利用企业文化将员工与企业凝聚起来，形成强大的团队，激发员工创造更大的价值。

显然，在"文化人"思想中，企业希望通过良好的薪酬激励方式实现与员工的价值双赢。不过，这一切都有一个前提，那就是企业的文化内核必须符合时代精神，并且要以较为先进的价值观念作为基础。只有在这一基础上形成的企业文化，才能真正激励员工进取和奋斗，才能激发他们的创造性和竞争性。

与时代违背的精神，或是陈腐落后的观念，往往是经受不起员工考验的！比如，20世纪80年代流行于日本的"终身雇佣制"和"年功序列制"，在现在的知识经济时代下，就暴露出"过分捆绑员工"的问题，对企业和员工的发展反倒有所钳制，因而不再适应现在企业的发展。

而阿里巴巴早期的"铁军文化"和淘宝网的"武侠文化"，以及华为现在的"奋斗者文化"，在一定程度上符合时代快速发展的要求，产生了强大的企业文化凝聚效应。这些企业之所以有今天的辉煌，与自身在各个不同历史发展阶段的企业文化建设有着密不可分的关系。

从第一次工业革命发展至今，薪酬制度已经走过了两个半世纪。与之相伴的，是人们对人性的不断反思和突破性理解。

从"工具人"时期的强迫劳动，到"经济人"时期的物质刺激和基本保障，再到"社会人"时期的精神激励和心理满足，进而发展到"自我实现的人"时期对追求自我价值和梦想的渴望，再到"复杂人"时期要求满足多种不同需求的需要，再到"文化人"时期要求企业和员工命运共联、价值共享、相互理解、彼此信任的追求……

一次次人性认知的变革，构建起了企业薪酬的底层逻辑，为企业薪酬增添了活力，为企业发展注入了动力，还帮助企业梳理了生产关系，提升了生产效率，促进了企业的蓬勃发展。

第二节　好薪酬，离不开企业的发展与进化

一、发展：生命周期左右薪酬策略

几年前，我有一位很好的朋友从某世界 500 强的大型集团公司辞去了副总裁的职务，开始自己创业。

由于在行业里有些声望，一批人跟随他加入了新公司。他也很重视这些人，薪酬上出手很阔绰，员工们都很有斗志，冲劲儿十足，公司业务做得不错，很快就发展起来。

可是，两年过去，有一天他突然给我打电话，说他的公司倒闭了。

我很惊讶，问他究竟发生了什么？

他无奈地叹气，却没有往下说。

后来，我帮他梳理了公司的情况，得出的结论是：他公司的薪酬出了大问题。

他的薪酬思维还停留在大型集团公司的层面，薪酬设计也是参考原来那家大型集团公司做的。这对一家新成立的创业公司来说太致命了！

纵观我服务过的公司或企业，这样的情况并非个例，特别是一些中小企业。

有的老板用大企业的薪酬模式管理创业公司；有的老板则用传统行业的薪酬思维经营互联网企业；有的老板从创业一路走来，公司或企业的规模不断做大，可是薪酬设计却还是小公司的样子……

出现这些问题，说明他们并没有意识到自己的公司或企业"多大了"，处在什么样的生命周期阶段。如果他们从创业开始，对什么都精打细算，了如指掌，却偏偏忽视了公司或企业所处的生命周期阶段，结果在薪酬思维上棋差一着，导致自己的事业满盘皆输，就像我的好友那样，实在令人惋惜。

在设计企业的薪酬方案前，我们必须问一问自己：你的公司多大了？

这并不是问你的公司成立了多久，而是在问你的公司现在处于什么生命周期阶段：少年，青年，中年，还是老年？

没错，公司的发展就和人的成长一样，也会经历从出生到成长、成熟，最后到衰老的生命周期。几乎所有的公司都难逃这些必然的生命周期阶段。通常而言，公司或企业的发展会经历四个生命周期阶段：初创期、成长期、成熟期、衰退期。

初创期：追风少年

初创期的企业就像追风的少年。

少年满是活力、激情和无限的可能，怀揣着赤子之心，披荆斩棘、乘风破浪。梦想让他一往无前，冲劲满满。可是，这个时候你跳出来，跟他"谈钱谈现实"，恐怕会伤害到少年的心。毕竟，通常情况下，一位追梦奋斗的少年，手里能拿出多少钱来？

企业也是如此。

初创期的企业，"钱"不应该成为最主要的话题。作为初创企业的老板，你需要有"忽悠"能力，也就是需要具有造梦能力和榜样魅力，让那些志同道合者、有志青年及愿意跟着你一起干的人，怀揣和你一样的创业梦想和事业心，共同造梦。

至于薪酬，初创企业自然没有处于其他生命周期阶段的企业阔绰，你需要向员工讲的是：机会与风险同在，把眼光放长远一些，未来是属于我们的。更重要的是，你需要向他们承诺将来的职位、待遇及发展机会，并配合丰厚的长期的激励薪酬。比如，分配股权，哪怕分配一个 25 分位的低水平薪酬，对员工来说也很有吸引力。

分位，是一个统计学概念，描述的是随机变量的概率分布情况。简单来说，就是一个数，在一系列按顺序排列的数当中的位置。比如，人才市场上为某一类人才提供的薪酬，假设 100 家企业开了 100 个价格。把这 100 个价格由低到高排列，25 分位就是第 25 低价的价格。分位，只是描述薪酬的大概区间范围。

成长期：活力青年

成长期的企业就像少年进入青年，活力与实力并重。

企业快速发展、机制日渐成型、经营规模扩大，形势一片大好，就像少年步入了青年，褪去了几分"少年稚气"，多了几分"成熟"。这时候，企业经济情况明显提升，能为员工提供较好的薪酬待遇。为了吸引人才，企业可以提供一个 50 分位的薪酬水平。

50 分位是个中位值，处在市场的中间水平，是成长期的企业提供的较为合适的薪酬水平。过高的薪酬水平可能给企业带来负担，拖慢发展的脚步；过低的薪酬水平则缺乏吸引力，很难吸引高级人才。成长期的企业在提高固定薪酬的同时，也要适当提高中短期的薪酬激励。股权、长期激励，以及其他方面的承诺，都需要慎重处理。

成熟期：稳重中年

成熟期的企业就像人到中年。

中年人看透了人间百态，人生进入一个平稳期，少年时代的活力不再，能力和实力却达到顶峰。企业也是如此，在现金流、业务、市场、产品和客户等方面，成熟期的企业都达到前所未有的规模。企业的发展不再依靠"披荆斩棘的情怀"和"个人英雄主义"，而是靠着企业日渐完善的机制形成的内在驱动力。

在这种情况下，企业对资金的顾虑就比前两个阶段小得多了。为了一些核心和骨干人才，企业往往愿意提供高额薪酬，在短期激励上"重拳出击"，但是在长期激励上则不及前两个阶段了。成熟期阶段需要做好的是：用较高的固定薪酬，在市场上保持强劲的吸引力。成熟期的企业通常靠着75分位以上的薪酬水平吸引人才，靠着50分位以上的薪酬水平留住人才。

衰退期：病灶暮年

进入衰退期的企业就像老年人。

衰退期的企业的各种病灶会在这个时候暴露出来：市场规模缩小，业绩下滑，薪酬水平随之下降，激励薪酬被迫减少。这时，企业往往需要付出更高的薪酬代价才能留住员工们渐行渐远的心，否则不仅不能从市场上招到人才，甚至还要面对内部人才流失的风险。

一般而言，衰退期的企业只有两条路可以走：要么顺其自然，等待"死亡"；要么脱胎换骨，转型升级。

选择顺其自然的企业，在战略上保持着收缩姿态，陷入被动状态，不仅内部缺乏优势，还会受到来自外部的各种威胁。这种情况下，企业面临相当大的"财政压力"，各方面都需要精打细算，无力进行有效的薪酬激励，因此25分位是其无可奈何的被动选择。

选择转型升级的企业，需要重新规划企业战略，建立新的组织模式，并调整自己的薪酬策略。为了完成转型升级，企业需要留住有效人才，同时也需要吸引新鲜血液加入。这个时候，工资和奖金需要定得稍高一些，50分位以上比较合适。这个阶段和初创期类似，也需要配合一些长期的激励薪酬。

值得注意的是,对于转型升级的企业来说,需要适应变革带来的短期阵痛。老板需要向创业者学习,拿出"不成功便成仁"的决心来,才能让衰退的企业起死回生,焕发"第二春"。

总的来说,处于不同生命周期阶段的企业,面对的内外部环境、战略目标、发展情况、主要矛盾和人才需求等都不尽相同。因此,在薪酬设计上也有着十分明显的区别。所以,在设计你的薪酬策略时,首先要搞清楚你的公司或企业到底"多大了",它处在什么样的生命周期阶段。

二、进化:价值形态影响薪酬设计

衰退期的企业,不在沉默中爆发,就在沉默中灭亡。

到底是爆发还是灭亡?对于每个企业创始者来说,都不愿看到自己的企业走向灭亡,那怎么办?答案是进化,进化出新的组织,进化出新的产品形态,进化出新的业务能力,进化出新的模式,进化出新的价值形态……当然也包括全新的薪酬设计。从此,它将成为一家"新的企业",开始新一阶段的成长和发展。

企业进化的观点来自进化经济学。早在 20 世纪初,约瑟夫·熊彼特和阿门·艾尔奇安就开始研究企业和生物的相似之处。他们认为,企业的发展和生物具有相似之处,尤其是在"进化"这个问题上。

为了适应环境的改变,生物会不断地调整、改变、进化,让自己更适应生存,更有利于物种延续。

企业也是如此。随着生产力的发展、生产要素的变化,以及人性认知的深入,企业面对的市场环境和竞争态势也会改变。大量企业在这种变化中产生、发展、达到鼎盛,也有大量企业在变化中由盛转衰,开始衰退,最后不得不被淘汰。

为了让自己尽可能地活下去,企业需要从衰退期走出来,需要进化，迎来新生。进化后的企业，内部焕然一新：新的企业价值形态、新的组织架构、新的人才需求、新的薪酬设计。

股东价值形态下的薪酬设计

1. 股东价值形态：老板说什么就是什么

企业的进化，早在第一次工业革命时期便进行着。

当时，蒸汽机带动了生产力的进步，可是普及率并不高，只是部分大工厂才拥有蒸汽机。这些工厂利用新机器带来的竞争优势挤压着小作坊的生存空间，占据了大量的生产资料，垄断了行业。

同时，"工具人"思想甚嚣尘上，工厂主们不把工人当人看，他们只注重对生产资料的控制，认为"只要有钱，啥都好说"，有钱就可以为所欲为！

于是，老板（股东）和资本，被认为是企业价值的主要来源，其他都是次要的，这就形成了最早的"股东价值形态"。

这一时期，资本为王，老板说啥就是啥！

老板的话就是"圣旨"，是金科玉律，是不可触犯的天条。老板决定企业的发展方向，决定资本流向，决定员工去留，老板拥有绝对的决策权。决策对了，赚得盆满钵满；决策错了，亏得血本无归。

股东价值形态虽然自第一次工业革命时期就已经出现，可是历经几百年发展，如今仍然有着相当的活力，特别是在一些市场不成熟的行业和企业初创期。

企业围绕着某个创意、某种概念或者某项技术建立起来，这时候，就需要一个力挽狂澜的"英雄角色"来带领企业，让企业从"弱小无助"的阶段走出来，老板和股东往往正是"英雄角色"的最佳人选。在这种价值形态下，企业往往会形成"直线型"的组织架构。

2. 直线型组织架构的薪酬设计

一家企业的价值形态往往决定着这家企业的组织架构。有什么样的价值形态，就有什么样的组织架构。

组织架构是企业流程运转、部门设计和职能规划最基本的结构依据,是实现企业战略的载体,也是企业开展薪酬设计的基础。

直线型组织架构是股东价值形态的产物。它的设置是为了更好地服务股东和老板的利益,充分传达老板的意图。从最高管理者到底层执行者之间就像一条直线,命令由上到下、层层下达,责任划分十分明确。

直线型组织架构最大的特点是简单。老板说什么就是什么,权力集中在老板那里,没有多余的职能机构,员工们只需要明白老板的意思,照章工作。

直线型组织架构的优点是老板的意志得到了充分的表现,员工工作内容单一,只需要做好自己的事情就可以了。缺点是老板一言堂,容易形成独断专行的风气,员工被动接受指令,很难充分发挥自己的能力。

这类企业的发展情况取决于老板个人能力的强弱。不过,个人能力毕竟有限,发展到一定程度,这类企业往往面临瓶颈,规模很难再扩大,所以直线型组织架构适合一些小规模企业和初创期企业。

至于薪酬,直线型组织架构往往采用雇主薪酬,或者谈判薪酬的薪酬模式。

所谓雇主薪酬,就是由雇主(老板)占据主导地位,"老板说了算"的薪酬模式。在这种模式下,老板最终决定薪酬的多少,老板说给多少钱,就给多少钱。

所谓谈判薪酬,也叫协议薪酬,是指根据企业经营状况、劳务市场供求关系、员工工作复杂程度等因素,由企业管理者(老板)和员工进行当面谈判,从而决定员工薪酬水平高低的薪酬制度。谈判的过程是老板和员工博弈的过程。在这个过程中,双方充分展现自己的意愿,并在相互可以妥协的范畴内达成共识。

精英价值形态下的薪酬设计

1. 精英价值形态:专业的人干专业的事

随着机器生产的普及和生产力的发展,市场规模越来越大。股东价值形态的企业,想要做到持续扩张、称霸市场,变得越来越困难。

到了19世纪后期,第二次工业革命拉开序幕,"经济人"思想和"社会人"思想相继出现,逐渐取代"工具人"思想成为时代主旋律。追求利益最大化的员工不再满足充当"工具人",他们认为他们的价值也不再是可有可无的。员工开始奋起反抗,挑战股东们的权威。

最先站出来的正是企业里的精英们。

这些精英,比老板和股东更懂管理,更有经验,更加专业,更熟悉行业情况,更懂客户,同时又深谙员工们的需求,成为股东和员工之间的纽带、企业和市场之间的桥梁,也成为企业新的价值代表。

精英价值形态认为,精英们具有专业的管理方法和能力,他们是推动企业发展的主要力量。精英们也被认为是企业价值的主要创造者。

精英价值形态的出现让职业经理人成为这个时代的"弄潮儿"。

他们不仅向股东要钱、要股份,还要企业的管理权,让股东们退居幕后,自己则坐到了企业管理的座位上来。

他们上位的第一件事情,就是一改股东们"说什么是什么"的传统,在企业内外吸收专业人才,打造专业团队,进行明确的分工定位。不同的人被安排在不同的岗位,从事不同的工作,于是形成了人事部、财务部、技术部、营销部等专业分工部门。

绩效在这个时期出现,成为股东们衡量管理者的指标,也是管理者衡量员工的标尺。管理者和员工都在为业绩而忙碌,股东则只需要关心企业是不是赚钱了,赚了多少,自己能得到多少利润就可以了。至于其他的事务,股东们尽可以放心地交给精英们!

精英价值形态的企业的核心价值观就是:专业的人干专业的事。

这种企业,从出现之初就迸发着极大的活力。发展到今天,精英价值形态的企业比比皆是,逐渐发展成一些大型、超大型和巨型企业。这种价值形态的企业的组织架构往往也会从直线型发展成科层式、事业部制,或者矩阵式。

2. 精英价值形态下的组织架构和薪酬设计

1）科层式组织架构下的薪酬模式

精英价值形态下，专业的管理者进入职场。这个时候，传统的直线型组织架构也悄然发生了变化，管理学上称为科层式组织架构。

科层式组织架构有着直线型组织架构固有的优点：上传下达、责任明确。同时，它在横向的职能分工上变得明确，员工们各司其职。这种组织架构有序地将不同分工的员工进行了很好的统筹协调，提升了组织效率，真正将一大群人有效地拧成一股绳。

科层式组织架构要求在设计薪酬制度时，依据岗位或职务的区别，制定有差别的岗位薪酬，形成纵向的不同等级。再将员工纳入不同的等级体系中，设置薪酬等级体系，并根据薪酬等级进行对应的激励。在这种组织架构下，企业常用的薪酬模式是岗位薪酬或职务薪酬。

在互联网企业盛行的今天，这种模式却备受人们诟病，原因在于：它的结构过于刚性，弹性不足，不利于发挥员工的创造力。不过，在讲究专业和分工的精英价值形态企业中，科层式组织架构依旧发挥着重要作用。

2）事业部制组织架构下的薪酬模式

20 世纪 20 年代，通用公司为了扩大规模，兼并了一系列小企业。结果，快速的扩张使通用公司的产品和项目激增，一时之间管不过来，这些激增的产品和项目反倒成了公司的拖累。

时任通用公司副总裁的斯隆，参考杜邦化学公司的经验，对公司进行了事业部改组，使通用公司大获成功，成为当时最成功的事业部制典型。事业部制从此名声大振，很多大公司争相效仿。

所谓事业部制，就是企业按照所经营的事业，如产品、项目、地区、市场等因素，来划分部门，设立若干个事业部。这些事业部除了没有独立的法人权力和战略决策权，与一般公司并无区别。它们独立经营，自负盈亏，与总公司是"母子关系"。

由于事业部是一个独立的经营单位，有着独立的经营指标，因此也需要进行独立的绩效考核，根据考核结果核算薪酬。所以，绩效薪酬是事业部制组织架构下常见的薪酬模式。特别需要注意的是，事业部的负责人是经营指标的直接背负者，对其绩效的考核需要更加严格。

同时，由于企业内各事业部在规模、大小、发展周期和业务成熟度等方面存在差异，员工的薪酬往往存在较为明显的差距。为了将各事业部内不同等级的员工纳入同一薪酬体系，企业往往需要为薪酬设置更大的带宽，形成宽带薪酬。所谓宽带薪酬，就是用少数跨度较大的薪酬范围来取代数量较多的薪酬等级。

3）矩阵式组织架构下的薪酬模式

矩阵式组织架构是精英价值形态下组织架构的一次飞跃。之所以这么说，是因为它打破了传统组织架构的单一维度，开始从多个维度去思考企业的组织架构问题。

一方面，它保有传统组织架构一贯的纵向职位等级管理；另一方面，它开创性地设置了水平方向的能力差异管理。

在这种组织架构下，员工不仅可以纵向地向公司的管理高层晋升，还可以在横向上提升自己的能力和业务水平，成为专业型的高精人才。

在矩阵式组织架构下，企业往往通过岗位和能力的综合评估来对员工的价值进行综合判定，形成"岗位+能力"的薪酬模式。在设计薪酬制度时，这类企业也更注重员工的能力，会为员工提供横向的发展通道，鼓励员工成为某一领域的专家。

客户价值形态下的薪酬设计

1. 客户价值形态：客户就是上帝

我们这个时代，人们开始高喊"客户为王"。

上网逛一圈，你就会发现：广告详情页上全是关于客户体验的介绍；到处都是"买家秀"和"卖家秀"；购物链接上会贴心地为客户提供数十件商品的数据和比较，任客户挑选；买回来的东西如果不满意，客户还可以无理由退货；每件商品下面都有用户的评价，好评多的商品更容易卖出去，差评太多的店铺无人问津……

"老板说什么是什么"的时代一去不返了，精英对企业命运的掌控力也在削弱。现在这个时代，属于客户。

许多企业已经步入"客户价值形态"。

所谓客户价值形态，就是把客户的需求当作企业发展的最大推动力。企业的价值，主要是看客户是否买单。客户如果买单，企业就能占据市场，发展起来；客户如果不买单，企业就没有市场，一文不值。

客户为王，客户就是上帝，客户说了算，一切都按照客户的需求开展。

你会发现，这种类型的企业和外部市场的边界正在变得模糊，和客户的关系则变得越来越近。每家企业都在为自己创造 IP，打造"人设"，树立品牌。这一切，都只为一件事：让人们认同你的企业，让人们成为你的客户，为你的产品买单。

不久以前，企业还是高高在上的存在。可是不经意之间，就到了"看人脸色"的地步。

这一切都是因为 20 世纪第三次工业革命的兴起推动了技术大发展，使全球范围内的生产能力大幅提升。同类型的企业如雨后春笋般冒了出来，生产了大量的类型相似、功能相近的产品，同质化现象越来越严重。

相似的产品带来激烈的竞争，同时也给予客户更多的选择。从前是"我卖什么，你买什么"，现在成了"我需要什么，你就给我生产什么"。

竞争环境变了，企业也需要适时地改变。

想要赢得客户的满意，就需要从客户的角度思考问题，为他们带来最好的产品体验。大量的客户必定有频繁而复杂的需求，只靠精英们的力量已经不足以应对，员工们一展身手的时机来了。

在客户价值形态下，员工的创意和客户的需求结合程度是决定企业价值的最大衡量标准。特别是在高新技术产业领域，依靠着研究人员、技术人员、设计人员的创意，不少企业得以发展壮大。比如，小米董事长雷军在开始创业的时候，选择的员工大多是具备 5~8 年工作经验的 IT 设计师，他们是市场的中坚力量、骨干型人才、行业大咖，他们能力突出，人均效能高，且创意无穷，是构建客户价值形态企业的不二人选。在这种价值形态下，企业往往会形成"流程型"的组织架构。

2. 流程型组织架构下的薪酬设计

20 世纪 80 年代以后，世界范围内许多大型企业相继爆发了"流行病"，这些企业结构臃肿、效率低下，难以适应市场竞争的变化。

此时，一批学者提出了流程型组织架构观点，希望借此改造传统企业的组织架构。这一观点震惊了整个管理学界。不过，当大家都讶异的时候，一批企业已经开始行动，并取得了成功。

所谓流程型组织架构，就是以客户为导向，在业务流程中搭建企业的运行秩序。

不同于传统的直线型和职能型的组织架构，流程型组织架构结束了传统的"职能专业化"和"岗位分工"，而是在整个流程管理中，将权、责、利配置在业务流程中，形成一个个业务团队。

这些团队是企业最小的价值创造单元，不同的团队执行并完成不同的业务流程，流程之间形成价值交换关系。每个团队都是独立的价值体现。

在这种情况下，团队可以根据客户的需求进行工作，客户需求成为企业价值创造的一环。这样一来，客户和团队都成为企业价值创造的重要环节。

在流程型组织架构中，固定的经营管理团队被流动的流程管理者取代，相同的业务流程可以有不同的流程管理者，流程管理者与价值创造活动结合得更加紧密，灵活性更加明显。

流程型组织架构吸收了矩阵型组织架构的优点，演变为完全水平式的管理模式。这种组织架构的薪酬设计，强化了与绩效的关联性，重点在于团队利益的分配，最好的激励方式就是实行团队量化型绩效薪酬。所谓团队量化型绩效薪酬，是一种针对团队的量化绩效进行考核，并根据考核结果进行里程碑式即时激励的绩效薪酬模式。

利益相关者价值形态下的薪酬设计

1. 利益相关者价值形态：把"所有人"考虑进来

现如今，短视频满天飞，自媒体遍地都是。毫不夸张地说，只要有手机的地方，就有人在刷短视频，在看自媒体。

大量自媒体人通过自媒体平台自由地发布内容。这既是他们的爱好，又是他们创造价值的方式。他们中有文案高手、短视频达人、设计大师、剪辑牛人，他们利用自媒体，用自己的一技之长创造独特价值；他们中也有金融学专家、大学教授、医生、心理学大师，或者其他的知识型博主；他们利用自媒体将自身的知识和智慧变现。

这些自媒体人不属于自媒体平台，而是以个人或者团队的形式独立地创造"内容产品"，再通过自媒体平台发布，实现价值创造。

自媒体平台自身不创造任何有价值的内容，而是通过这些自媒体人的创作来实现价值，满足客户需求，成了完全的"UGC 模式"（用户原创内容）。

自媒体人与自媒体平台的合作已经超越了股东、精英、员工和客户的范畴。这种模式更接近利益相关者价值形态。

所谓利益相关者价值形态，就是将股东、债权人、管理者、员工、客户、竞争对手、供应商，甚至是监管机构、地方政府和工会等一系列相关人员和组织，纳入企业价值范畴，形成成熟的内部价值交换市场，充分地为客户创造价值。

在这个市场中，价值创造者可以自由地进行价值交换。

在这种价值形态下，传统企业的固定业务流程消失，企业随时可以依据客户需求即时形成与其要求相匹配的价值创造链条。

正如理论研究者瑞安曼所说："利益相关者依靠企业来实现其个人目标，而企业也依靠他们来维持生存。"

利益相关者价值形态是客户价值形态的进一步演变。

如果说客户价值形态是将目光从企业转向客户群体，那么，利益相关者价值形态则是将目光由客户群体转向一个个独立的客户个体。

利益相关者价值形态对客户的满足程度达到了前所未有的高度。它尽可能地为每种类型的客户打造定制型产品，创造个性化产品和提供独一无二的体验服务。

正是这种苛刻到近乎"疯狂"的产品要求和服务方式，对员工提出了新的要求：独特的价值、独特的能力及不可替代的经验、资源和背景。在这种价值形态下，企业往往会采用较为自由的网络型组织架构。

2. 网络型组织架构下的薪酬设计

随着市场和企业的进一步发展，网络型组织架构会变得越来越流行。

这种组织架构是为了及时地反馈用户信息，尽可能地满足用户需求，为客户打造定制化产品而建立的。它的特点就是尽可能减少管理层级，打破部门的边界，让内部信息流动起来，使各部门减少摩擦，降低沟通成本。

在企业内部，每个业务单元都以点状分布，自由流动，流程之间相互独立，又相互分工配合，从而形成一个完整的流程，产出完整的产品和服务。在网络型组织结构中，固定的业务流程会消失，企业会根据客户的需求，随时产生相应的价值链条，配置客户的需求。

在这种组织架构下，薪酬设计的关键是，要设计好企业内部价值交换的市场分配模式。一般来说，企业会为组织内部的每个业务单元的绩效设置相应的奖金包，或者按照业务单元所创造的价值进行业务提成。

通常来说，企业的价值形态往往直接决定企业的组织架构，而组织架构又关系着企业的岗位设置、人才需求等一系列问题，是影响薪酬设计的重要因素。毫不夸张地说，企业进化到什么价值形态，就会产生什么样的薪酬设计。

没有任何一家企业可以跳跃自身的进化程度，就和没有任何一家企业可以逃避自身的生命周期一样。这是我们必须遵守的客观规律，尤其是在薪酬设计上，我们必须考虑企业的价值形态和所处的生命周期阶段。

如果说人性是限制薪酬设计的底线，是企业不可触犯的教条，是企业必须遵守的底层逻辑，那么进化的程度和发展到的生命周期阶段就是制约薪酬设计的上限，是企业必须考虑的重点因素，是决定企业薪酬设计的顶层思维。

第三节　所有的薪酬问题，都绕不开这八只拦路虎

为什么多数企业有薪酬问题？为什么多数企业解决不了薪酬问题？为什么多数老板在面对薪酬问题时，总有一种有力使不出的感觉？

这是因为，很多老板并没有意识到自己的薪酬问题到底出在哪里。很多企业一遇到薪酬问题，管理者的第一反应往往是对薪酬设计方案进行缝缝补补、修修改改。但是这样做的效果其实并不好，有时候甚至适得其反。

在我的企业家轻奢顾问社群"瀚霆研习会"上，我曾经为企业家朋友们讲过这样一个生动有趣的故事：

一位病人生病了，发了高烧，他焦急地跑到医院，问医生："怎么才能让额头的高烧立刻退掉？"医生说："额头发烧是由重感冒引起的，需要打针吃药，然后好好休息两天。"病人不耐烦地说："不就是发个烧吗，哪里还需要打针吃药，休息这么久啊？"医生说："那这样，你把额头割掉，它就不发烧了。"

这是一个有趣的现代寓言小故事。它背后的道理很简单：很多时候，我们所认为的问题往往只是表象，深层的根源却不为我们所知。

多数企业在面对薪酬问题时，往往只能看到表象，却看不到引发

薪酬问题的深层原因。其实，对于多数企业来说，薪酬的根本问题不是方案设计的问题，而是薪酬理念的问题，也就是不了解薪酬设计的策略运用、底层逻辑和顶层思维之间的关系。

正因如此，企业在薪酬设计时往往越变越乱，陷入迷惘，失去方向。当你不清楚企业在薪酬设计上的理念和原则是什么的时候，无论你采用什么样的薪酬策略和什么样的底层逻辑，都会导致企业在薪酬设计上出现各种各样的问题——往往是看似解决了一个问题，却埋下了更多的"定时炸弹"，制造出了更多的问题。

我把这些薪酬问题归结起来，可以划分为八种类型，我把它们称为"企业薪酬设计的八只拦路虎"。

一、拦路虎之一：薪酬与战略失联

某电子商务公司的战略转型失败

2014年前后，电子商务方兴未艾。当时，我的管理咨询公司正在做电子商务管理运营方面的业务。一次偶然的机会，我接触到一家做电子商务的小公司。这家小公司给我留下了很深的印象。

这家电子商务公司从2008年开始创业，在淘宝网上做电子商务，只用了短短4年时间就成为行业翘楚。巅峰期，其产品长期挤进淘宝同类商品前三，甚至是榜首。

这家公司的老板很有头脑，在经营上想了很多点子，比如将公司按照业务分成一个个项目团队，进行独立经营。团队成员实行"底薪＋提成"模式，按照销售额、利润等指标考核业绩。那几年，正处于电子商务的红利期，公司不仅赚了钱，还培养了一批专业素质不错的人才。

不过，好景不长。

后来的那几年，电子商务行业逐步从电脑购物时代走向手机购物时代。这位老板也想紧跟潮流，转向移动端电子商务，于是改变了公司发展战略，集中精力、整合资源，开始主攻手机购物领域。

这家公司的战略虽然改变了，但是薪酬制度却没有及时转变，还是沿用之前的"底薪+提成"模式。结果，刚刚组建的手机购物团队，由于要负责新的领域，市场不成熟、客户不稳定，导致员工的业绩受限，提成收入远不如其他团队。手机购物团队成员的工资更是比之前少了一大部分。一年下来，手机购物团队的员工累死累活，赚的钱却不升反降，一狠心，干脆辞职不干了。

该电子商务公司战略转型失败的拦路虎是：薪酬与执行战略项目的人才失联。企业的战略需要员工来实现，但员工关心自己的薪酬比关心企业的战略会更直接。薪酬往哪里激励，员工就往哪里努力。所以，企业的薪酬设计必须能及时反映企业的战略需求，必须与执行战略项目的人才关联。否则，企业战略一旦转变，薪酬激励却止步不前，员工也很难迈开步子加油干，企业战略自然很难实现。

某知名饮料品牌企业的战略失误

几年前，我参观了某知名饮料品牌企业的研发中心。这个研发中心的陈列架上有着数百种不同类型的饮料产品。可以说，市场上能见到的曾经或者是现在非常畅销的饮料产品，这里应有尽有，我开玩笑地说："是不是市场上每出现一款产品，你们都会进行认真的研究？"老板满脸的苦笑和尴尬，他说："这里陈列的每款产品，几乎都要比竞品先研发出来并提前上市，但是每次都是后来者居上，我们的这些产品就成了牺牲品。"

是产品研发不过关？是市场投入出问题？还是……详细沟通了解后，答案都不是。导致这数百种饮料产品夭折，无法占领市场，只能成为牺牲品的原因竟然是薪酬！

这家企业的研发中心在新产品研发和上市方面，都会制定一系列详细的计划并进行可行性论证，在战略层面力争尽善尽美。可是，当新产品投向市场，高层们还沉醉在"战略疯狂"中的时候，市场一线员工却对新产品异常抗拒,导致高层和基层脱节,企业内部就会自乱阵脚。

出现这种现象是由于企业将所有的重心放在了产品研发和上市方面,忽视了对基层员工尤其是一线销售人员的薪酬激励,导致大量基层员工无法从新产品的销售中获得利益。比如,员工销售老产品,可以获得3个点的提成。结果,销售新产品还是获得3个点的提成。两者的提成没有差异,谁会愿意放弃自己熟悉的东西,去销售新的产品呢?

对于这些员工来说,产品卖多卖少,自己的收入都不会增长。他们又有什么动力走出自己的舒适区,去卖一款陌生的新产品呢?

没有一线销售人员的积极参与,再疯狂的企业战略也无法让企业走向成功。这家知名饮料品牌正是因为忽视了对基层员工的薪酬激励设计,最终导致数百种饮料产品夭折而成为牺牲品。

该知名饮料品牌战略失误的拦路虎是:薪酬与销售战略新产品的人才失联。薪酬是企业战略落地的底层动力系统,企业需要充分发挥薪酬的推动作用,激励员工走出舒适区,不断接受战略挑战,完成战略任务。这家知名饮料品牌企业的新产品战略之所以会失败,正是因为其没有很好地运用薪酬工具,切实地激励基层员工,让基层员工走出舒适区。如果基层员工一直待在原本的舒适区里,靠着卖老产品赚钱,企业的新产品战略自然难以实现。

被小企业逼得节节败退

一位客户朋友曾向我讲过一件心酸往事:他的企业原本是当地一家颇有名气也颇具规模的企业。可是在最近几年,他的企业却在和当地一家小企业的竞争中节节败退。

最令他不解的是:那家小企业刚成立不久,规模不大,资源也少,论研发能力、技术水平、市场情况,那家小企业远不如自己的企业,可是每次竞标却都能意外地战胜自己的企业,这到底是为什么呢?

原来,那家与他的企业竞争的小企业,规模的确不大。但也正因为规模不大,为了生存,那家小企业的老板总是亲自带队,亲力亲为。

在老板的带领下，手下的员工个个都像恶狼一般，战斗力十足，在每次竞标时都会拼尽全力，放手一搏。

但是，反观我的这位客户朋友，他的薪酬就太四平八稳了，根本无法激活员工的热情，更别说让员工像恶狼一般去战斗了。四平八稳的薪酬只能培养出四平八稳的员工，而四平八稳的员工也只能执行四平八稳的战略。当他们遇到"不顾一切，舍命战斗"的对手时，往往就无法与之抗衡了。

这位客户朋友遭遇的拦路虎是：薪酬与企业战略意图失联。什么样的薪酬培养什么样的员工，什么样的员工执行什么样的战略。当企业的战略是希望战胜竞争对手时，企业的员工就必须具备战胜对手的动力。同样，企业的薪酬也必须跟上，以激励员工树立起达成企业战略目标的目标。否则，在与竞争对手的较量中，企业就很难实现自己的战略意图。

二、拦路虎之二：薪酬策略不当

某企业的薪酬水平不当

2014年，长三角地区的一家技术服务型企业找到我，让我帮他们诊断薪酬问题。在此之前，这家企业曾邀请过另一个管理咨询团队，为企业设计了一套薪酬体系。为了保证企业在市场上的竞争性，该管理咨询团队为这家企业设置了75分位的薪酬水平。

这一薪酬水平原本是契合企业战略的，可问题在于，这个管理咨询团队却错误地把企业的所有岗位的薪酬都定为了75分位，导致这家企业的薪酬成本大幅增加，人效降低，企业效益下滑。

实际上，企业在设置薪酬水平时，需要根据企业各类人才的价值程度、企业的需求程度、人才稀缺性、行业供给数量、区域的差异性等，给不同岗位划分不同的薪酬水平。这家企业的薪酬问题，就是错误地听信了上一个管理咨询团队的意见，将所有岗位一视同仁，全都采用了同样的薪酬水平，进行了同样的薪酬激励。

这家企业遭遇的拦路虎是：薪酬水平不当。这也是很多企业经常出现的薪酬策略问题。企业在制定薪酬水平时，不能盲目地跟随市场制定分位值，需要从战略目标、经营状况、内部条件和外部情况等因素出发，对薪酬分位值进行综合判断。

对于一家企业来说，内部岗位之间的薪酬分位值应该是有差异的，对于企业的一些核心人才、竞争性人才，可以采用较高的薪酬分位值，如75分位；对于一些普通岗位，或者市场上人才供给比较充足的岗位，企业可以采取50分位的薪酬分位值，或者其他相对较低的薪酬分位值，以降低企业的薪酬成本压力。

同时，在薪酬水平方面，企业还可以采用"50分位留人，75分位吸引人，90分位挖人"的战略，来实现吸引和激励不同人才的目的。

某营销总监的薪酬结构不当

某品牌连锁企业想要拓展新的区域市场，花费数百万元年薪招聘了一位营销总监。

在这个行业，数百万元年薪已经达到了90分位的市场薪酬水平，属于绝对的高薪。获得这样的高薪，对于这位营销总监来说原本是一件好事。可是，入职后不久，他就对自己的薪酬抱怨不已。

原来，当初入职时，这家企业没有就薪酬的构成情况向这位营销总监进行说明，导致双方之间就薪酬结构问题发生了分歧。

这位营销总监认为，数百万元年薪分解为双方认可的固浮比，其中固定薪酬部分会按照月份等比例按标准发放。只有浮动薪酬部分才与绩效挂钩，按照绩效考核和目标达成来发放。可实际上，这家企业实行了固定薪酬部分与月度考核挂钩、浮动薪酬部分与季度考核和年度考核挂钩的薪酬结构。

这样的薪酬结构让这位营销总监很不满，极大地挫伤了他的工作热情。导致他在接下来的时间里,工作积极性降低,业绩很不理想,没有达到企业招聘时预设的目标,企业对这位营销总监也有怨言。

更糟糕的是,由于这位营销总监的薪酬水平过高,已经超出了企业里同级别的老员工,导致企业里的其他总监和高管怨声载道。最终,由于薪酬结构的问题,这家企业遭遇了三输的局面。

这家企业遭遇的拦路虎是:薪酬结构不当。薪酬结构是企业薪酬策略的一项重要内容。薪酬结构不合理,不仅会给企业带来一系列问题,如薪酬倒挂、成本飙升、与企业战略的关联性降低、薪酬对企业发展的推动性不足等,还会极大地挫伤员工的工作积极性,让员工感到不满。比如,一些企业将职能人员的薪酬结构设计得过于灵活,会让他们失去安全感和归属感,导致人心浮动;一些企业将销售人员的薪酬结构设计得过于稳定,会打击他们的销售热情,使他们止步不前,影响企业的销售业绩和经营结果。

三、拦路虎之三:内部公平失衡

多年以前,我的一位客户朋友遇到过这样一个问题:他给员工小王涨了工资,月工资加了 1000 元钱。这件事让小王高兴不已,对他感恩戴德。可是两天之后,他发现小王的态度有了 180 度大转弯。

原来,一天前他给小张加薪的消息传到了小王耳朵里。小王心里犯起了嘀咕:"小张那业务能力,简直就是'猪队友'。不仅自己能力不行,还经常拖队伍的后腿,凭什么给他加薪?还跟我加的一样多?"

这可把小王气坏了,认为老板不公,没有看清自己的能力,跟着这样的老板何时才有出头之日?小王萌生了离开公司的想法。

瞧瞧,老板好心给员工涨薪,反倒涨出了问题,这是为什么呢?

这位老板给员工涨薪涨出问题的拦路虎是:内部公平失衡。"劣币驱逐良币"的现象在很多企业比较常见,优秀的员工不断流失,能力普通的员工却越来越多,企业的发展因此堪忧。造成这种现象的最大原因，就是企业的薪酬公平出了问题。

　　对于员工来说，薪酬公平是他们努力工作的重要动力之一。员工的公平来自三种比较的结果：首先是和自己比，自己的收获是否和付出成正比？现在的自己是否比过去的自己收入更高、更合理？其次是和同等级的同事比，自己和同事是否获得一样的收入？自己是不是比同事干得更多、赚得更少？最后是和外面的人比，同样的工作，我是不是比外面的人赚得要少？我和同学比、和朋友比，是不是比别人差了一个档次？

　　比较的结果最终会产生公平感或不公平感。当员工心中充满公平感时，他们会心生满足，会更加努力地工作。反之，员工的工作热情就会被消耗，激情也会流失，最后甚至会萌生离开企业的想法。

四、拦路虎之四：对外吸引力不足

　　西北地区有一家从事农产品加工与销售的公司，想要向电商领域发展，于是想要招聘有经验的电商总监来组建电商团队。考虑到电商行业在一线、准一线城市的发展较好，拥有大批专业人才，这家公司决定在国内一些一线、准一线城市进行招聘。

　　为了提高薪酬吸引力，这家公司特意在总监级待遇的基础上，将电商总监的薪酬提高了1/3，达到了每年45万元。

　　可是，一个多月下来，面试的效果并不好。大批面试者对公司给出的优厚待遇并没有浓厚的兴趣。相反，他们全都拒绝了公司的聘书。

　　无奈之下，这家公司的老板找到了我。在一番调查过后，我们了解到面试失败的根源所在：虽然这家公司为电商总监给出的薪酬待遇较公司自身而言十分丰厚，但是由于面试者大多来自一线城市，在这些城市，这样的薪酬待遇比比皆是，并不能触动他们。

　　并且，这家公司坐落在西北地区，要求员工在当地工作。这样的要求，对于一线城市的工作者来说，无疑是让他们望而却步的另一个原因。

针对这些问题，我给这家公司提出了两条建议：第一，明确45万元薪酬的构成情况，即说明45万元为电商总监达成基本销售额度的年薪，当电商总监实现额外销额后，会按额外销额的薪酬标准获得更高的收入，且公司按照战略事件增设了战略奖金，电商总监完成战略事件后也会获得相当的收益。通过这种方式，让电商总监明确自己的薪酬收入，增强了薪酬吸引力。

第二，强化全面薪酬待遇，即根据公司和电商总监的双向需求，针对性地为电商总监设置办公条件，如将公司的电商中心建在一线城市，为电商总监配置相应的运营团队，设置相应的薪酬包，给予电商运营团队半年的运营保护期。

通过这种方式，这家公司很快招到了自己的电商总监，组建起了电商团队。现如今，经过两年多的运营，电商团队已经为这家公司带来了不俗的利润。

这家公司在招聘电商总监的前期遭遇的拦路虎是：对外吸引力不足。吸引外部人才加入企业，是薪酬的重要作用之一。很多企业的薪酬缺乏吸引力，原因无非两点：第一，薪酬策略没有足够的吸引力，即薪酬水平和薪酬结构存在问题；第二，薪酬没有真正满足员工的需求，满足不了他们的"胃口"。

不同的员工对薪酬的需求往往也是不同的。比如，一个刚毕业的大学生，某大企业给他10万元的年薪，某小企业给他12万元的年薪，他会更倾向谁呢？大概率是大企业，因为大企业能给他提供更好的平台、发展机会和未来可能性。而对于一位工作十年的老员工，大企业给他40万元的年薪，小企业给他50万元的年薪，他会做何选择呢？大概率会去小企业，因为他已经人到中年，肩负起家庭责任，需要更好的物质水平了。

这就是需求差异导致的薪酬吸引力差异。通常，毕业五年以内的员工，渴望获得更好的学习机会，企业对他们往往采用学习激励为主的方法；毕业五到十年的员工，渴望在企业里有更好的成长和发展机会，企业对他们往往采用成长激励为主的方法；毕业十年以上的员工，渴望获得更多的回报，企业对他们往往采用物质激励为主的方法。

五、拦路虎之五：看不到发展可能

2020年年末，我为广州一家大公司做管理咨询服务。有一次，这家公司邀请我作为顾问专家，为企业招聘面试一批优秀员工。其中，一位30岁左右的年轻人给我留下了深刻的印象。

在面试过程中，他的每一项表现都十分优秀，我对他很满意。于是，在各项面试过后，我让他提供最近半年的工资流水，结果意外地发现他上一份工作的工资，竟然比这家公司的工资高出一大截。

我很诧异，问他为什么放弃上一家公司那么好的待遇，非要来应聘这家公司的岗位。

这位年轻人的回答很简单："这家公司名气更大、品牌更响，行业里的声誉也更好，未来我能获得更好的发展机会。"因此，一得知这家公司招聘的消息，他毫不犹豫地就来应聘了。

显然，在这位年轻人看来，在上一家公司工作是没有发展前景的，所以他宁可放弃高工资，也想早点儿"跳出火坑"。

这位年轻人履职的上一家公司遭遇的拦路虎是：看不到发展可能，即企业无法展现未来薪酬的前景。正所谓"良禽择木而栖，贤臣择主而事"。在工作中，员工也会对自己的发展情况进行评估。当他们认为自己在企业没有未来时，就会为自己的前途忧心忡忡。

尤其是在薪酬问题上，一些企业将薪酬与职位紧密联系。员工想要加薪，就必须升职，这会让大量员工因为无法升职而感到加薪无望，最终被迫离开企业。这样的现象是很多企业的常态，给企业造成了大量的人才流失。

当然，发展问题是个双向问题。企业要给予员工发展的可能，员工也要为企业的发展创造价值。

所以，企业在进行薪酬设计时需要问自己：我为员工提供了更好的发展通道了吗？我的薪酬设计有没有为每个岗位和每名员工预留发展的可能？能不能满足每名员工发展的需求？同时，员工也需要问自己：我能不能促进企业的发展？在企业发展中，我能为企业带来什么样的价值？

六、拦路虎之六：薪酬激励失效

有一家设备提供商在找我做顾问服务之前，企业内部面临一系列的薪酬问题，其中最严重的是薪酬激励失效。

这家企业在招聘之初，曾对员工承诺"年底十三薪"，即多一个月的薪酬当作年终奖进行发放。可是在具体操作时，这家企业却将年终奖与企业的经营效益挂钩，即企业达到经营目标，员工才能获得满额的年终奖，否则就需要等比例扣除年终奖。

这一政策不仅针对企业高层，还针对基层员工。这引发了基层员工的极大不满，毕竟作为基层工作者，对企业经营目标的影响并不大，不可能决定企业的经营效益。比如，企业的技术研发人员按照企业规定完成产品研发任务，就已经做好了本职工作，理应获得全额年终奖。可是，企业因为市场问题而未能实现经营目标，却要连带扣除技术研发人员的年终奖，这无疑是对技术研发人员工作的变相否定，不仅缺乏公平性，还极大地挫伤了他们的研发热情。

不仅如此，这家企业还规定，所有员工的各类奖金、提成等，即固定工资以外的部分，全都分解到月度、季度和年度进行不同比例发放。这条规定同样引起了员工的不满。因为这家企业中有大量的技术研发人员和销售人员，他们的奖金提成也同样被分解到月度、季度和年度。这极大地挫伤了技术研发人员和销售人员的积极性，导致企业经营效益下滑。

该设备提供商经营效益下滑遭遇的拦路虎是：薪酬激励失效。这也是很多企业面临的问题。薪酬激励失效，不仅会让企业的薪酬设计失去效果，无法达到预期目标，导致企业经营效益下滑，无法实现企业战略目标，还会引发员工的不满，导致企业内部矛盾丛生。

企业在进行薪酬激励时，主要有两个方面需要注意。

第一，要考虑薪酬激励的即时性，即员工达成目标，就立刻对其进行相应的薪酬奖励，不可以拖延。一般来说，拖延得越久，薪酬激励的效果就越差。

第二，激励的范畴不能超出员工的职责范围。比如，对技术研发人员的激励，就是看他们在技术研发层面的职责和成果，不建议用企业的整体利润、其他部门的绩效或销售业务数据对他们进行衡量。因为这些指标超出了技术研发人员的职责范围，他们无法决定这些指标的走势，自然也无须对这些指标负责。

七、拦路虎之七：挑战性脱节

某药品零售企业目标缺失带来的问题

广东地区有一家药品零售企业逐渐从线下的门店销售转向线上经营。最初，由于缺乏线上经营管理的经验，这家企业在员工的薪酬设计上犯了错。

这家企业在薪酬设计时将线下销售人员的"底薪+提成"模式套用到线上客服人员身上，按照10%的比例进行提成。结果由于前期流量有限，线上客服人员的业绩不好，薪酬很低，每个月仅能拿到四千元不到的薪酬。线上客服人员干着没劲儿，没过多久就纷纷离职。

后来，这家企业与淘宝网达成合作，通过广告投放购买流量资源，获得了大量流量，线上经营效益短期内得到迅速提升，爆发式的增长让线上客服人员的薪酬暴涨了十几倍，一下子变成了一个月三四万元的薪酬。结果，暴涨的薪酬大幅超出了线上客服人员的薪酬区间，极大地增加了企业的薪酬成本。

该药品零售企业遭遇的拦路虎是：薪酬设计缺乏挑战性的目标。对于企业来说，踏足新的行业、新的领域，往往意味着未知性和不确定性。在这种情况下，企业最好的方法就是为员工设置目标，通过目标薪酬来激励员工，而不是量化薪酬。

首先，通过目标薪酬，企业可以为员工设置绩效目标，将员工的薪酬和企业的预期目标绑定在一起，既可以起到激励效果，又能保证企业目标的实现。

其次，通过设置目标，企业可以避免量化薪酬带来的不确定性。比如，对于新踏足的线上零售，这家药品零售企业就采用了提成类的量化薪酬。结果，前期线上客服人员薪酬低，缺乏动力，人员大量流失；后期线上客服人员薪酬暴涨，大幅增加了企业的薪酬成本。

某外卖平台无法完成的目标

2021年春节前后，某外卖平台为了让更多骑手留在平台继续送单，为骑手们设置了"额外年终激励奖"：承诺骑手只要按照平台要求，完成为期7期、每期7天的挑战，就能获得最高8200元的奖金。

刚开始，该外卖平台设置的挑战目标为每期送200单，只要达到这个目标，骑手们就能完成当前一轮的挑战，自动进入下一轮的挑战中，并且拿到"额外年终激励奖"。

可是到了第6期，该平台却突然将挑战目标调高到每期送380单。春节期间，点外卖的人本来就有限，加上突然大幅度提高挑战目标，90%的骑手一下子被刷了下来。大量骑手每天在线等候20个小时也完成不了目标，只能含恨"退赛"。

骑手们没有回家过年，甘愿留下来加班，就是为了该平台承诺的"额外年终激励奖"。可眼看着累得要死，也无法完成挑战目标，自己反倒被该平台设置的挑战目标耍得团团转，骑手们气不打一处来，纷纷站出来抵制和抗议。最后，这个事件引发了社会关注，严重影响了该平台的社会声誉。

该外卖平台无法完成目标的拦路虎是：企业给员工设置的经营目标（挑战目标）太高，员工根本达不到。这时候，薪酬设计不仅会失去挑战性，还会引发员工的抵制和抗议。他们会认为，这是企业故意在为难他们，是在想方设法地利用他们。

所以，企业在设置经营目标时，要将其控制在一个合理的范围内，让员工"跳一跳，够得到"。有时候，企业为了保证目标的挑战性，可以为员工设置不同等级、不同难度、不同激励水平的目标，如常见的"三阶目标"。所谓三阶目标，就是将员工的目标分为保底目标、挑战目标和冲刺目标，员工每实现一个等级的目标，就会获得相应的薪酬奖励。

八、拦路虎之八：保障力度不足

几年前，西南地区一家摩托车零售连锁企业曾因内部销售人员大量流失而苦恼。

当这家企业的老板把工资表放到我的面前，并不断抱怨销售人员忠诚度太低，喜欢投机倒把时，我却发现了问题的另一面。

从工资表上来看，这家企业的总体薪酬水平并不低，超过了市场薪酬的 50 分位，在西南地区处于中等偏上水平。可到底是什么导致其内部销售人员大量流失的呢？

在对企业的薪酬进行解构后，我发现这家企业的薪酬出现了以下两个问题。

第一，销售人员的底薪定得太低，提成设得太猛。这家企业的销售人员底薪很低，已经低过了当地政府规定的最低工资标准，同时企业把浮动薪酬设得太高。这样一来，销售人员每个月的收入就会有很大的浮动，上个月可能拿到一万元，这个月却只有五千元。这样悬殊的落差让销售人员十分缺乏安全感，一旦业绩下滑，收入降低，员工就会选择跳槽。

第二，这家企业还为员工设置了名目繁多、花样百出的津贴和福利，逢年过节就会给员工送米送油或发放津贴。不过，过于细化的津贴和福利也导致了一个问题，那就是企业一旦在某个节日没有派发礼物或发放津贴，哪怕只是50元津贴，或者一袋米、一桶油，员工就会觉得属于自己的东西被企业克扣了，心里像是损失了五千元钱一样难受。

正是因为这两个原因，这家企业的员工尤其是销售人员的内心缺乏安全感，忠诚度低、流动性大，各怀心思、投机倒把的现象十分严重。

该企业内部销售人员大量流失的拦路虎是：保障力度不足。从制度层面来说，薪酬缺乏基本的保障性是违法行为；从激励层面来说，薪酬缺乏基本的保障性会让员工感到不安，无法踏实工作，使其对企业的忠诚度、奉献度、认同感和责任感大幅降低，最终导致企业人才的流失，或者出现投机倒把、损害企业利益的现象。

所以，企业在进行薪酬设计时，一定要注重薪酬的保障性。当然，薪酬的保障性是相互的：一方面，企业需要为员工提供保障，让员工得以满足基本的生活需求和发展需求；另一方面，员工也需要给企业对应的保障，为企业做出相应的承诺，创造对等的价值。

看了以上列举的八种类型的薪酬设计拦路虎实例，回想一下，你的企业是否也曾遭遇过这些问题？

实际上，我从对大多数企业的接触中发现，老板们不是不舍得在员工身上花钱，也不是不想在薪酬方面进行投入，而是不敢发、怕发出问题，不知道怎么发、发多少。

上述这些真实的案例，大多是我在二十多年的管理咨询服务中总结的经典案例，蕴藏的是绝大多数企业在薪酬设计上面临的核心痛点。针对这些核心痛点，我从人性和战略的层面提炼出了相应的解决方法，希望可以为各位企业老板和管理者提供帮助！

第四节　薪酬的关键是对症下药，运用八字方针，解决薪酬的八个核心问题

实际上，大多数管理者更注重效果，而非理念。这一点在我所做的管理咨询顾问项目中再明显不过。老板们看到我的第一句话往往是："能达到什么效果？"而不是"我们基于什么理念？"

效果是树上长出的果实，而理念则是树木的根。缺乏理念的薪酬设计就像缺乏根须的树木，往往很难长出丰硕的果实。至于薪酬设计方案，更像是在理念基础上生长出来的枝蔓和树叶。

在前面，我们已经讲到薪酬设计中最重要的两大理念，即薪酬设计的顶层思维和底层逻辑。顶层思维源于企业对进化程度和发展阶段做出的思考，企业据此形成自己的相关战略；底层逻辑则是对人性的认知和判断。

实际上，从企业面临的主要薪酬问题中，我们也不难发现，几乎所有的问题最终可以归结到这两个关键点上。明白了这两个关键点，也就明确了薪酬设计的核心理念，即满足人性的需求，让薪酬发挥效果，从而适配战略的需要，促进企业的发展。

在这一过程中，如何满足人性的需求，如何适配战略的需要，是企业老板和管理者需要思考的问题。这些年来，我在大量的实践中针对企业在薪酬问题上常常遇到的八种类型的薪酬设计拦路虎，总结了一套"八字方针"，或许能为大家提供很好的帮助。

所谓八字方针，就是由"上联战略，下接策略，对内公平，对外吸引，远能发展，近能激励，动可挑战，静有保障"中的"上、下、内、外、远、近、动、静"八个字组成的，它们浓缩了企业在解决薪酬问题时需要注意的薪酬设计思路和理念。这八个字不一定是解决薪酬问题的万能钥匙，却有着神奇的魔力，可以从人性和战略出发，解

决企业的薪酬设计拦路虎。

一、薪酬设计的顶层思维

上联战略，下接策略

2008年前后，一对夫妻看到了电商行业发展的潜力，决定对经营多年的小服装厂进行改造，从实体经营转向电子商务。

这对夫妻在接触了我的企业家课程后，特别邀请我为他们提供企业经营管理的顾问服务，并让我帮忙打造一支电商团队。当时，由于我投资的一个公司正在经营电商培训业务，所以我们很快就帮助他们组建起了一支十余人的电商团队，并顺利启动了电商项目。

一天晚上，夫妻二人火急火燎地找到我，说电商团队的人和生产团队的人打起来了，双方闹得不可开交。

在我的再三询问下，夫妻二人才把双方的问题讲明白：原来，两支团队在同一个地方上班，一起吃一起住。但是由于工作时间有差别，电商团队经常很晚才下班，只能吃生产团队留下的剩菜剩饭，并且由于回宿舍的时间很晚，经常吵得生产团队的人睡不着觉。于是，双方发生了激烈的冲突。

我一听完，就感觉事情没有这么简单。其实，双方早就有矛盾：电商团队新成立不久，处于亏损状态，是靠着生产团队OEM（定牌生产，也称原厂委托制造）业务和ODM（原厂委托设计）业务养活。但是，当时的电商人才比较稀缺，所以工资比生产团队高出一大截。两个团队在一起，不闹矛盾才怪！

于是，我试探性地对夫妻二人说："干脆把电商团队整个撤掉吧！"

老板娘一听就急了，说："不行不行，现在竞争这么激烈，利润这么薄，电商虽然是倒贴钱，但起码是我们未来的出路啊。就这么断送了，实在是可惜。"

当老板娘明确表达了这层想法后,我立即给她建议,让她把电商团队从工厂里独立出来,将两个团队分开管理,并且重新给电商团队设计薪酬,将更多的资源向他们倾斜,深度配合这家小服装厂的发展战略,将这支电商团队做大做强。

几年之后,这家服装厂完成了从传统 OEM 业务和传统 ODM 业务为主体的企业向以自有品牌为主体的电商品牌企业的转型,抓住了电商行业的发展红利,效益翻了几十倍。

这件事情虽然过去了多年,却让我记忆深刻,感触良多。我曾经听过麦当劳创始人雷·克罗克讲过的一个经营故事:

当初,他和一个荷兰人一起买下麦当劳的特许经营权。那位荷兰人很聪明,为了赚更多的钱,他把所有涉及麦当劳相关业务的生意包揽下来,从上游的养牛、牛肉加工、开办工厂,再到下游的各种零售产业链,全都垄断。相比之下,克罗克就"愚蠢"很多,他没有那位荷兰人的经营头脑,只想着把麦当劳的门店生意做好。

可令人惊讶的是,随着日子一天天过去,麦当劳的门店生意越来越好,那位荷兰人开办的"麦当劳产业链"却销声匿迹了。

管理学家彼得斯在《从优秀到卓越》(*Good to Great*)一书中将这类问题总结,并提出了一个问题:为什么看起来笨笨的刺猬,却总能战胜狐狸?

答案是:刺猬专注于专一能力的培养。当克罗克坚守麦当劳门店生意本分的时候,他就更能专注于麦当劳门店生意本身,而不是分心于整条产业链的经营。

竞争战略之父、第一战略权威迈克尔·波特在《竞争战略》(*Competitive Strategy:Techniques for Analyzing*)一书中,将这种经营方式称为"专一战略"。虽然扩大规模是一种直观、简单的赚钱方式,但是波特认为,对于大多数企业来说,通过这种方式实现企业战略的可能性并不高,且难以持久。对于任何一家企业来说,想要贯彻任何一种(围绕核心价值而形成的)企业战略,都需要全力以赴,并利用相应的资源给予支撑。如果企业战略分散了，相应的资源也会被分散。

正是基于专一战略，我建议那对夫妻将电商部门和生产部门独立开来，单独进行经营管理。这样的战略收获了奇效，短短几年时间就让电商部门发展起来，并将原来的销售额扩大了几十倍。

对于薪酬设计来说，专一战略也有着现实的意义。对于绝大多数企业来说，专一战略可以有效整合企业资源，让企业上下心往一处想，劲往一处使，从而减少企业在薪酬设计中的分歧，避免企业内部的矛盾激化。如果企业战略是分散的、凌乱的、不清不楚的，那么我们的薪酬结构势必也是分散的、凌乱的、不清不楚的。这样的薪酬只会导致我们内部的分裂与不和，招致员工的不满和埋怨。

除了专一战略，迈克尔·波特在《竞争战略》中还提到了两个核心战略，那就是差异化战略和成本领先战略。

差异化战略，就是指企业在经营中要有自己的独特之处。这种独特可以是技术层面、营销层面、品牌塑造层面的独特，也可以是企业文化层面、组织架构层面和人才层面的独特。总之，凡是能为企业带来竞争优势的层面，都可以实行差异化战略。

差异化战略的本质是"扬长避短"，用自己的优势去扩大市场影响力，从而在竞争中获取有利地位，比如小米公司。小米公司在创立之初，论技术、研发、品牌影响力，比不过苹果、华为和其他一些公司。可是，凭借对上下游产业链的整合能力优势，小米公司可以用同样的零部件生产出远低于同行价格的手机，这就是它最大的优势。凭借着高性价比的优势，小米手机迅速发展起来，成为市场主流手机之一。

差异化战略是市场竞争中的"独门秘籍"。不过，对于企业来说，想要实行差异化战略，在市场上进行差异化竞争，就需要有强力的保障体系。这个保障体系就是薪酬，支撑差异化战略的薪酬也必须是差异化的。这种差异化体现在岗位的差异化设计、薪酬水平的差异化设计、固浮比的差异化设计以及对差异化人才的激励上。

成本领先战略，就是尽可能地使企业的成本低于其他同类企业，从而利用边际效应扩大生产，提高利润，实现在市场上的领先地位。不过，这一战略并非鼓励企业尽可能地压低成本开支，而是鼓励企业提高人效，让每一分投入都能收获更多。

在实行成本领先战略的企业中，薪酬设计十分讲究。首先，成本领先与否，取决于企业与竞争对手的比较，所以市场上的薪酬水平是企业必须关注的焦点之一。其次，成本领先战略要求企业在同样的成本投入上取得更大的收益，或在同等的收益下尽量节约开支，这就要求企业要充分激发员工潜能，提高他们的工作效率，也就是说，企业需要在薪酬设计上更有激励性。

当然，除了迈克尔·波特提出的专一化战略、差异化战略和成本领先战略，企业还有很多可供选择的战略。无论企业的战略是什么，作为企业的老板和管理者，我们都必须明确一点：我们的薪酬是为战略服务的。有什么样的战略，就要有什么样的薪酬体系，两者不可分割。

一个战略成功与否，不仅依赖于战略本身，更关注于一个问题：它会不会被有效地落地和执行？

执行战略的是人，推动人去执行战略的却是薪酬。

导致战略和策略失效的问题有很多，薪酬问题必占其一。说得简单一些，企业想要实现战略，就需要花钱让员工朝着战略目标做事。从薪酬的角度看，如果企业无法达成战略，无非两种可能：要么是企业的钱发错了人，要么是企业发钱的方法出现了问题。

发错了人，说明企业激励的对象错了。针对这一问题，我们可以通过岗位价值评估、能力素质评估、绩效考核评估和人才盘点等手段来梳理企业的内部岗位和人才，确定企业的需求和员工的能力，寻找企业需求和员工能力的契合点和匹配度，从而找到企业真正需要激励的对象。关于这一点，我会在后面的章节做进一步的介绍。

发钱的方法出现了问题，说明企业的薪酬策略不当。针对这一问题，企业需要完善薪酬体系建设，明确自身的付薪理念，并形成企业自身的薪酬策略。企业常见的薪酬策略有两类：薪酬水平策略和薪酬结构策略。

薪酬水平是指企业内部发放给各岗位和员工的具体薪酬数额。薪酬水平策略就是针对薪酬水平制定的一系列策略。决定企业薪酬水平策略的因素有两个：一个是内部条件，包括企业的经营状况、支付能力等；另一个是外部条件，包括市场薪酬水平、薪酬分位情况、主要竞争对手的情况和当地薪酬水平等。

对于企业来说，薪酬水平越高，越能吸引优秀人才，也越能激活内部的员工，让他们更加努力地工作。反之，薪酬水平越低，对人才的吸引力越弱，内部员工的动力也会越差。按照薪酬水平在市场上的高低，企业的薪酬水平策略可以分为四类：领先型薪酬策略、跟随型薪酬策略、滞后型薪酬策略和混合型薪酬策略。

领先型薪酬策略是大公司的首选，小公司则要谨慎。

规模大、实力强、利润高、资金充足的企业往往是行业薪酬水平的"天花板"和"游戏规则"的制定者。它们要么依靠庞大的组织规模、高效的管理和生产效率，降低人工成本，提升人工效能，要么在产品上有绝对的竞争优势，甚至可能出现行业垄断的情况，价格的波动对它们影响甚微。

这样的企业在选择人才时往往不惜重金。为了吸引更优质的员工，同时将他们留在公司，这些企业会以高出市场行情的分位制定薪酬策略：薪酬高于50分位是常态，75分位也不少见，有一部分薪酬会达到90分位以上的水平。

这就是职场中俗称的"高薪"了。这样的薪酬水平足以吸引几乎所有求职者的目光，这也是为什么大企业总能聚集一批优秀人才的原因。但是，"高薪"往往意味着"高价值高回报"，所以这些企业的员工的工作业绩往往也要高于行业的平均水平。

小企业在制定薪酬策略时，一定不能盲目跟风。跟着大企业的脚步走，很有可能会被它们拖垮。我曾亲眼见证一些企业，明明是初创公司规模，却套用大型集团公司的薪酬策略，结果被薪酬拖累，被迫倒闭。

对于大多数企业来说，跟随型薪酬策略是个不错之选。

薪酬保持在50分位左右的中等水准，既不会过多地增加企业的成本，又能吸引大部分求职者的目光。对于中小企业来说，由于需要关注企业经营成本、自身发展阶段以及市场竞争等诸多现实因素，在进行薪酬设计时，考虑好薪酬投入的成本与岗位价值收益的关系就尤为关键了，跟随型薪酬策略就是一个不错之选。

正所谓"你不动，我也不动；你一动，我就跟着动"。跟随型薪酬策略是一种相对被动的策略，企业受竞争对手的影响很大，需要及时掌握劳动力市场的薪酬水平。所以企业的目光需要紧盯市场风向，特别是要关注核心员工的薪酬，如果竞争者上调了薪酬，企业可能也要闻风而动，跟着加薪。否则，不但企业的薪酬水平在人力市场的竞争力会下降，甚至连企业内部的员工也会心有所动。

需要注意的是，对某类关键人才的争夺可能让你和竞争对手陷入"抬价"的恶性循环，最终导致双方利益受损，直至毫无收益，两败俱伤。这是所有企业都不愿意看到的，所以将薪酬水平保持在一个合理的区间，才是明智之举。

滞后型薪酬策略常常出现在一些特殊企业之中，或者出现在企业的特殊时期。

这种在50分位以下、低于市场行情的薪酬策略，不仅招聘是个大问题，就连能不能留住员工也存在疑问。毕竟，低薪酬是几乎不可能吸引高级人才的。

当然，滞后型薪酬策略也并非一无是处。

对于那些效率低、利润低、成本承受力偏弱的企业来说，有的无力支付高薪酬，有的没有支付高薪酬的意愿。它们对员工的要求也没有那么高，这种策略就成了他们的最好选择。这样的情况，常常出现在企业衰退期或某些低端行业中。

滞后型薪酬策略还适用于一些竞争压力小的企业。它们往往在同行业、同地区缺少强力的竞争对手，对高素质人才的需求也不强烈，采用这种策略倒也不失为权宜之计。不过，竞争对手一旦出现，它们就不得不转变策略，否则很容易在竞争中落败。比如，早期的股东价值形态企业，资源方面的垄断使它们在市场竞争中占据优势。不过，一旦市场进入成熟阶段，竞争对手出现，这种企业就需要大量专业人才，也就需要转变为精英价值形态企业了。这时候，滞后型薪酬策略就过时了。

一些劳动密集型企业对劳动者的综合素质要求不高，劳动力市场呈现供大于求的现象。较低的门槛、过多的人员及员工的低价值量削低了企业的薪酬水平，滞后型薪酬策略同样适用。

除此之外，很多初创公司也会采用滞后型薪酬策略，配合股权激励，允诺更多的培训机会、更好的成长空间以及参与决策的权利等手段，仍然具备一定的吸引力。

单一的薪酬水平策略往往会在企业内部造成"一刀切"的后果，使得薪酬设计对岗位的战略价值定位出现偏差，甚至失去作用。很多企业意识到了这个问题，于是实行混合型薪酬策略，根据岗位的类型或者员工的类型，并结合外部人才市场的情况，分别制定薪酬水平策略。

首先，混合型薪酬策略最大的优点就是既灵活又有针对性。企业可以依据自身发展战略和职位规划给每一类岗位制定不同的薪酬水平策略。

比如，对于劳动力市场上的稀缺人才、某些关键岗位或者企业希望长期培养和保留的人员，可以采取领先型薪酬策略；对于供过于求或者鼓励流动的一般岗位，可以采取跟随型薪酬策略甚至是滞后型薪酬策略，这样既可以保持竞争力，又可以合理控制成本。

其次，对于企业薪酬结构中的不同组成部分，企业可以采取不同的薪酬水平策略，以利于传递自己的价值观，实现自己的经营目标。

比如，有的企业在总薪酬上实行跟随型薪酬策略，但是在固定薪酬方面，采用稍微低一点的滞后型薪酬策略，而在绩效薪酬方面，则采用高于市场行情的领先型薪酬策略。这样做的目的显而易见，利用绩效薪酬的激励性提高员工的挑战性，激励员工去追求更好的业绩，促使企业内部的员工向高绩效类型转变。

反之,在固定薪酬上采用领先型薪酬策略,在绩效薪酬上采用滞后型薪酬策略,会强化薪酬的保障性,但是对员工的激励性和挑战性的提升则相对有限,不过对于那些技术研发人员和持续创新的员工而言就非常有意义。

除了薪酬水平策略,薪酬结构策略也是企业老板和管理者需要清楚并明确的。薪酬结构体现了企业的薪酬是由哪些部分构成的,它们的占比各是多少。常见的薪酬结构是固定薪酬加浮动薪酬。而薪酬结构策略,就是对固定薪酬和浮动薪酬两大部分进行调整,以匹配企业的发展战略,产生不同的激励效果。一般而言,薪酬结构策略分为三类:弹性薪酬模式、稳定薪酬模式和折中薪酬模式。

弹性薪酬模式的上限高,下限低,弹性强。一般而言,它的固定薪酬占比在40%以下,浮动薪酬占比在60%以上。

这种模式通常与业绩紧密关联,强调"看业绩吃饭"。业绩好,浮动薪酬高,总薪酬也不会低;业绩一旦下滑,浮动薪酬骤降,总薪酬也会随之减少。常见的例子,比如销售人员、总经理、部分高管等的固定工资占比一般很低,但是与绩效挂钩的薪酬往往很高。

弹性薪酬模式的激励性很强,能够激发员工的积极性和挑战的欲望,甚至能够改变员工的行为和习惯。

2001年前后,阿里巴巴遭遇前所未有的危机,险些倒闭。关键时刻,销售团队推出一套"金银铜考核"制度。该制度规定,将销售人员按照业绩分为四个等级,分别为:金牌、银牌、铜牌和不锈钢牌。每个等级的提成比例不同,金牌销售人员的提成可以达到15%,不锈钢牌销售人员的提成只有0,也就是说不锈钢牌销售人员没有提成,只能靠基本工资生活。

这就是典型的弹性薪酬模式。它的固定薪酬很低,浮动薪酬却极高。不锈钢牌销售人员一个月只能拿到一两千元的工资,金牌销售人员一个月却可以拿到两三万元的工资,甚至更高。这样的差别没有人可以视而不见。在"高绩效薪酬"的吸引下,员工为了赚更多的钱,顶风冒雨也要出去干销售,这就是弹性薪酬模式的激励效果。不过,这种模式只在极端的时候实行过。阿里巴巴当时九死一生,利用这种模式才缓过劲儿来。

弹性薪酬模式下的员工倍感压力,缺乏安全感。对他们而言,公司更像是拼搏的战场,却非常缺乏"家的温馨"。在这种环境下,你要么打造出一支强悍无比的团队,要么就得面对员工递交辞职信、不断离职的境遇。

稳定薪酬模式的下限相对高,上限相对低,浮动不大。它的固定薪酬占比通常在60%以上,浮动薪酬在40%以下。

在这种模式下,固定薪酬成为主要部分,浮动薪酬就变得次要了。这样的结果是,员工的薪酬与业绩关联度不强,业绩对薪酬的影响很小。

如果将这种模式用在以业绩为主的销售人员身上,显然是错误的。它通常适合行政、财务、人力资源等岗位的文职人员,能够使他们产生充分的安全感和稳定感,让他们可以安心于手里的工作,而不必提心吊胆。

稳定薪酬模式的优点是,能够赋予员工安全感和信任感,提升员工的保障性,可以让他们更忠诚。但是,它的激励性不足,难以激发员工的爆发式的创造力和挑战欲,甚至会影响员工的工作热情和办公态度。

现实中,有些企业采取稳定薪酬模式,将浮动薪酬调得很低,甚至接近0。这样的薪酬设计往往会打击员工的工作热情。没有浮动薪酬的激励,员工可能会想,干多干少都是那点儿工资,我为什么要多此一举呢?长此以往会滋生员工的懒惰心理。如果公司里的多数岗位都是如此,那么事不关己、人浮于事的情况就会越来越严重。

折中薪酬模式的固定薪酬和浮动薪酬各占一半,是弹性薪酬模式和稳定薪酬模式的结合。这种模式一般用在一些经营状况较为稳定的企业,或者用于业绩与岗位并重的职务,比如研发岗位、生产岗位,等等。它是弹性薪酬模式和稳定薪酬模式的缓冲,兼具两者优点,既能够保证员工的积极性，又能够给予员工安全感。但是，它的激励性不及弹性薪酬模式，保障性不及稳定薪酬模式。

　　战略是对未来方向的把握，策略是对当下机会的争取。对于薪酬而言，战略是我们的出发点，策略则是我们的着力点。在薪酬设计时，只有保证从战略高度出发，我们的薪酬才不会走偏走错；只有保证在策略上的正确性，我们的薪酬才能真正发挥作用。创造价值，实现企业战略，帮助企业发展，这正是薪酬设计的顶层思维。

二、薪酬设计的底层逻辑

对内公平，对外吸引

　　如果说管理者在薪酬问题上最关心的是策略和战略的契合度的话，那么，员工最关心的问题又是什么呢？

　　员工最关心的问题无非有这几个：首先，一个月干下来，我到底能赚多少钱？其次，我赚这些钱，在公司里处于什么水平，是不是比同事低？再则，为了赚这些钱，我到底干了多少活，是不是干的比同事多？或者，和去年比起来，我的工资有没有涨？我有没有赚到更多？最后，和我的朋友比起来，和我的同学比起来，和同龄的亲戚比起来，我赚的是多还是少？逢年过节，或者开同学会的时候，这些钱是不是抹不开面子？

　　如果你仔细观察，会发现员工关心的一系列问题最终都指向一个矛头，那就是在薪酬问题上自己是不是受到了公平的待遇？和自己比，和同事比，和企业之外的人比，和同龄人比，自己的薪酬待遇是不是公平的？这就是员工最关心的薪酬问题。

　　1967年，心理学家亚当斯在一系列研究中发现，几乎所有的员工都难逃这一"定律"，于是提出了"公平理论"。

　　"公平理论"指出，员工的工作积极性会极大地受到薪酬公平感程度的影响。当员工认为自己的薪酬公平合理时，他就对工作保持相当的热情；员工一旦认为薪酬不公平，就会消极怠工。通常来说，影响员工公平感的影响因素主要有两个：一是报酬投入比，二是与别人的薪酬比较。

报酬投入比是指员工在工作中的投入程度与从工作中获得的回报程度的比值，这是影响薪酬公平的主要因素。如果员工认为他的报酬与投入是平衡的，他的心理也就平衡了，公平感产生了，心里舒服了，工作也就积极了。反之，如果员工感到自己的投入太多，报酬却太少，薪酬公平就会大打折扣，员工的公平感受到冲击，心理不平衡了，工作也就会变得越来越不积极。

与别人的薪酬比较，也是影响薪酬公平的重要因素。如果一名员工和同事干了一样多的活儿，工资却比同事低；或者，他干得明明比同事多，工资却和同事一样甚至更少，他会愤愤不平，认为公司对他的态度有失公允，他会因此而对企业失望，产生消极的工作态度，甚至对上级表达不满。还记得那位给小王和小张涨工资的老板吗？当小王发现"猪队友"小张和他一起涨了工资，而且涨得一样多的时候，他的反应是什么？从喜悦一下子变成愤怒，不久后就辞职了。

除了和同事比较，员工还会和自己比较：今年是不是比去年赚得多了？进公司五年，我的薪酬涨了多少？涨薪的幅度和我的能力提升、业绩增长、对企业的奉献是不是成正比的？

有时候，员工还会和企业之外的人比较。比如在同学会上，他们会和大学同学比一比；逢年过节，他们会和亲戚朋友比一比；在饭桌上，他们会和朋友比一比。比较的结果在一定程度上也会影响他们对薪酬、对企业，甚至是对自身人生规划的影响。

在比较过程中，员工会在内心进行权衡和比较，这是一个极为主观的思考过程。在这个过程中，员工内心产生的并非真正的"公平"，而是一种感觉，即"公平感"。我常对老板们讲：薪酬没有公平，只有公平感。员工要的就是公平感，所以我们也要抓住这一点来设计我们的薪酬。影响员工薪酬公平感的因素主要有以下三个。

第一个是薪酬的绝对值，也就是企业到底愿意给员工开多少钱的工资，员工到底能获得多少的收入。这是一个硬核指标，每个员工都有自己的薪酬绝对值，也就是他的"薪酬门槛"。是否能够满足他们的薪酬门槛，很大程度上会影响他们内心的公平感。

比如，一个刚刚走出大学的毕业生，他的工资可能只有 5000 元/月；但是，一个工作了五年的员工，他的工资肯定不可能只有 5000 元/月，如果你只给他毕业生的待遇，那么，他肯定会产生强烈的不满和抗拒。

当你无法满足员工的薪酬门槛时，不公平的感觉就会在员工的心里萌发。虽然你会觉得员工的付出很可能与这个薪酬不匹配。但是，员工心里却不这么认为。在潜意识中，每个人都会放大自己的作用和价值。在员工看来，你没有给到他们"合理"的薪酬，就是对他们作用的轻视，是对他们价值的不认可，是对他们最大的"不公平"。

当然，如果你总是用低薪酬填着员工的胃口，那些优秀的员工会更加愤愤不平。有朝一日，他们会毫不犹豫地离开你。如果你能满足员工心中的薪酬门槛，员工会由衷地产生巨大的公平感，从而受到激励，提高工作热情。

第二个是员工的期望值，也就是员工希望在工作中获得的薪酬。就像企业对自己的发展充满期待一样，员工也对自己的薪酬充满期待。他们希望自己的付出与收获对等，希望自己的价值能通过薪酬的形式得到准确地衡量，这也是企业对他们的最大认可。期望值满足了，员工的公平感也就产生了。

不过，需要注意的是，由于员工对自身的期待往往是高于现实的，所以薪酬也不能一味满足员工的需求，否则很可能出现"高薪低能"的情况发生。正确的做法是，在满足岗位、能力和绩效的相关要求的基础上，按照价值创造的程度去满足员工的薪酬期待。

第三个是员工的认同感。这一点很微妙，同时也很重要。员工的认同感一般来自他们对企业、部门、岗位、工作的认可程度。而这种认可程度又会影响他们对公平的感知。比如，一位主管，如果他对自己的主管位置很满意，那么他对企业也会很有认同感，即便收入稍微低一点，或者多干点活儿，他也不会有不公平的感觉，不会抱怨不休。但是，如果他对企业没有认同感，那么老板给他发再多的工资，他也会觉得不公平，也会抱怨不休。

除了以上三个因素，会使员工产生不公平感的情况则有以下几种。

首先，信息不透明、不完整，员工之间的比较靠"脑补"。

小王和小张涨薪的事情就是如此。老板私下给他们分别涨了工资，却没有告知他们涨薪的原则、标准和理由。结果，小张涨薪的事情让小王知道了。小王心想：连小张这样的"猪队友"都能涨薪，老板一定徇私舞弊了。这就说明，缺乏公开、透明的信息，员工之间的比较完全靠"脑补"，他们很容易对薪酬问题产生误解。

作为老板和管理者，我们要尽可能地避免这种情况的出现。以我创办的瀚霆管理咨询公司为例，每天下班之后，我的员工都会在钉钉上做当天的工作汇报，简要总结当天的工作完成情况，并且指定一个人，在第二天上班时把所有人的工作简报整理成一个图表，发送到工作群中。这样一来，所有人都会清晰地认知当前企业的发展方向，也会对彼此的工作内容和工作成果心知肚明。到了涨工资的时候，也就没有怨言了。

其次，员工的"主观评价"太主观了！

员工的想法直接影响不公平感的产生与否，而想法很大程度上取决于他们的三观、他们的认知、他们的经验……这些"主观评价"一旦失去客观的标准，员工就成了"受迫害妄想症患者"。

当然，如果在某件事情上员工确实受到了不公平的待遇，那么他们就会成为"惊弓之鸟"，不公平感就更加深刻了。

最后，"投入产出"的形式过于多样，难以比较。

不同的员工，特点不同、优势不同、工作性质不同，很难进行简单的比较。比如，员工的学历有高低之别，资历有深浅之分，专业度有强弱之差，对企业的忠诚度也有区别……这些都是很难比较的，但是员工们却往往会忽视这些因素的存在。

公平感是个人的感觉，要的是"他觉得而不是你觉得"，所以老板们必须明白，薪酬没有百分之百的公平，那是我们做不到的。

但是我们必须清楚，通过合适的方法和策略，我们可以让员工感受到我们的诚意，让他们更容易产生认同感，感受到公平。比如，我们可以推行一些明确的标准，采取一些透明的措施，充分利用合理的薪酬考核制度，宣传有利于公平的企业文化等。

解决薪酬问题不仅要注重企业内部的公平问题，还要关注企业的吸引力。我们这个时代，人才对企业发展的影响越来越大，能不能吸引优秀人才，能不能组织起一支优秀的队伍，往往是决定企业成败的关键。

企业之间的人才竞争已经进入白热化阶段，各种吸引人才的手段更是层出不穷。不过就目前而言，薪酬依然是吸引人才的最重要手段。薪酬策略得当，心仪的人才望风归附；薪酬策略失当，优秀的人才逃之夭夭。

企业薪酬水平的高低仍然是决定企业是否能够吸引并保留人才的重要因素之一。薪酬水平高，发的工资越多，吸引力就越强，就能吸引更多、更优秀的人才加入。反之，薪酬水平低，发的工资少，自然无法吸引优秀的人才。

不过，薪酬水平也不是无节制的越高越好。在薪酬水平的设计上一味追求"高大上"，结果很可能导致企业陷入"内卷死循环"，影响薪酬成本。在制定薪酬水平时，企业往往需要分析外部市场环境、竞争对手情况，结合企业自身的发展战略、企业状况、薪酬成本等条件，进行综合考虑。

想要吸引优秀的人才，使我们的薪酬保持强劲的"诱惑力"，就需要对企业的岗位进行价值评估，精准地抓住企业的核心岗位，找到企业需要的核心人才，摸准员工的核心诉求。然后，在这些核心点上尽可能地倾斜力量和资源，去市场上抢夺优秀人才；在那些非核心点上，我们的力量和资源则要适当缩紧，以保持薪酬的弹性和节约成本。

除了在薪酬策略上下功夫，企业还可以推行全面薪酬，用全面薪酬的思维包装自己，利用企业的品牌、老板的形象、工作的环境、福利待遇、各种企业独有的特点和优势来吸引员工的注意。

比如，一些互联网企业会在招聘信息中挂出类似"无限零食畅享""下午茶喝到饱""员工都是90后，无代沟无等级区别，交流简单方便无障碍""领导90后，氛围轻松，上班时间自由随性"等的招牌，类似这样的"福利"对一部分"90后""00后"员工来说，是很有吸引力的。

远能发展，近能激励

现代企业管理的发展受惠于现代管理学之父彼得·德鲁克。他有一句金句：企业管理的成就不在于拥有多少天才，而在于企业如何更好地激励员工，发挥员工的优势。

薪酬最直接的作用是激励员工，调动员工的积极性和责任感，让他们在工作中保持热情。同时，激励作为一种手段，可以调节员工工作的重心，引导员工把主要力量向着企业希望的方向倾斜和发展，从而达成企业的目标。

行之有效的激励往往有一个共同特点：满足员工的需求。员工的工作动力往往来自其强大的内驱力，而内驱力的根源正是其切实的需求。需求是员工努力的根源、奋斗的根本，也是企业激励的出发点。

有这么一则故事：一家企业到非洲设厂，招了大批非洲工人。刚到非洲时，这家企业完全不了解当地的风俗人情，于是按照中国人的想法，给当地人发工资、算奖金、设福利，结果当地人一点儿兴趣也没有，工人们天天旷工，迟到早退更是常态，导致企业产能严重跟不上进度，长期发展不起来。

后来，有人给该企业提建议，说当地消费设施落后，当地人有钱花不出去，所以才对钱没兴趣。企业可以减少工资发放，而用积累下来的钱购买更多生活用品，然后在公司里设置"全勤奖""劳动模范""先进个人"等奖项，获奖的人不仅可以获得奖品，还要由企业亲自送到员工所在的村子，大大方方地进行奖励和宣传。

这一方法果然奏效，工人们十分在意自己在村子里的声望，生怕在亲戚朋友面前丢人，于是工作起来一个比一个卖力，从此再也没有发生大批员工集体旷工的事件，迟到的人也越来越少。

在前文，我们解读了马斯洛需求层级理论。马斯洛认为，一个人的需求可以分为生理需求、安全需求、爱与归属的需求、尊重需求及自我实现的需求五个层级。每个需求层级都有不同的激励方式。比如生理需求和安全需求，往往需要更多的物质进行激励；而爱与归属的需求和尊重需求，则需要更多非物质的激励方式来满足；自我实现的需求，往往要求企业为员工提供更加长远的发展规划。企业在进行薪酬激励时，从这些方面着手，往往会实现不错的效果。

同时，我们在前文也提到过，对于不同的员工，激励的方式有时也会大不相同。比如，工作时间在五年以内的员工，渴望学到更多东西，提升自己的能力，所以企业可以进行"学习激励"，为他们提供更多的学习和培训机会。工作时长 5~10 年的员工，已经掌握了不错的能力，他们渴望获得更加长远的发展，因此企业可以对他们进行"成长激励"，允诺他们更好的发展机会。对于工作时长达到十年以上的员工，他们的能力达到了一定水平，也发展到了一定阶段，这时候他们更需要直接的物质性激励，直接和他们谈钱或许更为有效。

除了满足员工的需求，我们在进行薪酬激励时，还需要注意以下两点：一是薪酬激励的即时性，二是薪酬激励的职责范围。

薪酬激励的即时性是指企业在进行薪酬激励时，需要根据员工的职位等级和责任重要程度进行相应的即时性激励。

比如，企业高管责任重大，涉及的事件比较复杂，往往需要经过一定的事件来观察效果，所以企业可以以半年或一年为一个激励周期进行激励。中层管理人员责任相对较小，可以以半年或一个季度为激励周期进行激励。基层员工的责任对企业的影响往往是短期的，可以在短时间内显现，所以其激励周期也相对较短，往往以一个月为周期。

有时候，企业甚至可以在员工完成工作时就立刻进行相应的激励，如销售人员的销售奖金、技术研发人员的研发奖金等。由于激励效果存在明显的时间性，所以拖延得越久，薪酬激励的效果就越差。因此，这类员工在达成目标后，企业需要立刻对他们进行相应的薪酬奖励，不可以拖延。

薪酬激励的职责范围是指员工的薪酬激励不能超过他们所负责的责任范围，技术员就负责技术员的事情，销售员就负责销售员的事情。对于他们的激励，也必须影响他们所负责的事情。不能按照销售业绩来给技术员提成，也不能按照技术难度来给销售员增加提成比例。同理，对于各个岗位的员工，尤其是基层员工，也不能按照企业整体业绩进行激励，因为基层员工的责任范围比较小，基本不可能辐射企业的整体业绩。企业的整体业绩严重超出了他们的职责范围，员工们无法决定企业整体的走势，自然也无须对企业整体肩负"额外"的责任。

对于很多员工来说，他们不仅注重企业的短期激励，同样也关注自己在企业的长远发展。

2009年，马云曾带领团队飞往美国，拜访谷歌创始人拉里·佩奇。在回答"谁是谷歌最大的竞争对手"时，参观团队原本以为答案会是苹果、微软这一类高新技术企业。结果拉里·佩奇的答案却出乎意料：NASA（美国国家航空航天局）。

拉里·佩奇说："我不担心其他公司来抢我的人。我担心NASA，他们给的工资很低，只有我给的1/5，可是我还是抢不过他们。

"谷歌为员工描绘了很好的梦想。可是，这还远远比不过NASA的梦想。他们面向整个宇宙，他们的梦想是星辰大海，这是我没有的。"

这就是马斯洛所说的"人类的最高需求"，即实现自我的需求。为了自己的梦想，谷歌的员工可以放弃很高的工资和最好的待遇转而投奔NASA。

许多管理者或许也有这样的经验：越是宝贵的人才，越是有自己的独特追求。

其实，每个人都渴望在工作中有所成就，实现自己的价值，这是人性的共性需求。因此，在薪酬设计时，企业要将员工的长远发展规划进来，通过薪酬的方式，允诺他们实现自我价值。

许多企业之所以让员工感到"发展无望"，往往是将员工发展的机会变成了"独木桥"。比如，在传统薪酬模式中，员工的薪酬和职业发展和职位等级挂钩。职位等级决定着一切，想加薪，想要发展，员工就必须升职，拼命"往上爬"。这样做的结果就是，所有人都往高等级的位置上挤。结果，老一辈的"功臣"总是居高位、享厚禄，新一辈的"功臣"却只能从头爬起，被压在老员工身下。新员工看不到出头之日，就会选择跳槽，给企业带来损失。

好的薪酬制度应该为员工提供更多的发展可能，创造更好的发展机会，让员工实现"营优则管""技优则专"的发展规划，获得多元的发展通道。这其中最好的做法就是在传统薪酬的基础上拓宽薪酬的带宽，实行宽带薪酬，让员工"加薪不必升职""不升职也可加薪"，可以通过能力的提升和绩效的增长来获得更好的发展前景。

当然，发展问题是个双向问题。企业要给予员工发展的可能，员工也要为企业的发展创造价值。

在薪酬设计时，企业需要为员工的发展提供更多的道路选择，创造更多的发展机会。但是同时，企业也要明白，员工的发展机会是与他们的付出、创造的价值和对企业的贡献成正比的。员工想要获得什么样的发展，就需要付出什么样的努力。在这个问题上，企业往往需要思考：员工能不能促进企业的发展？他们在企业发展中能为企业带来何等的价值？

动可挑战，静有保障

美国马里兰大学一项早期的研究显示，一个明确的目标往往比要求员工尽力工作能够收获更好的业绩。彼得·德鲁克在《管理的实践》(*The Practice of Management*) 一书中进一步明确了目标的作用，提出企业在工作中必须设置目标。明确的目标设置可以有效提升员工的工作效率，改善企业的生产效率。

为了保证激励效果与薪酬投入成正比，达到企业的预期，很多企业在薪酬设计时，往往会为员工设置不同的目标，形成目标薪酬，强化薪酬挑战性。

所谓薪酬挑战性，是指员工在薪酬的激励下，被充分地调动起挑战热情，努力完成目标，达成工作业绩。强化薪酬挑战性的关键在于给员工设置合理、有效、具备激励性的挑战目标。

一般来说，企业在设置目标时，要让员工"跳一跳，够得着"。爱立信是一家大型跨国公司，它在薪酬设计上就十分擅长利用"挑战性"来增强薪酬激励效果。

爱立信在薪酬设计中要求每位员工给自己设定目标。每位员工的目标都要分为不同的等级，每个等级对应不同的奖金报酬，员工需要付出不同程度的努力才能达到。随着目标等级的不断提高，员工也需要不断地努力才能达到，这就是薪酬挑战性。

每个目标相较于前一个目标都不容易实现，但是不断提升的薪酬却会不断地激发员工的潜力，让他们抱着一定要冲一冲的态度，从而将工作做得更好。

在薪酬设计时，企业也不妨大胆一些，设置一些具有相对挑战性的目标，让员工尝试着"跳一跳"，引导员工在工作中爆发出足够的动力和热情。当员工通过努力终于"够得着目标"时，也才会收获更强烈的成就感和满足感。当然，设置的挑战性目标也不宜太高。如果一个目标被设置得员工们再怎么努力也够不着，他们便不会再有那股冲劲儿了，甚至会干脆躺下来坐以待毙，最终适得其反。

在设计目标薪酬时，很多企业往往会根据自身情况设置"三级目标"，即保底目标、挑战目标和冲刺目标。保底目标就是员工通过正常努力所能达到的目标;挑战目标就是需要员工付出一定努力才能达到的目标,这个目标高于保底目标,但不会高太多,旨在敦促员工努力工作;冲刺目标,就是需要员工付出显著努力才能完成的目标,它的设置是为了激励员工不断超越自我、实现价值。

达到哪种目标的员工,企业就该给予哪种程度的激励。薪酬挑战性不仅强化了薪酬差异化的效果,同时也更能燃起员工的斗志和工作热情。

不过,频繁设置目标也会使员工感到厌倦和疲惫。这时候,我们还需要给员工提供对等的保障性,让他们感受到安全感、归属感和企业对员工的真诚态度。

前些年,国内一些销售导向型的企业非常流行"无底薪"或"低底薪"模式。在这种模式下,员工的收入实际上完全靠业务提成,即卖出多少东西就能得到多少工资。现如今,这些企业发展得怎么样了?

可以肯定地说,这样的企业绝不会有长远的发展。因为它们留不住人。试想一下,如果一个销售员连基本工资都没有,一个月的薪酬全部与业绩挂钩。卖出去多少产品,就得到多少提成;卖不出去产品,就得不到钱。这样的风险,可能会让他心事重重,顾虑自己的处境,甚至会为自己这个月能不能吃饱、能不能找到地方住而担心。连基本的生理需求和安全需求都满足不了,他又怎么能安心工作呢?

俗话说,没有功劳也有苦劳。想想成吉思汗是如何对待士兵的:对于有功劳的士兵,他会大加封赏;对于没有功劳的士兵,他也不会置之不理,会给予一定的奖励。如果放任那些没有功劳的士兵不管,不给他们任何奖励,让他们自生自灭,那么,多次战争之后,除了少数的有功之臣,很多士兵可能会变得消极作战,最终导致军团衰败。

其实,人们很早就发现了薪酬的保障价值。早在1959年,心理学家赫茨伯格就在"双因素理论"中提及薪酬的保障作用。他认为,工作中有很多因素会影响员工的情绪和状态,他将这些因素称为"保健因素",比如工资报酬、工作条件、企业政策、行政管理、劳动保护、福利待遇、安全措施、人际关系、领导水平，等等。如果这些保健因素无法得到满足，员工的负面情绪就会滋长，工作状态就会下降，最终出现消极怠工，甚至罢工的情况。

日本传奇人物，号称"日本经营四圣"之一的稻盛和夫，在一次讲话中将员工形容成自己的子女。

他解释说，对待员工就像对待自己的孩子。一个孩子成绩优秀，做什么都好，你自然会给他奖励；可是，另一个孩子，你会因为他学习不好，就不给他吃不给他穿，让他饿着冻着吗？

这个比喻很生动地表现了薪酬的"挑战性"和"保障性"之间的关系。公司应该具有一部分家的属性：一方面，积极鼓励员工大胆参与挑战；另一方面，给予员工基本的保障，不能让他们忍饥挨饿。

薪酬保障的作用就在于尽可能地降低和消除员工的负面情绪和不满因素。同时，保障员工最基本的生理和安全需求，为员工排除顾虑，激励他们迎接挑战，直面目标，追求更好的发展。

"八字方针"是我对企业薪酬发展的客观总结，它是建立在人性的深刻认知和反思之上，同时结合企业战略与人效而提炼的。其实，企业遭遇的绝大多数薪酬问题归根结底都与战略和人性挂钩。这是我进行薪酬设计的立足点和出发点，是需要每位企业老板和管理者注意的。如果在经营管理中发现企业的薪酬存在问题，你不妨从战略和人性两个点出发进行思考，再用"八字方针"验证效果，你往往会对企业的薪酬有更加透彻的理解。

第二部分

四维薪酬篇

懂得人性和战略的重要性,我们就成功了一半,但也仅仅只成功了一半。

如果不设法将"八字方针"中蕴含的人性和战略真正落地,那么这一半的成功最终将会演变为失败。

"八字方针"是每一位老板都期望的效果。我们必须召唤员工的行动,让我们的薪酬达成这八个字的效果。大多数企业无法将"八字方针"真正落地,原因很简单:缺乏载体。

当你拥有一个方案,你就需要一个团队去完成;当你拥有一个梦想,你就需要一段经历去实现;当你拥有一个想法,你就需要用行动去召唤;当你拥有了一种薪酬理念,也必须拥有足以承载其并促其达成的薪酬体系,这个薪酬体系就是四维薪酬体系。

四维薪酬体系是我在实践中根据大量企业的薪酬设计方案进行总结和提炼的成果,是一种符合现代薪酬趋势,并适应和满足大多数企业需求的薪酬体系。它从岗位、能力、绩效和战略四个维度出发,对企业薪酬进行全面设计,以满足薪酬对企业战略的支撑和对人性需求的满足,它是适应企业全面需求,促进企业发展的薪酬体系。

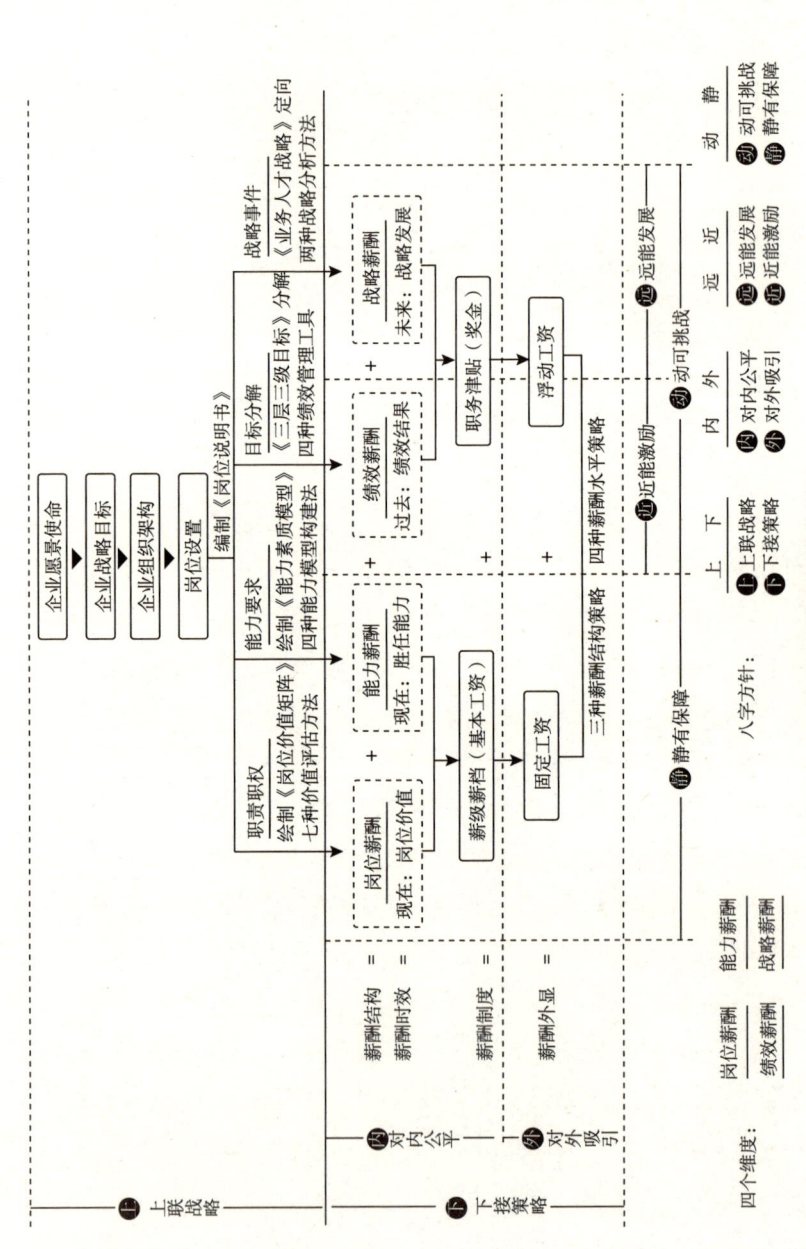

图 2-1 四维薪酬体系设计全景图

第二章
起点：岗位薪酬

每个岗位都需要根据企业实况进行重新定义

一家中小企业的薪酬变革之路

过去，一家中小企业给我留下了深刻的印象。这是一家位于珠三角地区的饰品公司，主要设计研发和生产制造工艺饰品。在我的专家团队接手之前，这家企业的薪酬改革可谓充满坎坷。

这家企业靠着创意设计和技术研发优势，从为国际著名品牌进行ODM（原厂委托设计）和OEM（定牌生产/原厂委托制造）起家，20世纪90年代在珠三角地区悄然成长起来。迈入2000年之后，它成功转型为OBM（自有品牌生产）企业。

眼看着企业做大做强，问题却出现了。

早年间，也就是ODM和OEM时期，这家企业还是处于创业阶段的小企业，管理起来并不算难事儿。老板一手抓、一人管，从设计研发到生产制造，倒也得心应手。这是很典型的"股东价值形态"。

在这种价值形态下，企业形成了一套"谈判薪酬"。也就是说，员工的薪酬基本是老板根据市场情况而定的。老板说给多少，就给多少。

在这样的薪酬模式下，员工的薪酬很大程度上取决于老板的态度。只要和老板关系好，涨薪就是小事儿一桩；要是和老板关系差，或者老板不欣赏你，那可就涨薪无望了。

渐渐地，这家企业的规模越来越大，部门越来越多，员工人数已经远远超出了老板的视线范围，老板已经无法对每个员工了如指掌，员工心中开始慢慢形成一个共识，即想要涨工资，想要发展好，就得和部门或团队领导处理好关系，和上司打好交道。公司俨然变成了"江湖"，员工关注的焦点不再是为企业贡献价值，而是人情世故讲上下级关系了。职位行政级别的高低也慢慢成了一个员工的"江湖地位"。"官本位"的问题日渐严重，员工们比的不是岗位的价值，而是职位行政级别的高低。

"谈判薪酬"逐渐变成"行政级别薪酬"，也就是谁的职位行政级别高，谁的工资就高。职位行政级别上不去，自己本事再好也拿不到高工资。

于是，大量员工把心思花在了"怎么往上爬"上，对手上的"分内事"反而越来越不在意。企业里的人都在"攀高位"，甚至从事技术研发的专业人员也热衷于追求更高的"行政级别"，想着怎么提高自己的"行政级别"，而不是把心思放在创意设计和技术研发上。一些在"高位"上难以再有建树的专业人员，感觉在企业前途无望，只能另谋高就，离开公司了，企业到头来成了"为他人作嫁衣"。

如此一来，大批专业人才的流失给企业造成了巨大的损失。

企业高层痛定思痛，开始反思：当初，企业之所以能够做大做强，靠的正是拉起了一支专业的队伍，在工艺饰品领域形成了创意设计和技术研发优势。如果专业人员陆续出走，再这样下去，只怕企业的技术优势将荡然无存，很快就会衰落。

老板可真的着急了，短时间内一连请了两家顾问公司，帮助他们做人力资源优化。

第一家顾问公司担心大刀阔斧的改革会让企业出现"短期休克"。于是，在薪酬设计时缩手缩脚，许多地方不敢下手，只在该企业原本的组织架构和薪酬体系上做了部分优化。一段时间下来，企业仍然没有办法摆脱"行政级别薪酬",员工们观念里的"江湖地位"还是根深蒂固,难以消除。结果薪酬改革治标不治本,很快就失败了。

第二家顾问公司意识到"行政级别薪酬"阻碍了企业发展,想要借鉴阿里巴巴模式,将企业岗位分为P、M序列:P代表技术,M代表管理。这样一来,公司就为员工的发展设计了两条道路:员工既可以向管理方向(M序列)发展,也就是俗称的"往上爬",也可以向技术方向(P序列)发展,朝技术专家发展。

这样一套模式理论上来说确实很不错,可以解决该企业的顽疾。但是理想很丰满,现实很骨感。实践证明,这套模式非但没能起到作用,反而衍生出更多问题。

首先,这样一套大刀阔斧的改革方案极大地冲击了企业原本的行政体系,让企业出现了大量不良反应,企业内部产生了巨大的波动。

其次,这套"舶来品"无法真正引起员工们的兴趣。员工们对P序列和M序列缺乏共鸣,完全不感兴趣,仍旧醉心于"快速高升",对技术提升没有多大热情。即使有一些员工将重心放在"技术"上,也是在职称级别的"技术"上做文章,想着如何把自己的职称级别提上去,并没有将重心放在创意设计和技术研发上。到头来,所谓的"P序列"也不过是员工"往上爬"的变相通道而已,失去了该有的价值。

两次薪酬改革非但没有解决企业的人才流失、队伍素质下降的问题,反而冲击了行政体系,让企业文化也跟着变了味儿。这不仅让老板很受挫,也让企业很受伤。

后来,这位老板找到我,让我帮他想想办法。

一开始我的压力很大,毕竟前两次薪酬改革的失利已经对企业产生了不可逆的副作用。这就好比一个常年吃药的人,他的身体可能已经对药物产生了抗体。这无形之中给治病的医生提出了更高的要求,也提高了医治的难度。

这家企业显然就是这种情况。

这种情况下就需要一味"猛药",才能让这家企业真正健康起来。

既然是猛药，就一定要对症下药，开在病根上。

可是，这家企业的病根在哪儿呢？

在做了一系列调查之后，我得出结论：这家企业的病根就在员工的思想上，在企业的文化上。

于是，我带领团队深入这家企业内部，详细地了解企业发展至今二十年的历程，特别是最近十年的发展情况，重新梳理了企业的愿景使命、发展战略、组织构架、岗位编制，提炼出了企业二十年发展的文化基因，重塑了企业文化内核，确定了"创新、奋斗和贡献"的企业价值核心。

针对企业薪酬与"行政级别"和"职称级别"挂钩的模式，我与老板商量，决定"刮骨疗毒"，彻底摒弃前两家顾问公司的部分优化措施和"P、M序列体系"。我们确定了以"岗位价值贡献"作为衡量标准的薪酬理念，并重新对企业中的各个岗位进行了岗位价值评估，明确了各个岗位的责任与价值，强调了岗位的重要性。

在这一过程中，我们先后对排序评估法、分类评估法、市值评估法、因素比较评估法、要素点值评估法、美世国际职位评估系统、海氏价值评价法等十余种岗位价值评估方法进行了专业的优化和改良，结合企业的具体岗位类型，进行了测试。

测试结果表明：在十余种岗位价值评估方法中，美世国际职位评估系统（"美世"）和海氏价值评价法（"海世"）表现不俗，呈现了很高的匹配度。

在仔细比较这两个岗位价值评估法的差别之后，我发现两者虽然都与这家企业十分契合，可是具体的契合点却大有不同。

"美世"与这家企业的劳动力岗位的契合度很高，但是与知识性岗位的契合度则稍显不足；"海氏"则恰恰相反，在知识性岗位上与该企业相得益彰，但是在劳动力岗位上却存在缺陷。

两者各有优劣，究竟该选哪种方法呢？

考虑到这家企业就是以创意设计和技术研发起家的，目前的战略发展也与技术研发息息相关，企业未来想要获得长远发展，更加依赖技术研发和相关的专业人员。于是，我们最终决定采用海氏价值评价法，对企业的薪酬体系和组织架构进行了一系列的改革。

事实也证明，我们的决定是正确的。短短数月之内，通过梳理企业文化，进行岗位价值评估，充分发挥薪酬的激励和引导作用，我们成功地使员工们从浮躁的企业氛围逐渐回归到了各自的岗位和工作之中。

如今，这家工艺饰品企业已经从"薪酬阴影"中走出，重新确定了薪酬策略，建立了内外结合的一体化培训体系，启动了外部人才招聘计划，专业人才不断涌现，成功重塑了自己的核心竞争力。员工们也少了一些"江湖儿女"的人情世故，多了不少职场人员的岗位意识和责任奉献精神。

第一节　避开薪酬"雷区"，从岗位设计开始

19世纪中叶，美国开始大规模修建铁路，普及货运火车。最初，美国政府规定各地区的铁轨、机车和车厢归该地区的业主所有，并由他们自行负责管理和调派。

由于这个规定，火车在经过每个地区时都需要由当地业主进行人员更换和费用核算。这导致一列火车在运行途中需要频繁更换火车头和工作人员，并进行复杂的核算工作。并且，由于各地区对接的连贯性不足，时常导致火车晚点，或出现其他意外情况。

1841年，大量火车相撞事故开始让美国人意识到这种方式是没有办法管理好一列列飞驰的火车的。美国人想出了一个办法：取消业主的直接管理权限，将火车的管理工作交给一个有专业管理能力的人来代为管理，综合统筹。这就是现代意义上的职业经理人。

职业经理人的出现宣告一个全新的时代拉开了序幕：精英阶层走向企业管理层，逐步掌握了企业的实际管理权。到了19世纪后期，监

工正式迈入工厂，代替老板管理工人；同时，企业里逐渐产生"白领"阶层。渐渐地，组织内的精英阶层越来越多。

在这一时期，为了提升组织内部的效率，企业按照工作内容的不同将员工划分到不同的体系，形成专业的分工，产生了各类部门和岗位，并不断发展壮大，形成了大多数企业的组织形态。

部门和岗位的出现使员工的工作内容发生了巨大的变化。在此之前，员工需要完成什么工作完全取决于企业老板的直接命令，薪酬的多少也由老板"拍板"决定。但是现在不同了，员工的工作内容由部门和岗位决定，薪酬的多少也受到部门和岗位的制约。岗位成为判断员工薪酬水平的重要标准。

与老板"拍板"决定相比，这种方法看起来更加客观，也更加公平。但是，一系列问题也很快被摆到企业面前：各类岗位到底值多少钱？薪酬到底要发多少？为什么要发这么多呢？

一段时期内，如何确定岗位的薪酬数额成为企业的痛点。直到19世纪后期，泰勒首次提出，通过工作分析和工作评价的方式来衡量员工的薪酬。这种方法一经问世便受到许多人的追捧。一些管理者将岗位价值评估的方法运用到自己的企业里，产生了不错的效果。

其后，越来越多的衡量岗位薪酬的方法诞生。到了20世纪80年代，西方国家兴起岗位价值评估的热潮，不少国家甚至专门颁布了"公平薪酬法案"，推动薪酬公平，落实岗位价值评估。

岗位价值评估是指企业站在组织层面，从岗位设计者的角度，以企业的战略和目标为纲领，采用统一的标准和原则，使用相同的办法和工具，对内部所有岗位的相对价值进行评估，从而让不同部门、不同职级的岗位处于相同的体系内，用一个统一的衡量和评价标准区分不同岗位之间的相对价值高低。

岗位是企业最直接的价值承载单元，也是员工创造价值的主要载体。对于企业来说，想要衡量员工所能创造的价值，就必须先要衡量员工所在岗位的价值大小。所以，岗位价值评估往往被视为薪酬设计的起点和基石，是企业薪酬体系构建中需要迈出的第一步。第一步迈好了，企业接下来才能走得又快又稳。第一步没有迈好，企业就很容易在薪酬设计中摔跟头，甚至"掉进雷区"。

很多企业在进行岗位价值评估时都很容易"踩雷"。我曾经见过一家公司，就因为踩到了"地雷"而导致岗位价值评估失败。

这家公司的评估工作原本进展顺利。可是接近尾声，在评估老板的驾驶员岗位时，现场的安静氛围却突然被打破了。在大多数人的观念里，驾驶员的岗位价值很低，评估难度并不大。但是，这家公司的行政总监在评估驾驶员岗位时却提出了不同的看法。

他说："这是老板的司机，承担着老板安全的责任。倘若驾驶的时候出了问题，导致老板受伤，对公司的影响可就大了。"

听了这位行政总监的话，大家也觉得有些道理。但是仔细一想，又觉得哪里不对，于是陷入了两难，不知该如何打分。

这时，老板轻咳了一声，缓缓道："你说得有道理啊。王师傅不仅要对我的安全负责，每天还要起早贪黑，东奔西跑，经常三更半夜送我去机场，凌晨时分又来机场接我。而且，王师傅十几年如一日，从来没有怨言，真是不容易啊！"

听了老板一席话，评估人员全都豁然开朗，"下笔如有神"。于是，驾驶员的岗位价值评分直线上涨。

评估结果一出来，驾驶员的岗位价值被严重高估了。公司里的员工们对此事议论纷纷，出现了不少抱怨的声音。"老板任人唯亲"的流言也出现了。

最终，该公司的岗位价值评估不仅没有起到该有的作用，反而适得其反，引发了内部的骚动。

在这次岗位价值评估中，我们先不论老板把个人感情用在工作上是对是错，只解读该公司在岗位价值评估上都踩了哪些"雷"？

一、避雷技巧1：对岗不对人

这位老板没有把王师傅和驾驶员岗位区分开来。结果，把对"老板驾驶员"这个岗位的评估和给"王师傅"这个人打分混为一谈了。

这是该公司在岗位价值评估中踩到的第一颗雷！

岗位价值评估只针对岗位的价值进行评估，不针对岗位上某个具体的人；只考虑岗位本身的价值，不考虑岗位上某个具体的人的工作能力、具体业绩、辛苦程度等情况；更不能因为评估人和被评估人关系的远近亲疏而从情感上进行评判。

岗位的价值由"岗位"自己说了算，而不是由"岗位上的人"说了算。

当然，我们这里说的人是指岗位上某个具体的人，比如老板的司机王师傅、财务小赵、行政小张等。

但是在实际上，所有岗位都是由劳动者承担的，其价值也是由劳动者承载的。岗位所表现的是这个岗位上所有劳动者的群体形象和总体（共同）特征。

所以，虽然说是"以岗位为中心"，其实准确地讲，却是以"该岗位所有劳动者的总体特征"为中心。

也就是说，我们考察的岗位价值，本质上是所有从事该岗位的劳动者的总体特征。在进行岗位价值评估时，如果掺杂进某个具体的人，就会破坏劳动者的总体特征，从而变成对单一个体的认知和评价了。

这也是为什么我们在进行岗位价值评估时要"对岗不对人"的原因。我们绘制的是该岗位的群体画像，而不是人物特写。

二、避雷技巧2：一致性原则

在上面的案例中，针对"老板驾驶员"的特殊情况，这家公司只是抓住驾驶员岗位的"责任""辛苦"来说事儿，没有考虑其他方面，更忽视了该岗位真正的价值，结果导致该岗位的价值被严重高估。对于其他岗位来说，这样评估出来的结果太不公平，也难怪员工们的抱怨会如此多了。这是该公司在岗位价值评估中踩到的第二颗雷。

在岗位价值评估中，这种"特殊照顾"的方式是要不得的。

首先，岗位价值评估需要统一的方法。在评估时，如果驾驶员岗位使用一种评估方法，财务岗位使用一种评估方法，行政岗位又使用另一种评估方法，结果只会是"鸡同鸭讲"，大家都不在一个"语言系统"里，无从比较，又怎么体现所有岗位的相对价值呢？

其次，岗位价值评估还需要一致的标准。在评估过程中，评估人要考虑从哪些维度来考虑问题，从哪些因素来判断问题，从哪些等级来评估问题，以及各等级的划分标准是什么。这些都必须是统一的，如果评估人思考的维度、因素、等级、权重等全都不相同，那得出来的结果又有什么价值呢？

所以，在进行岗位价值评估时一定要有统一的"度量衡"。统一的方法、一致的标准是保证岗位价值评估的公平性，让员工们产生公平感的基础，也是岗位价值评估的重要原则，是让员工和参与者信服的基石。

不过，这里所说的"一致性原则"不是机械地适用于单一公司或者整个集团公司，而是适用于使用同一套薪酬体系的公司。比如，在一个集团公司里，集团总部与子公司的薪酬体系可能存在很大的区别，在这种情况下，总部和子公司采用一样的方法和标准，反倒很有可能弄巧成拙。

三、避雷技巧3：中立性原则

在上面的案例中，这家公司的老板谈到王师傅起早贪黑、东奔西走的不容易。这本是上级体恤下级、领导关心员工的典范，可是在岗位价值评估的环境下，这种掺杂个人感情的行为就变得不合时宜了。

掺杂个人感情，无法做到评判的客观中立，是该公司在岗位价值评估中踩到的第三颗雷，也是很多人容易犯的错误。

有人说，人是感性动物，这种情况也是人之常情，在所难免。的确，岗位价值评估在很大程度上取决于人的主观判断，客观讲很难避免个人的主观因素。即使在评估过程中，采取设立标杆岗位、形成岗位说明书、成立评估小组、引入外部专家等手段，都很难避免主观因素的干扰。

越是这种情况，评估人就越应该时刻提醒自己，保持中立和客观，不能掺杂个人的情绪和感情。这是对评估工作负责，也是对岗位负责，对公司负责，更是对自己负责。

同时，在从事岗位价值评估工作前，评估人员应当积极学习评估方法、了解评估工具、掌握评估原则、熟悉评估岗位，还要对岗位所承担的责任、在企业中的位置、创造的价值等有一个全面认知。

只有这样，评估人员在岗位价值评估工作中才能减少主观认知的偏差，尽可能做到客观和中立。

四、避雷技巧4：普遍性和全面性原则

"王师傅是老板的司机，承担着老板安全的责任。倘若驾驶的时候出了问题，导致老板受伤，对公司的影响可就大了。"

行政总监的话对吗？很多人点点头，他说得没错。

这话放在哪里都没错，但是放在岗位价值评估时却错了。这是该公司在岗位价值评估中踩到的第四颗雷。

行政总监把驾驶员的"特殊情况"当作这个岗位的评估标准。但是，这样的"标准"缺乏可比性，也不是岗位工作常态，不能作为评估因素。

在评估因素的选择上，我们不能采取极端手段，也不能迁就极端

情况，更不能以偏概全，用一个因素的价值去评估其他因素。要注意因素的普遍性和全面性。

所谓普遍性，是指我们所选的评估因素必须是岗位日常工作状态，或者大多数情况下出现的工作内容，而不是特殊情况。

所谓全面性，一方面是指所选因素不只对某一个或者某几个岗位有效，而应当是对企业所有待评估岗位都能发挥作用；另一方面，这些因素应该针对岗位价值的不同侧重点而设置，它们相互独立，彼此不重叠。所有因素合起来又可以表现该岗位的总体价值。

五、避雷技巧5：针对性原则

"适合自己的，才是最好的。"讲的是岗位价值评估的针对性原则。很多企业往往忽略这一条原则，在评估方法、评估流程等方面盲目模仿其他公司的方法。

20世纪90年代，美世国际职位评估系统刚进入中国时被很多企业效仿。可是，真正成功的企业寥寥无几，很多企业没有掌握美世国际职位评估系统的精髓，简单模仿不仅导致自身的岗位价值评估出现问题，还连累了薪酬设计，拖累了企业的发展。究其原因，就是这些企业没有考虑岗位价值评估的针对性原则，踩了一颗"大雷"。

在进行岗位价值评估时，公司需要从自身情况出发，考虑企业性质、发展阶段、战略目标、组织架构、具体岗位情况、行业和市场等诸多因素，选择适合自己的评估方法，并结合实际情况进行微调。

在进行岗位价值评估时，我们一定要记住，除了原则是死的，其他一切都是活的，需要根据公司自身条件进行改良设计。只有这样，得出的评估结果才能体现公司自身的岗位价值和组织特点，也才是最适合公司的。缺乏针对性和模仿别人的方法，评估出来的结果不仅很难在自己的公司有效落地和具体实行，而且很可能成为"四不像"，起到的效果也很可能适得其反。

六、避雷技巧6：相对性原则

在上面的案例中，为什么评估结果一出来，公司里立刻炸开了锅，员工们议论纷纷，出现了不少抱怨的声音？

原因很简单，所有人的心里都有一杆秤，衡量着每个岗位的价值大小。评估结果出来时，他们会在心里盘算：这个岗位到底是不是值这个钱？那个岗位是不是值那个钱？两个岗位相比，哪个更有价值？

这就是岗位价值评估中企业的另一个容易"踩雷"的地方：岗位价值评估的相对性原则。就是说岗位价值评估的结果是在比较中产生的，是相对的而非绝对的。

首先，岗位价值评估的相对性源于我们对价值认定的相对性。某个岗位的价值是受到企业的战略、发展、现实条件等一系列因素制约的。同样的岗位，在这家公司的价值可能很大，在另一家公司的价值有可能很低。正是因为每家企业认定岗位价值的标准无法统一，所以岗位价值评估的结果也是相对的。

其次，岗位价值评估的相对性源于评估方法和手段的相对性。常见的评估方法有两大类型，即直接排序法和间接排序法。直接排序法，就是将各个岗位进行直接排序，利用排出的先后顺序来比较岗位价值。间接排序法，就是先按照规定的因素对各个岗位进行评估，得到岗位的具体分值，然后根据岗位所得分值进行排序，进而明确岗位价值的大小。显然，无论是哪种方法，都不可避免地需要进行排序比较，这就决定了岗位价值评估的本质是对价值量的判定，而非对性质的判定。

再次，岗位价值评估的相对性源于评估过程的相对性。在评估过程中，需要由评估人通过自我判断对被评估人进行打分。这是一个主观判断的过程，评估人对岗位价值的判定往往来自他们对岗位之间价值的比较和衡量，很难对岗位进行准确定性。

最后，岗位价值评估的相对性源自岗位价值的变化性。岗位的价值大小取决于其在特定企业中扮演的角色的重要程度。在企业的不同价值形态、不同发展阶段、不同市场环境和战略政策中，各个岗位的价值是会不断发生变化的，所以不存在绝对的价值大小。

比如，在公司的创业起步期（初创期），业务拓展、销售类岗位非常重要，其他岗位相对次要，那么销售岗位的价值就比其他岗位的价值大；随着企业的发展，逐渐步入成熟期，业绩稳步增长，此时的管理类岗位可能变得更为重要，而一开始的业务拓展、销售类岗位则变得相对次要了，它们的价值大小也变化了。所以，通过评估得到的岗位价值是相对的，而非绝对的。

第二节　岗位设计，需要一套好的评估方法

一家三四十人的小公司想要做岗位价值评估。老板找来 HR，让他策划一下，做个岗位价值评估的设计方案。结果，这位 HR 搬出一套国际流行的岗位价值评估方法，照着步骤做起来。

几天下来，复杂的规则和烦琐的流程不仅把公司上下搞得心力交瘁，得出的结果也和公司实际情况不符，很难令人信服。最终，这次岗位价值评估不得不草草收场，成为员工私底下谈论的"笑柄"。

难道国际流行的岗位价值评估方法也有出错的时候？老板和 HR 陷入了沉思。

其实，评估方法没有出错，只是被错用了。经过数十年的发展和无数企业的实践，各种岗位价值评估方法早已十分完善，比较流行的多达数十种。其中较为常见、广受好评的岗位价值评估方法主要有以下七种，分别是：排序评估法、分类评估法、市值评估法、因素比较评估法、要素点值评估法、海氏价值评价法、美世国际职位评估系统。

这些评估方法虽然没有好坏优劣之分，却有着各自的适用范围。使用时，需要企业根据自身情况进行合理的适配选择。最流行的未必

是最适合你的，也不一定是最好的。在做岗位价值评估前，选对评估方法很重要。

一、排序评估法：初创类公司的首选

排序评估法是根据一些特定的标准，比如工作的复杂程度、对组织的贡献大小等，对各岗位的相对价值进行整体的比较，排列出高低次序，按照高低次序计算岗位价值的评估方法。

常见的排序评估法有两种：直接排序法和两两比较法。

直接排序法操作简单，容易上手。在操作时，只需要找几个熟悉公司岗位的人，或者你一个人就能完成。

首先明确排序标准，然后根据排序标准对所有岗位进行排序。排列出来的顺序就是岗位价值评估的结果。如果进行评估的人较多，排列出来的顺序难免有差别。这时候，只需要将所有评估人的排序结果汇总，计算出各岗位的排序平均值，再将排序平均值重新排序，即可得到岗位最终的排序结果。

比如，某家小型企业使用直接排序法进行岗位价值评估。该企业选择了五名评估员，对销售经理、技术经理、生产经理、财务经理、产品经理五个岗位进行评估。

首先，该企业让五名评估人分别给五个岗位排序。

其次，将五名评估人员的排序进行整合，并计算出各岗位的排序平均值，分别为：销售经理2.2，技术经理1.8，财务经理2.4，生产经理4，产品经理4.6。排序平均值越大，说明排序越靠后，重要性也就越低。

所以，最后得到的岗位价值排序就是技术经理＞销售经理＞财务经理＞生产经理＞产品经理。也就是说，在此次直接排序法的评估中，技术经理是所有岗位中最有价值的。

两两比较法，又称成对比较法、配对比较法或相对比较法。这种方法同样简单：首先将所有岗位列出，再捉对进行比较。谁的价值高，得1分；价值低，不得分。所有岗位都分别进行"两两比较"，最终算出总分。分数最高的岗位，价值最高。以此类推，得出岗位价值排序即可。

比如，某企业使用两两比较法对企业的销售总监、人资经理、财务经理、物流主管、企划主管、生产主管、行政助理七个岗位进行评估。

该企业先对销售总监和人资经理两个岗位做对比，分析两个岗位对企业的价值和贡献度，最终得到销售总监更为重要，于是在销售总监一栏加1分，而人资经理不得分，计0分。

以此类推，该企业将余下五个岗位分别与销售总监进行对比，并记录比较的得分情况，最后汇总得到销售总监的分值。

利用同样的方法，该企业将所有岗位进行两两对比，并核算出分值，最终得到：销售总监6分、人资经理4分、财务经理5分、物流主管2分、企划主管3分、生产主管1分、行政助理0分。

通过对比分值，可以得出七个岗位的岗位价值排序情况为：销售总监＞财务经理＞人资经理＞企划主管＞物流主管＞生产主管＞行政助理。

无论是直接排序法，还是两两比较法，通常都适用于一些初创公司，或者规模较小、人数较少、组织结构比较单一、岗位性质类似的企业。这些企业岗位较少，这样的评估方法既简单实用，又节省人力成本。并且，这些企业通常属于股东价值形态，老板的权威较高，对岗位价值评估的结果有着很直接的影响力。

如果将这种评估方法应用到大中型企业，由于组织内岗位繁多，性质差别较大，就会让人感觉岗位价值评估太过主观，显得很草率，往往会被员工认为是"老板自娱自乐的把戏"。

二、分类评估法：职务性质单一类企业的不错之选

分类评估法要求企业在进行岗位价值评估时，先按照工作内容、

工作职责、任职资格等方面的不同要求，将岗位划分成管理类、专业类、技术类、营销类等不同的类型，然后对不同类型的岗位进行比较。

在进行分类评估时，首先要清楚从什么维度去评估，然后确定职位等级，并按照评估维度给每个职位等级编写定义标准，最后按照编写的定义标准将职位归入各个等级。

比如，某公司使用分类评估法对文员类岗位进行分类评估。这家公司首先选取"工作复杂程度""有无监督权""有无公共关系"作为评估的三个维度。

然后，将文员岗位分为五个职位等级，分别是：首席文创、资深文员、高级文员、文员和助理文员。

接着，为每个职位等级编写定义标准，比如，对第五级"首席文创"的定义是：工作复杂程度高、有监督权、有大量公共关系的文员，属于最高级；对第四级资深文员的定义是：工作中等复杂、有一定监督权、有一定公共关系的文员，属于次一级……

以此类推，这家企业所有文员的分类评估结果就出来了。

和排序评估法一样，分类评估法也不复杂。但是，相较于排序评估法，因为有了判断的标准和依据，所以分类评估法显得更准确，也更客观。在一些组织结构和工作内容不太复杂的公司和部门，这种评估方法能在短时间内得出令人满意的结果。

不过，如何选择岗位分级的维度，如何制定适当的定义标准，如何对定义标准进行说明，都是分类评估法面临的难题，且分类评估法存在人为操控的风险，所以仍然存在一定的主观性。此外，分类评估法等级的划分只是针对岗位相对价值而言；对于不同等级之间，或者同级不同岗的职位来说，就很难评估出价值的差距了。所以，对于那些工作性质复杂，工作内容差别大，或者管理扁平的企业和部门而言，这种评估方法并不适用。

三、市值评估法：从外部价值着手的评估方法

当内部的岗位价值评估无法奏效，或很难实施时，一些企业便把目光转向外部市场，寻找外部的解决之道。这时候就出现了市值评估法。

市值评估法是采用市场中岗位的薪酬数据，作为评估公司内部岗位价值大小的依据的评估方法。市值评估法认为，在市场上，岗位的薪酬水平越高，该岗位的相对价值也越高；反之，岗位价值越低。

市值评估法的优点显而易见：与市场高度契合，避免了企业在薪酬问题上"闭门造车"；和市场的耦合性更强，对外的吸引力也更充足。

不过，市值评估法往往需要一份"内容过硬"的市场调研报告，即让你获悉同区域、同行业、匹配自身企业规模级别的调研报告。这对很多企业来说是一件费时又费力的事情。

有些企业为了节省成本，宁愿从市场上购买市场调研报告。这种做法看上去的确省时又省力，不过，问题却随之而来。市场上买来的市场调研报告往往掺杂着大量水分，获得的岗位情况很可能存在周期性波动和滞后性，同时受到供求关系的影响，评估的岗位价值存在虚高或是偏低的情况。这些都会对企业的岗位价值评估造成不利影响。比如，市场上某类岗位的人才发生短缺，或者出现周期性供大于求，很可能使该岗位薪酬上扬或下降，导致该岗位的价值被错估。类似的苦果，企业只能自己吞下。

况且，有些岗位的市场价值本身就不能等同于企业岗位的内部价值。不同企业的特点不同、需求不同，即便是相同的岗位名称，在不同企业的职责和分工、能力和要求也会有差别，市值评估法无法体现这些差别，也很容易造成评估结果的误差。此外，一些具有企业特色的岗位，在外部的市场调研报告中往往很难查到。

所以，在使用市值评估法时，首先要保持慎重，然后可以搭配其他评估方法一同使用，作为补充和辅助，效果往往更好。

四、因素比较评估法：适合大中型企业的评估方法

1926年高速交通股份公司一位名叫 E·J. 本奇的人发现，当时流行的所有评估方法和自己的公司都有些格格不入。无奈之下，他只能试着自己想办法。在调查研究之后，他和助手创造了一套全新的评估方法，这就是因素比较评估法。

因素比较评估法不关心具体岗位的职责和任职资格，而是将所有的岗位内容抽象成若干个因素，再按照这些因素进行排序，从而得到评估的结果。

这种方法发展至今已近百年，仍然受到不少企业特别是大中型企业的青睐。其优点是具有独特有效的因素打分机制，并且在因素选择上追求简单直接。

从一开始，本奇就坚定地认为，对于一个岗位的评估，完全用不着一大堆复杂的因素和标准，只需要几个核心因素就足够了。经过近百年的发展，大多数企业基本对几个核心因素达成了共识，大致包括：智力条件（脑力劳动）、身体条件（体力劳动）、技能、责任、工作环境（环境）和劳动条件。

在进行因素比较评估时，企业首先需要从这些核心因素中选择最适合企业的五项因素作为评估的基准因素。

其次，选择关键岗位作为评估的基准岗位。选择的基准岗位应该具备普遍性、代表性，且工作内容稳定、薪酬水平合理，得到公司大多数人认可。

再次，确定基准岗位分值。一般来说，基准岗位分值的确定有两种方式，一种是直接利用基准岗位的薪酬数额作为分值，另一种是通过抽样分析和调查评估，得到"分值－薪酬"转化系数，利用这个系数将基准岗位的薪酬数额转化成一定的分值。

从次，将基准岗位分值分解到选定的五种因素中，得到基准岗位

在各因素中的得分。

最后，将其他岗位与基准岗位比较，得到其他岗位的各因素得分，并汇总得到每个岗位的价值评估总分，得出价值排序。

比如，某企业用因素比较评估法进行岗位价值评估，首先选取脑力劳动、体力劳动、技能、责任、环境五项内容作为评估因素，再选择 A、B、C 三个岗位作为基准岗位，通过取整处理，得到三个岗位的每月薪酬分别为 2000 元、4000 元、8000 元。其次，企业对组织内多个岗位进行取样分析和数据对标，得出"分值 - 薪酬"转化系数为 0.05。接着，利用转化系数，得到 A、B、C 三个基准岗位的评估总分分别为 100 分、200 分、400 分。

接下来，该企业将岗位 A 的 100 分分解到五项因素中，得出岗位 A 的脑力劳动分值为 20 分，体力劳动分值为 30 分，技能分值为 10 分，责任分值为 30 分，环境分值为 10 分。以此类推，该企业也将 B、C 两个岗位的总分分解到各项因素中，得到具体的分值。

最后，在对岗位 D 进行评估时，该企业将岗位 D 放入各因素中，与 A、B、C 三个岗位进行比较，根据比较结果得出岗位 D 的脑力劳动分值为 60 分，体力劳动分值为 60 分，技能分值为 50 分，责任分值为 70 分，环境分值为 30 分。

由此，该企业得出岗位 D 的总分为 270 分。那么，A、B、C、D 四个岗位的价值排序就是岗位 C（400 分）＞岗位 D（270 分）＞岗位 B（200 分）＞岗位 A（100 分）。

有人说，因素比较评估法算是排序评估法的升级版。两者确实存在这样的关系，不过也有明显的区别。排序评估法只需要对公司岗位进行整体考虑，直接比较即可；因素比较评估法则需要将岗位抽象化，提炼为各项因素，通过因素进行比较。

相比之下，因素比较评估法显然更为客观公正。但是，在对岗位因素进行打分时，其本质仍是岗位间的比较。在这一过程中，评估人员难免对一些岗位认知不足或者带有主观判断，所以评估的公平度和准确性往往也会有所折扣。并且,这种评估方法在开发期比较复杂,管理成本也比较高,更适合大中型企业。

五、要素点值评估法:大中型企业热衷的选择

长期以来,要素点值评估法一向被认为是最科学、最精确、应用最广泛的岗位价值评估方法之一。

所谓要素点值评估法,就是从多维度、多因素对岗位价值进行量化评估。它的关键就是给岗位打分。通过点值的多少确定岗位相对价值的高低。它的步骤也很清晰,如下所述。

1)定维度,定因素

岗位价值评估是一种确定岗位相对价值的衡量手段。维度和因素的不同往往导致评估结果的差异。要素点值评估法从一开始就意识到这个问题,它明确地强调维度和因素的重要性。

为了避免企业在维度和因素上的分歧,要素点值评估法对这两项内容做出了较为明确的规范。首先是维度的选择,一般而言,要素点值评估法最常用的维度主要有五大类:知识维度、责任维度、技能维度、工作强度维度、工作环境维度。

在每个维度中,我们还需要选择适合企业的不同评估因素。这些评估因素具有很强的普遍性,比如在责任维度,常用的评估因素就包括经济效益、风险控制、成本费用管控、指导监督、内部协调、外部协调、工作结果、组织人事、法律责任、决策的层次等。具体可借鉴表 2-1 所示的某企业常用评价维度及其因素示意简表,在实践中,不同企业的标准可能有所不同,当灵活应用。

表 2-1　某企业常用评价维度及其因素示意简表

常用评价维度	常用评价因素
知识维度	专业要求、学历要求、专业知识广度、管理与运用知识的能力

续表

常用评价维度	常用评价因素
责任维度	经济效益、风险管控、成本费用管控、指导监督、内部协调、外部协调、工作结果、组织人事、法律责任、决策的层次
技能维度	技能等级、熟练程度、工作经验、工作灵活性、技能复杂程度
工作强度维度	体力劳动强度、脑力消耗疲劳程度、复杂程度、加班频率、工作紧张程度
工作环境维度	工作地点稳定性、工作环境潜在危险性、职业病风险、工作时长

一般情况下，每个维度筛选 5～10 个因素最为合适。当然，具体的因素选择往往需要根据公司和岗位的具体情况，通过分析和比较之后才能确定。

2）下定义

确定维度和因素后，还需要对每个因素进行定义，让评估人员对各个因素有一致的理解。比如，在工作强度维度中，一个重要的因素是工作紧张程度。对它的定义可以是工作节奏的快慢，也可以是注意力的集中程度，还可以是岗位的工作量和时间限制等。每个人对工作紧张程度的理解和判断往往是不同的。因此，对因素理解的分歧很容易导致人们对因素判断的偏差，影响最终的评估结果。

对因素进行定义正是为了减少这种"理解偏差"对岗位价值评估带来的影响。"下定义"虽然重要，但是在实际操作中却很容易被人忽视，或是简单地走走过场，不了了之，最终不知不觉地使岗位价值评估产生误差。所以，在具体执行时，需要格外重视对因素进行定义。

3）定权重

完成因素的定义后，就要为各因素设置一定的权重。对岗位价值影响越大的因素，其权重也应该越大。

需要注意的是，单个因素的权重最高不宜超过 30%，最低不能小于 5%。单个因素权重太高，会失去多因素比较的价值；单个因素权重太低，就必须考虑这个因素有没有参与评估的价值了。没有参与价值的因素，也就不用放到评估里来了。

比如，甲公司在其知识技能维度的权重为35%，主要考虑"知识技能要求""工作复杂性""改造与创新"三个因素。它们的权重分别为：15%、10%、10%。

这个权重比就说明，在知识技能维度，这家公司很注重均衡，三个因素的差距不大。在此基础上，这家公司最看重的是岗位的知识技能要求。

4）分等级，定点值

确定各因素的权重之后，还需要把每个因素划分到不同的等级去。比如，甲公司将每个因素分为五个等级，并进行了清晰的界定。在工作复杂性这个因素上，它进行了如下界定。

1级，工作简单，完全能独立完成。

2级，只需要简单的提示即可完成工作，不需要制定计划和独立判断。

3级，偶尔需要进行独立分析判断和制定计划。

4级，工作多样化，并对灵活处理问题的要求较高，经常需要进行独立分析判断和制定计划，需要较强的应变能力。

5级，非常规性工作，需要在复杂多变的环境中处理事务，需要极强的分析判断、计划制定和应变的能力。

明确地划分各个因素的等级是为了方便进行接下来的打分环节，也是为了将具体的点值放入相应的因素等级中去。

通常来说，点值的大小需要参考企业的规模和岗位的多少。岗位越多，点值应该越大；岗位越少，点值也就越小。这样，可以更准确地反映岗位之间的差距。岗位少，点值大，可能出现一些"断层"；岗位多，点值小，大量岗位可能堆积在同一点值范围，很难比较它们的价值大小。

确定好总点值后，再将总点值按照权重比例分配到各个维度和因素中，最终这些点值将落在具体的因素等级上，以方便评估人打分。

比如，甲公司确定点值总数为1000，其知识技能维度的权重为

35%，这个维度的点值就是 350 分；其中，工作复杂性这个因素的占比是 15%，点值也就是 150 分。

甲公司将工作复杂性因素，按五个等级，分别分为：1 级 30 分，2 级 60 分，3 级 90 分，4 级 120 分，5 级 150 分。

如此一来，满足不同因素等级的员工在这个因素上的点值就一清二楚了。达到 5 级的岗位，就获得了满分，也就是说这个岗位的工作复杂性在公司达到了最高的程度。以此类推，可以得到所谓评估因素上的分值，最终计算出岗位价值评估的总分，比如甲企业在某次评估中，利用要素点值评估法得到的 A、B、C、D 四个岗位的总分分别为 740 分、570 分、630 分、850 分，那么这些岗位的价值排序就是岗位 D > 岗位 A > 岗位 C > 岗位 B。

这就是要素点值评估法，它最大的特色就是通过点值分数的高低实现岗位价值评估的量化。最后的结果以具体的数值呈现，不仅准确可靠，而且一目了然，明明白白。这也正是它广受欢迎的原因所在。

不过相应地，它也是最耗时耗力的岗位价值评估方法。小企业往往经不起这样的"折腾"，也没有必要搞得这么复杂。所以，这种岗位价值评估方法往往在那些岗位较多、情况复杂的大中型企业更能发挥价值。

六、海氏价值评价法：一个公式打天下，走到哪里都不怕

19 世纪，德国著名心理学家韦伯发现一个有意思的现象。这个现象可以形象地解释为：当一个人左手提着 1 斤的蔬菜，右手提着 3 斤的牛奶，他会很明显地感觉到哪边重，哪边轻。可是，当左手提着 50 斤的蔬菜，右手提着 53 斤的牛奶时，他就没有那么容易感觉到哪边重哪边轻了。

韦伯将这一现象描述为：一个人对重量的感觉会随着刺激量的变化而变化。随后，他在实验中证明了这一理论的科学性，并进一步描

述为：感觉量的差别阈限随原本刺激量的变化而变化。而感觉量和刺激量的最小可感知差异被称为"最小可觉差"。

最小可觉差不仅被应用在心理学领域，同时也被应用在了薪酬设计领域。人们发现，员工对薪酬的感知也同样符合"韦伯定律"：月薪3000元的保洁员和月薪30 000元的部门总监，岗位价值的差异是明显的，是容易判断和评估的；可是，营销总监和研发总监的岗位价值孰轻孰重，往往就难以分辨了。

很长时间里，企业在面对这个问题时都显得束手无策。直到1951年，美国一位名叫爱德华·N.海的薪酬设计专家提出了一套解决方案，较好地解决了这个难题。这个方法就是大名鼎鼎的海氏价值评价法。

爱德华在总结大量工作共性后，总结出影响岗位价值的核心因素，并抽象提炼成三个主要因素：知识水平和技能技巧、解决问题的能力、承担的职务责任。

然后，爱德华将三个主要因素进行整合，纳入一个体系中，形成一个简单的计算公式：

$$职位评价得分 = aA \times (1+B) + bC$$

在这个公式中，A代表"知识水平和技能技巧"，B代表"解决问题的能力"，C代表"承担的职务责任"；a代表"知识水平和技能技巧"与"解决问题的能力"两者所占的比重；b代表"承担的职务责任"所占的权重。

a和b代表的两个部分共同形成了一个岗位的价值。两者权重相加也正好等于1。在分配两者的权重时，需要考虑该岗位之中"能力"和"责任"孰轻孰重。

比如，一个公司的副总裁，责任可能比能力更重要。所以，他的"承担的职务责任"的权重就要更高，也就是b的比值更高，往往可以达到60%～70%；他的"知识水平和技能技巧"与"解决问题的能力"的权重相对就要低一些，也就是说，a的占比较低，可能只有30%～40%。

接着，海氏价值评价法进一步将三个主要因素进行了细分："知识水平和技能技巧"因素分为专业知识技能、管理技巧、人际关系技巧三个子因素；"解决问题的能力"因素分为思维环境、思维难度两个子因素；"承担的职务责任"因素分为行动自由度、职务责任、职务对结果的影响三个子因素，一共形成了八个子因素。

并且，对于不同的子因素，海氏价值评价法都进行了细致的等级区分和说明，并制定了指导量表。

最后，只需要根据指导量表中对应的等级和说明，将岗位对号入座，转换成具体的数值，按照各部分所占的比重，得出 A、B、C 和 a、b 五个数值，套入公式计算，就能计算出岗位的价值了，如图 2-1 所示。

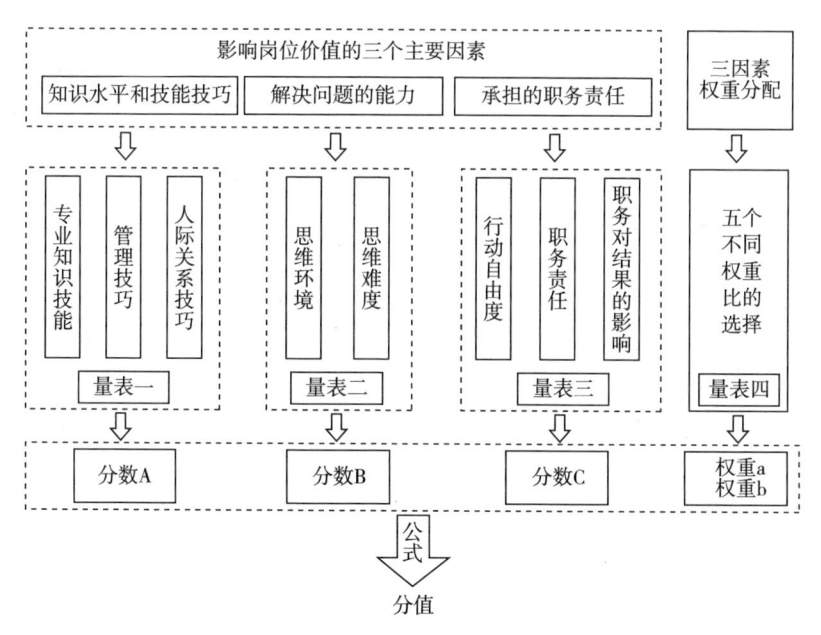

图 2-1 海氏价值评价法应用示意

比如，某企业采用海氏价值评价法评估营销总监岗位的价值。

首先，这家企业参考海氏价值评价法的指导量表，对"知识水平和技能技巧"维度的三个子因素进行评估，得到营销总监岗位的对应等级为：专业知识技能达到"F"等级，"熟悉专门技术"；管理技巧达到"C"等级，具备"多样的"管理技巧；人际关系技巧达到"C"等级，掌握"关键的"人际关系技巧。根据这三个子因素所达到的等级，该企业结合指导量表，得出该营销总监的知识水平和技能技巧的分值为 A = 608（分）。

然后，这家企业对"解决问题的能力"维度的两个子因素进行评估，得到营销总监岗位的对应等级为：思维环境达到"F"等级，即"有广泛规定的框架，某些方面有些模糊、抽象"；思维难度达到"D"等级，也就是说，其思考问题往往需要根据"变化的情形要求分析、理解、评估和构建方案"，适应性较强。根据这两个子因素，结合相应的指导量表，可以得出该营销总监的解决问题的能力的对应分值为 B = 57%。

接着，这家企业对"承担的职务责任"维度的三个子因素进行评估，得到营销总监岗位的对应等级为：行动自由度达到"F"等级，即该岗位的行动具备"方向性指导"；职务责任达到"C"等级，具备"中等的"职务责任；职务对结果的影响达到"D"等级，也就是说其工作会对结果产生"主要的"影响。根据这三个子因素，结合相应的指导量表，可以得出该营销总监的承担的职务责任的对应分值为 C = 460（分）。

最后，该企业根据营销总监实际的工作情况，认为其"责任"的重要性要略高于岗位对"能力"的需求，于是确定 a 为 40%，b 为 60%。于是，该企业将评估得到的 A、B、C、a、b 五项数据带入公式"aA×（1＋B）＋bC"，得到该营销总监岗位的价值为 40%×608×（1＋57%）＋60%×460≈657.8（分）。

仔细观察，我们不难发现："海氏三要素"的知识水平和技能技巧、解决问题的能力、承担的职务责任分别对应着一个岗位的工作投入、工作过程和工作产出三个核心环节。对这三个因素进行评估，其实质正是对工作投入、工作过程和工作产出的全流程评估。海氏价值评价法认为，从岗位流程的角度看，完成一项工作，首先必须要有知识技能的投入，并运用思维能力，解决工作中的问题，承担起岗位的责任，才能有所产出。

如此单刀直入，正好切中岗位价值的"要害"，能够很好地展现岗位在整个作业流程中的价值，也恰好能体现"最小可觉差"较小的岗位之间的实际价值情况。这使得海氏价值评价法从诞生之后就一直受到全球企业的追捧，在众多岗位价值评估方法中脱颖而出。

不过，随着现代企业的发展，海氏价值评价法也遭遇了自己的"烦恼"。从岗位作业流程的角度提取因素进行评估，是它的最大的优势。可如今，越来越多的企业逐渐打破固定的岗位作业流程模式。对这些企业来说，这套评估方法可能就不那么奏效了。比如 IT 行业，应用海氏价值评价法就有很大的局限性，而在一些新兴行业中，海氏价值评价法也可能遭遇同样尴尬的境地。

除此之外，对于岗位作业流程的硬性评价，使得该评估方法在一定程度上缺乏灵活性。比如，对于岗位工作不饱和、岗位设置不合理等情况，该评估方法缺乏判断力；对于岗位具体的操作过程和岗位的客观表现，它同样无法表现出来。

七、美世国际职位评估系统："国际范"十足的评估法

国际上通用的两种评估方法，一个是海氏价值评价法，另一个是美世国际职位评估系统。美世国际职位评估系统也叫"IPE 系统"。

20 世纪七八十年代，欧洲一体化进程加速推进，大量企业渴望跨出国门，在全欧洲展开角逐，扩大规模、招揽人才。可是，欧洲不同国家之间的岗位存在差异，想要实现企业的一体化并非易事。在这种背景下，咨询管理公司 CRE 在结合欧洲情况的基础上，研发出一套全新的评估系统，这就是最早的美世国际职位评估系统。

2000 年，GRE 公司被美世咨询公司兼并。早在 20 世纪 80 年代，全美兴起"绩效管理"风潮，在大量企业开始由岗位向绩效转型的时

候，美世咨询公司仍旧不忘初心，坚持在"岗位"上深度发展，希望将岗位价值评估发扬光大。

兼并 GRE 公司为他们带来了最好的机会。2000 年后，美世咨询公司将原本由 GRE 公司创立的最早版本的美世国际职位评估系统进行升级改造，形成了全新的美世国际职位评估系统（IPE 系统）。随后的几年时间，他们又在此基础上不断改进创新，创造了第二代、第三代美世国际职位评估系统。

最新一代的美世国际职位评估系统共有 4+1 个因素。所谓"4+1 因素"，就是四个必备因素：影响、沟通、创新、知识，以及一个可选因素：危险性。

"影响"因素主要考虑岗位在职责范围内所具备的影响性质和范围。该因素主要分为三个维度：组织规模、岗位在组织内部的影响层次、岗位的贡献大小。

"沟通"因素着眼于岗位所需的沟通技巧，关注其最为困难和最具挑战性的沟通类型。该因素主要分为两个维度：沟通性质和沟通情景。

"创新"因素力求挖掘岗位的创新水平，明确岗位所需的创新力及创新的复杂程度。该因素主要分为两个维度：创新能力、创新复杂性。

"知识"因素的重点在于找到岗位达到目标和创造价值所需的知识水平。这里的知识可以来自正规教育，也可以来自工作经验。该因素主要分为三个维度：知识广度、知识深度、所扮演的团队角色。

"危险性"因素是一个可选项，主要评估岗位在工作中所处的工作环境的舒适性及危险性的级别。该因素主要分为两个维度：工作环境、工作危险性。

美世国际职位评估系统"4+1 因素"示意如图 2-2 所示。

如图 2-2 所示，"4+1 因素"分成了"10+2"个维度，还可以进一步分解为"63+7"个刻度，形成总分值"1210+35"分的评分体系，并将最终的职位等级划分为 48 个级别。

美世国际职位评估系统（以下简称"美世"）的评估因素、维度

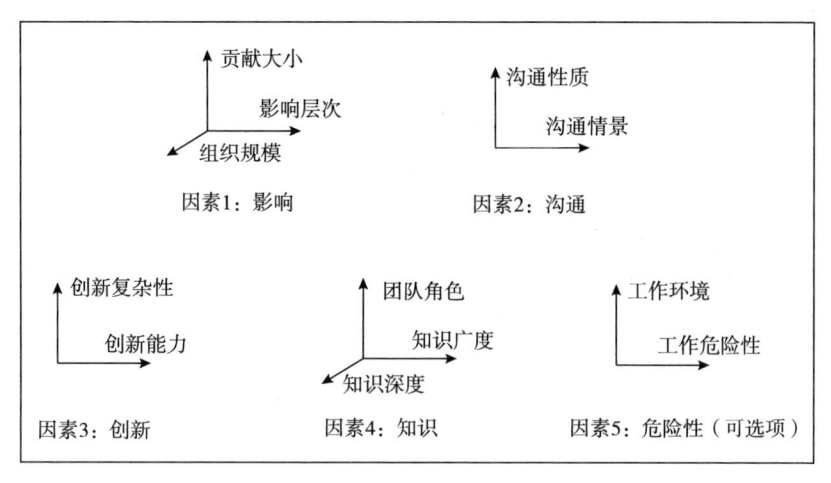

```
   ↑贡献大小                    ↑沟通性质
      影响层次                      沟通情景
   ↙组织规模

   因素1：影响                  因素2：沟通

   ↑创新复杂性     ↑团队角色      ↑工作环境
      创新能力        知识广度       工作危险性
                  ↙知识深度

   因素3：创新     因素4：知识    因素5：危险性（可选项）
```

图 2-2　美世国际职位评估系统"4+1因素"示意

和刻度看上去纷繁复杂，实际操作起来却很简单，只需要按照其规范的步骤和流程一步步往下操作即可。对于每一步的具体操作，"美世"都做了极为详细的划分和说明，并制定了相应的参考表，设计人员完全可以按照流程和表格完成评估工作。

比如，某服务行业的某企业应用"美世"对市场部经理岗位进行评估。

第一步，该企业结合相应的参考表，对"影响"因素的各维度进行评估。首先，根据"组织类型与倍数对照表"，确定其倍数为"20"；其次，根据企业年营业额3000万美元（30百万美元），利用倍数"20"，得到其规模为30百万美元乘以倍数20等于600百万美元，对应企业规模等级为"5"；再次，根据该企业员工人数67人，对照"人数表"，得到人数等级为"4"；最后，按照"美世"的规定，将企业规模等级和人数等级相加，除以2，得到结果为4.5，按照"侧重经济表"的原则，最终确定其组织规模级别为"5"。

接下来，结合市场部经理的情况，判断其影响层次达到"战术性"级别，所以级别定为"3"。根据企业市场部经理"直接并清楚地影响行动路线，导致结果的取得"，因此其贡献应为"直接"，层级分值为

"3"。再根据"影响层次与贡献分值简表",得出其影响级别为"9"。

最后,基于影响级别"9"和组织规模级别"5",根据"影响因素分值表",得出该市场部经理的"影响"因素分值为123分。

第二步,该企业结合相应的参考表,对"沟通"因素的各维度进行评估。首先,根据"沟通性质与沟通情景表",对市场部经理的沟通进行评估,认为其需要"说服他人接受完整的方案或计划",因此其沟通性质为"商议";其次,根据"沟通性质与沟通情景表",认为市场部经理的沟通更多需要和"与组织外部目标或角色有根本性冲突的人或团体"进行沟通,因此其沟通情景应为"外部分歧的利益";最后,基于沟通性质"商议"和沟通情景"外部分歧的利益",并结合"影响层次与贡献分值简表",得出该市场部经理的"沟通"因素分值为100分。

第三步,该企业结合相应的参考表,对"创新"因素的各维度进行评估。首先,根据"创新能力与复杂性表",判断市场部经理的创新需要"提升整个现有的流程、体系或方法,做出重大改变",因此其创新要求应为"提升";然后,根据"创新能力与复杂性表",认为市场部经理的创新"需要在许多方面做广泛的分析",因此其创新复杂性应为"复杂的";最后,基于创新要求"提升"和创新复杂性"复杂的",并根据"创新因素分值表",得出该市场部经理的"创新"因素分值为75分。

第四步,该企业结合相应的参考表,对"知识"因素的各维度进行评估。首先,根据"知识因素表",认为市场部经理的知识需要"宽广的技术知识,需要与一个专业领域技术性或职业道德水平一致",因此其知识要求应为"专业水平";其次,根据"知识因素表",认为市场部经理属于市场部负责人,属于"领导一个团队,团队内至少有三个人",因此其团队角色应为"团队领导";再次,根据"知识因素表",该企业仅面向国内,因此该市场部经理的应用宽度应为"本地";最后,基于知识要求"专业水平"、团队角色"团队领导"

和应用宽度"本地",并根据"知识因素分值表",得出该市场部经理的"知识"因素分值为148分。

第五步,根据前面得到的各因素分值,该企业结合"美世"的"总分值计算表",计算出该市场部经理的岗位价值,总分值为123 + 100 + 75 + 148 = 446(分)。在得出总分值之后,根据"分值与职级转化表",该企业最终得出该市场部经理的岗位职位等级为"56"。

"美世"实质上也是一套打分系统。其四个主要评估要素指向的是岗位本身的内涵和外延,其维度和刻度也是在这一基础上的定性和定量。所以,"美世"评估的结果更多体现了企业对岗位自身的要求。

"美世"认为,一个岗位的价值高低和重要程度正是取决于对该岗位任职者的多角度要求。以生产经理和操作员为例,谁对业绩的影响更大,谁应该具备更多的知识,谁该拥有更复杂的能力,谁更需要沟通和协调能力……对于这些话题的综合判断和评估,最终能够形成生产经理和操作员的"画像",借此推断生产经理和操作员的相对价值孰重孰轻。

美世国际职位评估系统的出现弥补了市场上大多数评估方法的不足,一时间深受广大企业欢迎,成为国际上最流行的评估方法之一。不过,美世国际职位评估系统固然优势明显,也并非十全十美。

首先,虽然它畅行130个以上的国家和地区,但是在本土化上,它却稍显不足。大量国内企业并没有对"美世"进行改良,而是选择了生搬硬套,结果不但浪费了大量金钱和时间,往往还影响了企业内部的薪酬健康。

其次,由于"美世"的评估因素的出发点是岗位自身要求,并且具有一定的外部参照性,这一点有别于"海氏"基于岗位作业流程进行的价值评估和注重内部平衡的导向,因此,"美世"往往更适合高度市场竞争型企业,而对于一些稳定型企业来说,"美世"的适应性可能要弱一些。

最后,也是最重要的一点是,在使用美世国际职位评估系统时,一定要注意企业规模。如果忽略了企业的规模和人数因素，那么，你可能会让一个上万人的大企业的老总和一个几十人的小企业的老总在评估结果上看起来差不多。实际上，两者的差别确实是巨大的。

无论是国际知名的美世国际职位评估系统、海氏价值评价法，还是大中型企业热衷的因素比较评估法、要素点值评估法，或者是适合小企业的排序评估法、分类评估法，以及另辟蹊径的市值评估法，都各有优劣，也存在各自适用的企业范畴。

作为全球通用的两种评估方法，关于"海氏"和"美世"的比较从未停息。

"海氏"注重评估生产流程，其因素的选择也是从生产的投入、过程和产出结果中选取的，这为它带来了一个最为明显的优势，就是和企业的契合度高，能够充分体现员工在工作流程中的价值，这意味着"海氏"对内部公平的把握要好过"美世"。不过相应地，由于"海氏"过分注重内部生产流程，而忽视了外部价值的衡量，所以其与市场薪酬水平的匹配难度小于"美世"，评估出来的结果可能和市场薪酬水平存在出入，导致企业对外部人才的吸引力不足。

同时，两者在使用范围上也有区别。一般来说，"海氏"更倾向于一些传统的大规模公司，"美世"则更多出现在一些竞争型企业和非传统行业中。在具体的岗位区分上，"美世"更适合一些管理导向型岗位，而"海氏"则在技术、知识型岗位中有着优势。

当然，这些都是经验总结。具体使用哪种评估方法，是需要企业根据自身情况进行确定的。无论哪种评估方法，都各有优劣，不能简单地一概而论。

企业在选择评估方法时，一定要根据企业自身的情况进行匹配。尤其是"海氏""美世"这些全球性评估方法，在设计之初为了兼顾更多企业，这些评估方法往往会进行抽象和提炼，所选取的因素也往往高度凝练。为适配自身的情况，企业往往需要对评估方法进行微调，将它们"本土化"，才能使评估方法在自己的企业里落地执行。

很多企业在这方面缺乏专业性，往往无法独立完成。这时候，就需要邀请外部的专业管理咨询公司或专家团队协助完成。

有时候，企业在无法确定评估方法时，可以采取"先试点，再选择"的方式，在企业内对多种评估方法进行试点实验，通过对试点结果进行分析，得出各种评估方法与企业自身的匹配程度，最终决定该选择何种评估方法。俗话说得好，"方法是死的，人是活的"。企业在选择评估方法时，一定要灵活、要变通，要以自己的实际情况和切实需求为第一出发点。

当然，由于市场环境的复杂性和不确定性，经营管理时时刻刻都在发生变化，面对新形势、新情况、新问题，岗位价值评估方法也需要不断创新，适时调整。如果你需要获得最前沿的岗位价值评估资讯，或是获得更详细、更具针对性的操作指引，可以通过扫描本书"结束语"后面的微信二维码，向作者索取相关资料。

第三节　如何才能高效完成岗位价值评估

在我主导的很多咨询项目中，老板从一开始就表现出对薪酬设计的极大热情。有时候，他们宁愿放掉手里其他的重要工作，也要首先解决薪酬的问题。这样的态度表现了老板们极大的决心，同时也展现了他们对薪酬问题的重视和关心。

不过很多时候，在我进入企业协助老板们完成薪酬设计之前，他们往往更像"热锅上的蚂蚁"，急得团团转，却不知道该怎么下手处理薪酬问题，尤其是在岗位价值评估中，很多老板显得茫然失措。

其实，这是因为老板们对岗位价值评估的流程缺乏了解。岗位价值评估的流程大致可以分为五步：选择评估方法、选择标杆岗位、进行岗位分析、组建评估委员会、正式开展评估工作。

对于企业来说，这五步缺一不可，特别是在一些规模较大的企业，

HR们往往独木难支，很难对整个企业的所有岗位价值评估进行合理的统筹设计。

这时候，需要老板出来坐镇，由其规划力量，统筹协调，也需要老板带头给整个企业做榜样，带动岗位价值评估工作的进行。否则，企业的岗位价值评估工作要么进展缓慢，要么虎头蛇尾、不了了之。

因此，企业老板和管理者需要明白岗位价值评估的具体流程是什么？应当明白在每一项流程中，自己应该扮演什么角色？公司又应该投入什么样的力量和资源提供支持？最终，企业又该从岗位价值评估中获得什么结果？

一、第一步：选择评估方法

俗话说，万事开头难。对于岗位价值评估来说，评估方法的选择往往是企业面临的第一个难题。

哪种评估方法更适合企业？到底应该选择哪种评估方法？需要注意什么问题？避免哪些错误？这些都是企业在选择评估方法时需要面对的问题。

前些年，看着IBM和可口可乐等一众大公司采用美世国际职位评估系统取得了不俗的效果，一些老板也动心了，在自己的公司应用起"美世"来。结果，做出来的薪酬体系却把自己吓了一跳。简单地、机械地套用别人的方法，往往是企业在选择评估方法时最容易犯的错。

在做管理咨询服务时，我一再向客户企业的管理者们强调，从企业自身情况出发，考虑企业的规模、发展情况、企业自身的组织构架、企业内外部情况、企业希望达到的目的和效果等因素，设计适合自己的评估方法，才是企业最好的选择。

当然，对于一些小微企业而言，大费周章地设计评估方法并不切合实际。对这类企业而言，规模小、岗位少、组织构架简单，评估的目的往往也很简单，是可以参考一些评估方法作为借鉴的。即便如此，我们也需要对评估方法进行微调和改良。

除了要考虑切身情况，在选择评估方法时，企业还需要注意评估方法的专一性。也就是说，在同一个组织内，岗位价值评估的方法应该是唯一的。我们都知道，岗位价值评估的作用就是让所有岗位处于同一个"语言系统"内，让所有岗位在同一套标准下进行量化、衡量和价值判断。所以，如果一家企业要用海氏价值评价法，则所有岗位都要用海氏价值评价法评估；要用美世国际职位评估系统，则所有岗位都要用美世国际职位评估系统评估。绝不能出现一部分岗位用"海氏"评估，另一部分岗位用"美世"评估的情况。

二、第二步：选择标杆岗位

对于岗位较少的公司而言，第二步就没有必要了。在只有二三十人的公司里，每个人都是标杆，也就没有必要再去选择标杆岗位了。如果你恰好是这类公司的老板，我建议你跳过这一步，直接进入下一环节。

对于一些规模较大的公司而言，它们的岗位少则百八十个，多则几百上千个。要同时对这么多岗位进行详细的分析，工作量太大，也太耗费时间，会严重影响工作效率。

这时候，选择一部分岗位作为标杆岗位，先进行评估，再将其他岗位与它们进行比较，进行评估和判断，是比较流行的评估方法。

选择标杆岗位的目的是方便我们进行接下来的岗位分析和评估工作。所以，在选择标杆岗位时，要尽可能地从不同职位类别和职级体系中挑选一些具有代表性的岗位，这样才能在接下来对其他岗位的评估中起到很好的标杆和参考作用。

哪些岗位具有代表性呢？

那些覆盖部门主要职责、主要工序的岗位具有代表性，在公司里人数最多的岗位具有代表性，不同部门的通用岗位也具有代表性；如果公司里有一些部门特色岗位，或者极具公司个性的岗位，那么这些岗位也需要提取出来作为标杆岗位。

需要注意的是，一些 HR 为了讨好领导，可能把公司的高管、总监等岗位列为标杆岗位。这样的方法不可取！

在选择标杆岗位时，不能因为某类岗位很重要，就将该类岗位列为标杆岗位，也不能因为某类岗位不重要，就将其边缘化，忽视其存在。在选择标杆岗位时，同一部门内价值最高和价值最低的岗位，都是需要我们"特殊关照"的。

有人会问：选择标杆岗位，这些岗位要选，那些岗位要看，还有一些岗位需要"特殊关照"，那到底要选多少个标杆岗位才合适啊？

在选择标杆岗位时，较为科学的结论是选取全公司所有岗位的 15%~30%。

当然，这个比例不是硬核指标，而是一个最佳建议。对于 100 人以下的企业而言，组织架构不算很复杂，这个比例适当调高也不会太麻烦。但是对于一家上千人的企业而言，如果把比例定得很高，那么选取出来的标杆岗位就会大量堆积。在接下来的标杆岗位分析工作中，评估人员的进度会非常缓慢。

我们选择标杆岗位，想要实现的效果是形成一个"岗位坐标系"，将整个组织的岗位价值框架搭建起来。然后，根据这个坐标系把其他岗位准确地放进去，让所有岗位都找到自己的位置，准确定位自身。

三、第三步：进行岗位分析

岗位分析，一般被认为是岗位价值评估中最关键的一环。岗位分析做得细不细致、准不准确、到不到位，关系着评估人对岗位的认知，以及他们对岗位价值的判断，最终影响岗位价值评估的结果。

岗位分析的输出结果是一份"岗位说明书"。这份说明书是对岗位的性质、责任、任务、目标、工作环境、组织内部相互关系等情况的说明，也是对从事该岗位人员需要具备的素质、知识、技能和经验的阐述。通过岗位说明书，评估人可以清楚地理解岗位的作用和意义，明白岗位的价值，形成自己的判断。

换句话说，岗位分析的目的就是要搞清楚公司为什么要设立这个岗位？它的作用是什么？它整天干些什么？它和其他岗位有什么关系？它未来要干什么？

在进行岗位分析时，需要针对这些问题进行专门的资料收集和分析，并通过岗位说明书解答这些问题，从而让评估人对岗位有一个直观的认知和把握。

收集岗位资料的工作比较繁杂，需要参考大量书面材料。比如，企业的组织设计、业务流程说明书、管理流程、岗位责任要求等。

同时，针对岗位的实际情况，还要对任职者进行实际的调查，以便更全面地了解该岗位的真实情况。有时候，企业需要设计专门的岗位调查问卷，进行书面调查；有时候，企业需要进入岗位的工作现场，进行实地考察；有时候，企业需要和岗位的任职者面对面谈话，进行问询调查；有时候，企业需要对任职者的工作内容进行详细查阅、记录和归纳……

以上都是收集岗位资料的主要方法。部分 HR 为了省事，在收集岗位资料时往往进行"简单处理"，照搬挪用公司以往的资料和数据，甚至借鉴外部资料，没有对岗位进行实际的了解，没有对岗位的性质、作用等进行深入调查。其结果只会让岗位分析流于形式，变成"面上光"工程，自然无法真正展现岗位的价值，导致岗位价值评估结果无法令人满意。

当然，出现这种情况也不只是 HR 的问题。在实际的评估工作中，我曾讲过一些老板把评估工作"扔给" HR 之后，就不再过问了，殊不知这个过程是需要全公司通力合作，更需要管理者牵头负责的。

这也就难怪总有一些企业的 HR 背地里抱怨自己是"背锅侠"。虽然企业要求他们对各个部门、各个岗位、各项业务都要有所了解，但是 HR 毕竟不是一线工作人员，也不是专业的业务人员。在收集资料时，

HR 很难从具体岗位的专业性角度着手准确地界定岗位的作用和价值。这个时候，就需要老板亲自"操刀"，执掌大局，协调各部门、员工积极配合，完成岗位资料收集工作。只有这样，才能收获更好的效果。

岗位资料收集完成后，还要对岗位资料进行汇总、整理、分类、总结和分析。通常而言，资料分析主要包括三个方面：工作职责分析、工作环境分析和任职资格分析。资料分析的结果是一份简明扼要的描述性文档，就是我们前面提到的岗位说明书。

四、第四步：组建评估委员会

对于人数较少的公司而言，组建评估委员会有些"画蛇添足"。小微企业的岗位价值评估，老板和 HR 进行就足够了。老板负责对公司整体岗位进行全面把控和判断，HR 则保证评估过程科学公正。

对于一些大中型企业来说，只靠老板和 HR 很难全面了解企业所有岗位并做出符合实际情况的客观评估。这时候，企业需要组建一支评估委员会。评估委员会的组建需要遵循如下三个原则。

一是"三级原则"，即评估人需要比被评估岗位高出三个等级。一般来说，更高的等级意味着评估人可以站在更高的立场和角度，对岗位价值进行综合判断，从而避免格局不够、认知不足，或对评估工作理解不充分带来一系列问题。

二是"不自评原则"，即不能让评估人评估自己所在的岗位。这既是为了避嫌，也是为了保证评估流程的公平正义。

三是"全面原则"，即评估委员会的成员应该从公司全面选拔，比如公司的高管、各部门负责人、HR、外部专家，以及重要岗位的骨干人才等。

正常情况下，公司的老板和骨干人才是必须全程参与岗位价值评估的流程中来的，这是因为，在任何一个企业中，老板和骨干人才的全局视野是最宽的，他们是对企业各岗位价值定义最明确的人，特别是中高层级的岗位。因此，老板和骨干人才的参与是保证岗位价值评估不跑偏的"定海神针"，最符合企业的实际情况。

一些企业为了避免员工的质疑，会将"评估人"的名额按照各类型岗位比例进行分配，这种方法也不失为一个良策。不过，需要注意的是，这样做容易导致工作量大幅攀升，且增大评估难度，所以需要一个经验丰富的人进行控场，避免局面失控。

组建评估委员会后，我们还需要对评估委员会的成员进行专业培训，让所有评估人统一思想，统一认知，统一理解，让他们了解评估工作的目的是什么？评估方法是什么、应该怎么使用？评估时要遵守什么原则？哪些行为是被倡导的？哪些行为是被禁止的？等等。

比如，我们需要明确地告诉评估人：评估的目的不是为了裁员和减薪，而是为了优化薪资结构、完善薪酬设计等；评估工作只针对岗位，不针对职员；提醒评估人，认真阅读岗位说明书，了解岗位情况，不能先入为主，不能主观偏见，要尽可能做到公正公平。只有让成员们清楚地明白了评估的情况，评估委员会才能更好地发挥作用。

五、第五步：正式开展评估工作

大中型企业的评估委员会的人数通常维持在10人以上，有时可能达到20人，甚至更多。这么多人同时对岗位进行评估，很考验企业对评估工作的组织力。

这时候，最好有一位"主持人"来把控评估节奏，引导评估工作顺利进行。一位熟练掌握评估工具的HR或者外部管理咨询专家往往是最好的选择。

"主持人"的主要任务是引导评估委员们对岗位进行有序评估。有序评估体现在两个方面：一方面是对现场氛围的把控和节奏的调整，另一方面是评估流程的有序性。

评估流程的有序性，主要是指进行评估的岗位需要按照职位等级进行划分，在实际评估时自上而下进行。比如，首先评估总监岗位，再评估经理岗位，最后评估基层岗位。

同时，"主持人"还需要提醒每一位评估人，在评估完一个岗位后，及时进行调整，注意状态和情绪，不要把评估上一个岗位时的情绪和状态带到评估下一个岗位的工作中。

在评估时，如果遇到所有人都比较陌生的岗位，"主持人"还需要对这个岗位进行专门的说明，以避免评估人在认知程度上出现偏差，导致评估结果出现误差。

在评估过程中，每位评估人都要独立评估，不能交头接耳，更不能相互比较，避免受到他人影响。

评估结束后，所有人需要暂时保密自己的评估内容，不能让其他人知道，以免产生员工不理解或内部波动等问题。评估的结果最终汇总到 HR 手中，进行专业的整理和统计。

从经验来看，评估人数过多，难免造成数据差异大。对同一岗位的评估，有些评估数据可能高得离谱，有些又可能低得离谱。出现这些"异常"数据，要么是有些评估人对被评估岗位的认知出现了较大的偏差，要么是有些评估人对被评估岗位存在主观偏见，甚至是有人在故意扰乱评估工作。

这时候，我们要纠正这种偏差，就需要剔除这些"极端情况"。通常而言，避免极端情况出现的最好的方法就是，去掉数据中的最高值和最低值，然后取其他值，求平均数，以此作为岗位价值评估的数据标准。最终，统计出来的数据就形成了我们的岗位价值评估结果。

第四节　岗位薪酬是如何设计的

在一次管理咨询服务中，我遇到过这样一件有趣的事情。一家公司在我进入之前，已经聘请了一支顾问团队，做了岗位价值评估，并且得到了评估结果。可是，在薪酬设计环节却发生了岔子，导致薪酬设计出现错误。这家公司的老板一气之下，直接炒掉了这个顾问团队。

在大多数人的认知里，岗位价值评估才是岗位薪酬的难点所在。做好了岗位价值评估，岗位薪酬就是水到渠成、自然而然的事情。可事实显然不是这样，越是接近成功，困难就越是比想象的更大。这或许就是《战国策》所说的"行百里者半九十"。

大多数企业在设计岗位薪酬时，面临的真正难点，不只来自岗位价值评估，同样也来自得到岗位价值评估结果后，如何将评估结果有效地转化为企业想要的薪酬。

想要做好这一步，我们首先需要搞清楚两点：首先是岗位价值评估的结果是什么？其次是如何设计岗位薪酬？即如何将结果转化成我们需要的岗位薪酬？

一、岗位价值评估的结果

我们在岗位价值评估上付出的一切努力，最终都要以结果的形式展现出来。有时候，我们会发现评估结果并不那么令人满意，这说明我们在评估过程中的某个环节出现了问题，或者我们未能坚守评估的基本原则，又或者我们在评估方法的选择上出现了问题。

校对方法、校验流程是我们检验评估结果是否有效的重要途径。只有校对方法正确了，校验流程扎实了，我们的评估结果才会令人满意。

一份令人满意的评估结果应该是对企业职位等级的梳理，同时也是对薪酬体系的构建。所以，当我们谈论评估结果时，首先谈到的是职位族和职级体系，其次是薪级体系。

并且，最终我们还需要通过岗位价值矩阵将两者统筹在一起，形成一份完整的输出资料，以供我们设计岗位薪酬之用。

职位族和职级体系

只要有岗位的地方，就会有类型和等级的区分，这是由工作内容、组织架构和企业发展的客观规律决定的。

尤其是在一些大中型企业中，一个组织内往往有几十上百个岗位，每个岗位上都有大批的工作人员，这往往给企业各方面的管理带来了难题。

更重要的是，冗杂繁多的岗位类型和等级划分，往往使各个岗位的价值、贡献、重要程度难以被精准衡量，以至于企业的薪酬、福利、管理等一系列政策面临失效的风险。

岗位价值评估的意义就在于：将不同类型和等级的岗位按照统一的方法、标准、流程和原则进行统一评价，给所有岗位来一次"大体检"。在统一的标准下，所有岗位的价值都可以得到有效的衡量，也就有了可比较的空间。在此基础上，企业可以梳理自身的职位族和职级体系。

所谓职位族，也称职位序列、职位系列，就是把企业中工作性质相似、激励方式相似、任职素质要求相似的岗位汇总起来，形成同一种类的岗位类型。大家较为熟悉的阿里P序列和M序列，腾讯的P族、T族、M族，华为的管理类、通用类、营销类、技术类、生产类、研发类，以及大多数企业在使用的技术类（P）、营销类（S）、管理类（M）都是对职位族的划分。

将岗位划分到不同的职位族，不仅可以让管理者清晰地了解各岗位的分类情况，更能够帮助企业梳理职位与薪酬的对应关系。最重要的是，在以岗位、能力、绩效和战略为核心构建起来的四维薪酬体系中，职位族的划分为之后的薪酬设计构建了整体的框架，起到了基础性的作用。

把岗位划分到不同的职位族，岗位的排列顺序往往还是凌乱的。想要明确各个岗位的价值，我们还要做职位等级的划分。

职位等级，简称职级，是指岗位在同一职位族中的层级高低情况。职位等级的划分比较简单，只需要根据岗位价值评估的排序结果，结合各企业、部门和岗位的实际情况，把价值相似或相近的岗位划入同一职级就可以了。常见的职级会将员工划分为助理级、专员级、主管级、经理级、总监级、总经理级。

薪级体系

薪级，是薪酬等级的简称，薪级体系就是把价值相近的岗位划入同一个薪酬层级，方便管理的薪酬等级体系。

最初，企业中并没有薪级的概念。薪酬的发放完全按照岗位来确定，企业会为每个岗位确定一个薪酬数额。到了发工资时，就按照那个岗位规定的数额发放。

这种方法既简单又直接，在一段时期内发挥了不错的效果。不过，随着大中型企业的崛起，组织内的岗位越来越多，这种方法就有些难以维系了。

一些企业开始按照职级付薪：处在什么样的职级就能拿到什么样的薪酬。它们将员工分为各个细分职级，他们的薪酬、福利、待遇等大都按照职级高低进行划分。

不过，按照职级付薪的薪酬计算方式有一个致命的问题。试想一下，谁的职级更高，谁就能拿到更高的工资，潜意识中不就是在告诉员工，大家一起"往上爬"，一起追求"功名"和地位吗？这样很可能导致企业内部的"官僚主义"，大家都希望赚大钱，做"大官"。同时，企业对员工价值的衡量也会发生扭曲，变成对"乌纱帽"的比较。

于是，薪级出现了。薪级是通过岗位价值评估，按照岗位价值评估的分值，将不同岗位归入对应的等级体系中形成的。也就是说，薪级不同于传统的"按照职级付薪"的形式，它是在岗位价值基础上形成的付薪依据。它的本质是为岗位价值付薪，而不是为职位等级付薪。

由于薪级和岗位价值评估的最终得分有关，所以我们经常可以看到一些职级略低的岗位，其薪级却往往跑到了职级高于自己的岗位的上面。出现这种情况，首先说明这类岗位在组织中的价值更高，其次也说明了薪级体系衡量的标准。

薪级的划分与岗位价值评估的结果直接相关。通常来说，岗位价值评估的结果最终都会量化成分值。不同的岗位会处在不同的分值区间内。通过对分值区间的划分，我们就能将价值评估中相近的岗位划分在同一薪级中。

在这个过程中，我们需要坚持一个原则：基层岗位的分值区间要小，高层岗位的分值区间要大。因为越是高层的岗位，通过能力增长带来的业绩变化的时间越长，晋升需要的时间也越久。分值区间应该体现这一增长过程，所以划分的差额也逐渐变大。同时，在划分薪级时，我们还需要注意以下几个问题。

（1）是否能够有效区分岗位的薪级？

比如，从感知上来讲，行政专员与审计师的薪级应有所区别，那么，在实际划分的薪级中是否能够体现这种区别？

（2）是否出现较多"空薪级"的情况？

空薪级是指在某一薪级上没有任何岗位。适量的空薪级可以为组织发展中某些岗位上人员的晋升、发展预留通道，起到积极的激励作用。但是，过多的空薪级说明薪级设计脱离了实际，会导致资源浪费和无法管控的情况发生，影响企业效能。

（3）是否适应企业规模？

一般情况下，初创企业或人员不超过100人的企业，薪级不宜超过9级；员工人数在100~300人的企业，薪级为9~13级；员工人数在300~1000人的企业，薪级为13~15级；员工人数超过1000人的企业，薪级可设置为15~18级；集团型企业，包括事业部制、项目制等企业，薪级可设置在20级左右；若包括多个事业部、项目公司，或业务范围跨洲的国际性集团公司，薪级可设置为24级左右。

（4）是否存在跨度过大或跨度过小的情况？

通常来说，每一个薪级的划分都要考虑两点：一是对组织内现有人员的容纳性，二是对未来的激励性。前者是服务当下，后者是面对未来。对于薪级来说，如果不满足企业当下的需求，就失去了薪酬设计的意义；如果不面向未来，薪酬就需要时时调整，造成资源的极大浪费。因此，薪级的薪酬跨度要尽量适中，要符合当下和未来两方面的需求。

岗位价值矩阵

岗位价值矩阵就是将所有岗位按照职位族、职级体系、薪级体系的划分进行罗列形成的矩阵模型，如表2-2所示。

通过岗位价值矩阵，我们可以清晰地知道每个岗位所处的职级和薪级。在进行岗位薪酬设计时，这就是我们可以参考的重要依据。

岗位价值矩阵一定意义上意味着企业的付薪水平，是企业重要的机密性文件，往往只能在老板和薪酬管理者的范围内知晓，不建议公开。

在很多时候，职级薪级体系的设定，往往是一个企业从"游击队"走向"正规军"的标志，是一个职业化的过程，因为其构建起了企业未来几年甚至几十年的"发展骨架"，其重要性不言而喻。但是天下企业千千万，每一家的过去、现在和未来都各不相同，所以，在设置职级薪级体系时，必须结合企业的实际情况进行优化，使之与企业文化、未来战略等契合，使之为企业发展提供更大助力。所以，如果在设计本企业的职级薪级体系时遇到任何问题，或者想要了解更多这方面的信息，读者可以通过扫描本书"结束语"后面的微信二维码，向作者索取相关资料。

二、如何设计岗位薪酬

岗位薪酬设计的成功与否取决于两个方面：其一是岗位价值评估的结果，也就是岗位价值矩阵。它是决定岗位相对价值的重要依据，是我们在岗位薪酬设计时，用来判断哪个岗位薪酬高，哪个岗位薪酬低的参考资料，是相对量的把控。

表2-2 岗位价值矩阵

职级	薪级	销售部	生产部	人资行政部	财务部	市场部	技术部	物流部	电商部
助理级	1	实习生	操作员					仓管员	客服
专员级	2	销售专员	工序组长	专员	会计		质检员(QC)		美工
	3	销售经理			出纳	文案			运营
主管级	4		生产主管	主管		策划		主管	
	5	区域经理							
经理级	6		生产经理	专项经理	部门经理	部门经理	技术经理	专项经理	
	7								
资深经理级	8	大区经理				企划经理	项目经理		运营经理
	9			人资行政经理					
总监级	10		生产部总监						
	11					市场部总监		物流部总监	
	12	销售部总监		人资行政总监	财务部总监		技术部总监		电商部总监
总经理级	13				总经理				

其二是岗位薪酬基数。所谓岗位薪酬基数，就是岗位薪酬的量化数额。它是用来确定各薪级具体数额，决定各个岗位到底值多少钱的参考数据，是绝对量的把控。

如何获得岗位薪酬基数

岗位薪酬基数的确定具有很强的自主性，可以根据企业自身的经营情况、付薪水平、当地工资情况、当地消费水平等一系列因素来确定。当然，一些企业也会直接利用本企业过往的薪酬数据作为岗位薪酬基数，对于经营稳定、薪酬浮动不大的企业来说，这种方案是可行的。不过，对于经营波动较大、薪酬状况不稳定的企业来说，过往的薪酬数据和经验未必有效，可能需要借助其他手段从企业外部获取更为有效的薪酬资料作为岗位薪酬基数。

从企业外部获取薪酬资料的方式有很多，常见的莫过于两种：其一是从官方或半官方组织的薪酬报告中获取，其二是从行业市场薪酬数据中获取。

从官方或半官方组织的薪酬报告中获取是一种十分常见的手段。一般来说，政府、行业协会和各类人力资源网站都会定期或不定期地推出地区或行业白皮书。这些白皮书中有着较为翔实的薪酬数据，是企业可以借鉴和使用的。

通常来说，这类官方或半官方组织的薪酬数据来源可靠，真实性强，因此可以作为中小企业岗位薪酬基数的有效来源。但是需要注意的是，官方或半官方组织的薪酬报告的编制时间较长，行业的薪酬报告也较为笼统宽泛，缺乏时效性和针对性。

除此之外，一些企业还会专门聘请外部专家对行业内的竞争对手进行调研，或直接购买行业数据，以此获得更为准确的薪酬资料，掌握竞争对手的薪酬动态。

通常情况下，外部的专家顾问团队通过调研行业和相关竞争对手，会得到该行业中岗位的不同分位薪酬数据，其中主要包括 25 分位、50

分位、75分位、90分位等。

在获取市场分位薪酬数据之后，企业就可以根据自身的发展战略和薪酬策略，结合实际的用人需求、急迫程度、岗位的价值属性和岗位的招聘难易度等因素，对岗位薪酬基数进行相应的调整和设置。

比如，某企业通过对市场分位薪酬数据进行调查，得到各薪级的具体薪酬数额。在此基础上，该企业根据自身发展战略、薪酬水平、薪酬预算和薪酬策略，决定采用市场上50分位的薪酬水平作为自身的岗位薪酬基数，并结合岗位价值评估结果，制定了自身的企业岗位薪酬，如表2-3所示。

表2-3 企业岗位薪酬

单位：元/月

薪级	第一薪级	第二薪级	第三薪级	第四薪级	第五薪级	第六薪级	第七薪级	第八薪级	第九薪级	第十薪级
市场50分位岗位薪酬基数	3000	3500	4000	4800	5800	6900	9000	11 600	15 100	21 100
企业岗位薪酬	3000	3500	4000	5400	6400	7500	9800	11600	15 200	21 500

除了以上两种获得岗位薪酬基数的方式，一些创新型企业也会采用谈判方式，通过与劳动者面谈和协商，来确定一个企业和劳动者都能接受的岗位薪酬基数。这些方式各有特点，没有优劣之分，需要企业根据自身情况和行业状况进行选择。

检验岗位薪酬基数合理性

无论是根据企业过往的薪酬数据获取的岗位薪酬基数，还是从企业外部获取的岗位薪酬基数，都会面临一个问题：是否适合当下的企业需求？

解决这个问题的最好办法，就是对得到的岗位薪酬基数进行检验。最好的检验方法就是设计级幅。所谓级幅，也叫级幅度，是指相邻两个薪级之间的薪酬幅度差异，即用上一级薪酬减下一级薪酬，再除以下一级薪酬得到的系数。

级幅的差异实质上是不同薪级之间变化浮动的差异。通过设置级幅，我们可以很容易地发现哪些薪级浮动得过大，哪些薪级浮动得过小。通过这种比较，能够确定哪些薪级的岗位薪酬基数存在问题。

比如，在表 2-4 中，通过观察，我们可以很容易地发现各薪级之间的级幅是混乱的，这就证明该企业的岗位薪酬基数设置得不合理。

通常来说，合理的岗位薪酬基数，其级幅具有以下几个特点：第一，基本覆盖企业的所有岗位；第二，充分体现薪级之间的差异性；第三，级幅会随着薪级的提高而递增，如表 2-5 所示。

从岗位薪酬迈向四维薪酬

将获取的岗位薪酬基数带入我们的岗位价值矩阵中，就能得到企业最终的岗位薪酬。至此，我们的薪酬设计就基本告一段落了。

岗位薪酬的历史很久远，是众多薪酬模式中最早出现，同时也是最为成熟的。对于它的设计和使用，很多企业已经驾轻就熟。不过在实践中，很多企业却在岗位薪酬上栽了跟头。一方面是因为部分企业的薪酬设计不合理，或者在岗位价值评估阶段出现了问题；另一方面是因为岗位薪酬自身存在的局限性。

岗位薪酬作为一种典型的传统薪酬体系，讲究"以岗论薪"，很容易导致"同岗同薪"的情况。这样的做法表面上有助于企业的内部公平，但是由于无法区分员工的个人因素，往往会将"公平"变成"平均"，导致企业的平均主义。

比如，同是研发专家的小李和小赵，小李每年能研发三件新品，可小赵每年只能研发一件。但是两人同属于研发专家，岗位一样，在岗位价值评估中的价值是一样的，结果两人拿到的薪酬是一样的，但是两人对企业的实际贡献却大不相同。

可以想象，在这样的环境下，小李和小赵会怎样想？他们会觉得，反正干多干少，都能拿到这么多工资，我又何必这么卖力呢？长此以往，不可避免地会使企业内部人浮于事、效能低下，影响企业的发展。

表 2-4 不合理的岗位薪酬基数及级幅

薪级	第一薪级	第二薪级	第三薪级	第四薪级	第五薪级	第六薪级	第七薪级	第八薪级	第九薪级	第十薪级
岗位薪酬基数（元/月）	3000	3500	4000	5400	6400	7500	9800	11 600	15 200	21 500
级幅	16.67%	14.29%	35.00%	18.52%	17.19%	30.67%	18.37%	31.03%	41.45%	

表 2-5 合理的岗位薪酬基数及级幅

薪级	第一薪级	第二薪级	第三薪级	第四薪级	第五薪级	第六薪级	第七薪级	第八薪级	第九薪级	第十薪级
岗位薪酬基数（元/月）	3000	3500	4200	5100	6300	7900	10 000	12 800	16 500	22 000
级幅	17%	20%	21%	24%	25%	27%	28%	29%	33%	

并且，在岗位薪酬中，影响员工薪酬的主要因素是职级和薪级。在薪级已定的情况下，员工唯一可控制的变量就是职位提升。为了获得更丰厚的收益，员工的唯一途径就是不断"向上爬"。

著名管理学家劳伦斯·J. 彼得在 1969 年出版的《彼得原理》（*The Peter Principle*）一书中曾提出：在企业中，员工普遍倾向于"向上爬"，即便爬到自己无法胜任的职位，他们也不甘心停下。

这就是著名的"彼得陷阱"。彼得陷阱是一种错配，产生的结果往往是，一个优秀的员工很可能变成一个蹩脚的管理者，一个天才的技术人员很可能成为一个糟糕的技术总监。如此一来，不仅会让员工成为薪酬体系的受害者，也会让企业蒙受很大的损失。显然，岗位薪酬加剧了员工"向上爬"的心理动机，强化了企业的这种趋势。

同时，对于那些无法"向上爬"，或者在职位晋升中遭遇失败的员工来说，涨薪就成为一种奢谈。这些员工就像泄了气的皮球，随时都可能瘪掉。一些员工甚至会因此离职，给企业带来损失。

面对这种情况，最好的做法是打破"岗位"这一单一维度，从更多的维度去定位和衡量我们的薪酬体系。也就是说，让我们的岗位薪酬向着更高的维度迈进。

下一章，我们将朝着这个方向出发，在岗位薪酬的基础上增加一个新的维度——能力，构建一个更高维度的薪酬体系。

第三章

进阶：能力薪酬

既要能者多劳，更要能者多薪

丰田汽车：时代浪潮下，未雨绸缪的能力薪酬改革

一直以来，被视为日本终身雇佣制象征的丰田汽车公司，也不得不向时代低下高傲的头颅。

"公司和员工从未像今天这么疏远过，你们难道不关心企业的死活吗？"丰田汽车掌门人丰田章男在高层大会上对着所有高层大发雷霆。

随后，他宣布对那些"毫无动力"的管理层进行精简，拉近高层和员工之间的距离。

由此，正式开启了丰田汽车的薪酬变革之路。

20世纪80年代，日本盛行着"强调企业和员工之间要亲密与信任，增强凝聚力和向心力"的企业文化。大量企业受到这股思潮的影响，纷纷推行终身雇佣制。

刚刚崛起的丰田汽车正是这些企业中最具代表性的一家。

可是，到了20世纪90年代，日本经济泡沫破灭。高速发展的日本经济突然来了个"急刹车"，大量企业猝不及防，倒在了这次经济萧条之下，侥幸存活的企业也不得不大量裁员，以求自保。

终身雇佣制的美好童话只持续了短短十多年就结束了。

但是，财大气粗的丰田汽车却坚挺了过来，在日本经济萧条时期始终坚持着自己的承诺。直到近年来，丰田汽车才不得不承认："没有一家企业能预测时代和未来的危机，也没有一家企业能向员工承诺一份毫无风险的终身雇佣制。"

丰田汽车低下了高傲的头颅，开始思考自己在这个时代的出路。

为了根治终身雇佣制的顽疾，加强人才培养，提高内部效率，丰田汽车开展了以"培养能在多领域发挥创造性作用的人才"为主题的"挑战计划"，并引入了能力薪酬制度，对旧的薪酬制度进行彻底的变革。

能力薪酬制度将丰田汽车所有员工分为事务职员和业务职员两大类。

事务职员的薪酬总额60%由基本薪酬构成，40%由能力薪酬构成。其能力薪酬主要包括创造力、决策的贯彻能力、组织能力、人力利用能力、声望五个要素。各要素的占比各有不同。

业务职员的薪酬总额80%由基本薪酬构成，20%由能力薪酬构成。其能力薪酬除了与事务职员相同的五大因素，还要额外考察员工的专业知识和能力。

薪酬构成确定之后，实际发放情况则由职员工作目标的完成程度来确定。具体做法是，事先由职员提出自己一年的工作目标，然后根据这个工作目标的完成程度确定能力薪酬的发放百分比，薪酬考核是逐级分层进行的。

公司确定了职员薪酬构成和能力薪酬发放百分比的考核办法之后，就形成了以能力为导向、纵（层级）横（职能部门）定位明确的能力薪酬制度。

在这套能力薪酬制度下，丰田公司内部发生了巨大的变化。

在终身雇佣制中，年轻人想要跨越资历和年龄的障碍，获得晋升的通道，或者达到更高的薪酬水平，几乎是"痴人说梦"。他们只能按部就班，踩着前人的脚印，一步一步往上爬，前辈是不可逾越的大山，横亘在所有晚辈面前。

能力薪酬却把这种遥不可及的梦照进了所有资历较浅但能力卓越之人的现实中。它将资历和年龄的比重降低到微乎其微的地步，而将能力的影响尽可能放大，给予有能力的年轻人一个郑重的承诺：只要你奋勇地前行，就能超过那些"蜗牛般爬行"的前辈。

这不仅是给予晚辈们的一剂强心针，同时也给前辈们拉响了警报。实施能力薪酬之后，丰田汽车裁掉了超过半数的"大龄"管理层。资历和年龄不再是老员工的保护伞了，50岁左右的老员工们，以往的职位稳如泰山，现在却不得不重新为自己的地位早做打算了。

能力薪酬就像一根大棒，猛然敲打在所有老员工的头上，给了他们当头一棒，提醒他们：如果缺乏动力，如果没有能力，如果不加倍努力，下一个被淘汰的就是你。

除了可以让老员工居安思危，让有能力的新员工脱颖而出，能力薪酬还打通了丰田公司的外部人才通道。

在终身雇佣制下，企业内部一切都与资历和年龄挂钩，从企业外部"空降"人才，往往会受到内部人员的极力阻拦。于是，吸引外部人才就变得举步维艰，阻力重重。

在能力薪酬之下，资历和年龄的影响力被弱化，员工的能力占了主导地位。企业完全可以按照自身的意愿，按照企业发展的战略部署，招聘不同年龄、不同资历、不同层级、不同能力的优秀人才，不必担心来自内部的阻挠。

2019年年中，丰田汽车高层就曾透露，在未来，丰田汽车将会加大人才"空降"的力度，将有超过半数的新员工来自"中途聘用"。这些新人将会进入丰田汽车的各个岗位和管理层级中，为丰田汽车注入新的活力。这样的力度，在丰田汽车以往数十年的发展历程中是前所未有的。

丰田汽车的能力薪酬制度不仅激活了一度僵化的组织架构和薪酬体系，引入了更多优秀人才，同时精简了管理层级，优化了管理结构，拉近了高层与员工之间的距离，让这个汽车巨无霸企业展现出了新的活力。

这次薪酬体系改革是丰田汽车面对信息与智能化浪潮，以及产业结构剧烈动荡的时代背景实施的一次未雨绸缪的薪酬改革。这次薪酬体系改革或许会为丰田汽车未来的发展赢得更多优势，获得更大的主动权。

正如丰田汽车创始人丰田喜一郎最为追捧的那句话所言：人的能力和智慧，才是公司真正的财富。如今，丰田汽车的能力薪酬制度正在将这句话的精髓发扬光大。

第一节　为什么替补比主力要多薪

熟悉体育的人应该都很清楚，每一项团体运动中都有主力和替补之分。大多数人会有这么一个共识：相比于主力，替补就是要差一截，所以薪酬也应该比主力低。

事实上，这并非绝对。

在足球中，有一种替补叫"超级替补"；在NBA中，有一种替补叫"最佳第六人"。他们都是替补，薪酬却比很多主力要高。

有人为主力叫屈鸣冤：那些替补一场比赛往往只打几分钟，有时候甚至连赛场都不上，薪酬却比辛辛苦苦打一整场的主力要高，这太不公平了。

是这样吗？

在举世闻名的音乐剧《猫》中，就存在这样一个反常的"不公平"现象：一个正式演员辛辛苦苦表演一周，只能赚到2000美元；可是安静地坐在后台，端着咖啡，看着他们表演的替补演员，每周却可以拿到2500美元薪酬。

这样明显"不公"的待遇，不仅没有引起正式演员的抗议，反倒让每个演员心悦诚服。

为什么会这样呢？

原因其实很简单,替补演员们虽然不一定上场表演,却需要熟练掌握场上五个不同角色的表演。一旦正式演员们无法上场,他们就必须充当"救火员",随时准备救场。

曾任雅虎(Yahoo!)董事会主席、易贝(eBay)和IBM首席运营官的梅纳德·韦伯有过这样一段精辟的话:那些能力越强,越能在公司遇到危机时冲上火线救火的人,平时就要得到越高的薪酬和越好的对待。并且,我们还不能有事没事就去找这些人,或者给他们分一堆大材小用的杂事。否则,没过多久你就会发现,这些人正按照你的要求不停地做这做那,筋疲力尽,反而在危机时无法显现能力。

这番话很好地解释了为什么替补比主力要多薪。

对于那些一个人能演五个角色的演员,对于那些能在关键时刻挺身而出,力挽狂澜,拯救球队的球员,我们绝不能吝啬。同样地,对于那些能力出众,能在关键时刻、关键地方帮助公司的员工,我们也需要慷慨相待。

这种基于个人能力的高低来判断员工价值大小的薪酬模式,就是能力薪酬。

能力薪酬是指企业根据员工所具备的能力或者任职资格,确定其基本的薪酬水平的薪酬模式。

这里所说的"能力"并非通常意义上的能力,而是指为了达到某个特定的绩效,或者有利于达到该绩效的某些行为能力。这种能力应该是一系列与工作相关的技能、知识、行为特征及个人特征的总和。企业依据员工的这些能力来评估薪酬水平。

这种薪酬模式与传统的岗位薪酬有着明显的区别。岗位薪酬抛开个人的价值不谈,以岗位为中心,岗位价值的高低决定其薪酬水平的高低;能力薪酬抛开岗位的价值不谈,以人为中心,个人能力成为薪酬支付的基础。简言之,能力薪酬关注的是凝结在人身上的能力。

一、能力薪酬是如何诞生的

实际上,能力薪酬并不是什么标新立异的新玩意儿,它的发展由来已久。

早在1000多年前,《贞观政要》中就有记载,唐太宗把朝中的能工巧匠从官位序列中独立出来,单独设立"俸禄制度"。这种专为工匠们设置的"技能薪酬",可能是我国最早的"能力薪酬"。

公元6世纪的罗马军队按照每位武士所学的武艺分配薪资、粮食,并给予他们不同的升迁机会,这也是"能力薪酬"的一种体现。

在中世纪的欧洲,学徒制盛行。一个学徒如果能够掌握更多的技能或知识,不断进步,成为熟练工,那么他的工资也会随之增长。这种模式已经具备了"能力薪酬"最基本的特征。

第一次工业革命后,工人进入工厂并且被固定在某个特定的岗位上。负责拧螺丝的人,只管拧螺丝;负责装螺母的人,只管装螺母。每个工人都只干单一的活儿,不用管其他人手里的事儿。

这样的方式看似简单高效,可是很快就暴露了问题:一条生产线上,如果某个工人突然生病,或者出于其他原因不能来上班,整条生产线的效率就会骤然降低,甚至陷入停滞,影响工厂的生产效率。

为了解决这个问题,管理者想出了一个办法:让工人们掌握多个岗位的技能。拧螺丝的人,也去学学装螺母;装螺母的人,也来学学拧螺丝。这样一来,工人们不就可以相互替补了吗?即便一个岗位出现了空缺,也可以找其他人来补缺,再也不会因为员工缺岗给工厂造成损失了。

这种管理观念虽然在很多工厂和企业流行,却没有一家企业为此设置专门的薪酬体系。直到20世纪60年代,美国P&G公司设计出"技能工资制",根据员工掌握的技能支付员工相应的工资,以此激励员工学习更多的技能,熟练地掌握更多生产环节,现代意义上的能力薪酬才正式出现。

随后几十年，越来越多的企业争相效仿P&G公司，能力薪酬也逐渐迎来了自己的黄金时代。

二、埋藏在"冰山"下的能力

最初，人们对能力的理解还很肤浅。

在谈到员工的能力时，人们会很自然地理解为员工的技能水平。比如，流水线上的工人，老板看重的是他拧螺丝的本事；制衣厂工人，老板看重的是他踩缝纫机的速度；办公室里的文员，老板看重的是他"敲字"的能力。

20世纪70年代前后，美国流行通过智力来判断员工的能力。他们认为，一个人智力的高低将会决定他在工作上的成就。一时之间，智力测验十分流行，通过智力判断一个人能力的方法也得到了大多数人的认可。

但是，著名心理学家麦克利兰却对滥用智力测试深感厌烦。

20世纪70年代初，美国政府给麦克利兰打来电话，请求他的帮助。原来，当时的美国政府需要向国外大量派遣驻外联络官，以加强对国外的政治宣传。

然而，当时的美国政府在进行选拔时，只重视联络官的智商和知识储备，对其他方面的能力则毫不关心。通过这种方式选拔出来的人，不仅没有表现出该有的"聪明"样子，反而把驻外联络官的工作搞得一团糟。

美国政府没有搞清楚究竟是哪儿出了问题？

于是，他们打通了麦克利兰的电话。麦克利兰接受任务之后，经过长时间的走访调查和实验测试，找到了问题所在。他发现，美国政府选拔的这些联络官，的确展现出了高智商的头脑和过人的知识储备。可是，他们的内心深处对于联络官的理解，以及成为联络官的深层动机,却存在很大的问题。

于是,麦克利兰设计了一套"驻外联络官能力模型"。在模型中,他着重强调联络官必须具备三大核心要素:跨文化的人际敏感性、对他人的积极期待、快速进入当地政府网络的能力。

果然,美国政府使用这套模型选拔出来的联络官展现出了很强的能力,完美胜任驻外联络官的工作。美国政府更是对这套模型爱不释手,沿用至今。

1973年,麦克利兰对这套"驻外联络官能力模型"进行了系统化的升级改良,结合自己对人性动机的数十年研究,提出了著名的"冰山模型"理论。该理论开始被更广泛的政府机构、企业和组织应用。

冰山模型理论认为,一个人的能力素质就像漂浮在南极海面上的巨大冰川。在海面上看到的不过是冰山一角;当你潜入水中,才能看见这座冰山的完整样貌。

麦克利兰将员工的能力素质比作漂浮的冰山,也分为"水面部分"和"水下部分"。

处于水面之上的是我们一眼就能看到、显而易见的能力,比如员工的基本技能、专业知识等;处于水面之下的则是难以测量、不易察觉的,通常隐藏在人的性格、潜意识甚至是个人的世界观、人生观、价值观之中的能力,比如自我认知、人格特征、动机等。冰山模型如图3-1所示。

随后,麦克利兰对冰山模型理论进行了深入的阐述。

他认为,就像悬浮在水面上的冰山的高度不由浮在水面上的部分决定,而是由水下的部分决定一样,优秀员工和一般员工的真正区别,也不是肉眼可见的技能和知识,而是人格特征、自我认知和行为动机等潜在因素。

换言之,麦克利兰认为知识和技能是可以进行针对性的培养的,是最容易弥补的部分,不容易凭此区分人与人的真实差别。内在的驱动力、社会动机、个性品质、自我形象、态度等潜藏在"水下"的素

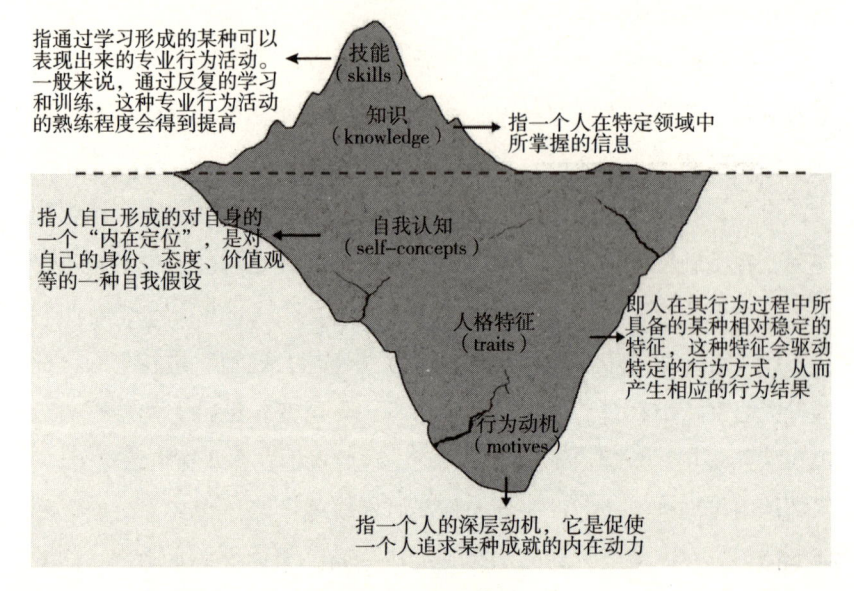

指通过学习形成的某种可以表现出来的专业行为活动。一般来说，通过反复的学习和训练，这种专业行为活动的熟练程度会得到提高 → 技能（skills）

知识（knowledge） ← 指一个人在特定领域中所掌握的信息

指人自己形成的对自身的一个"内在定位"，是对自己的身份、态度、价值观等的一种自我假设 → 自我认知（self-concepts）

人格特征（traits） ← 即人在其行为过程中所具备的某种相对稳定的特征，这种特征会驱动特定的行为方式，从而产生相应的行为结果

行为动机（motives）

指一个人的深层动机，它是促使一个人追求某种成就的内在动力

图 3-1　冰山模型

质，才是真正鉴别员工优秀与否的核心要素。

这样的观点在当时可谓离经叛道，与大众的常识不符，引发了很大的争议。不过，冰山模型理论的提出让越来越多的人开始思考：对于一家公司而言，什么才是员工最重要的能力？怎么才能判断一个员工的真正能力？

三、"冰山"和"洋葱"

1981 年，一位名叫博亚特兹的心理学家根据"冰山模型"并结合实际案例，提出了"洋葱模型"理论。

洋葱模型理论认为，一名员工所具备的能力素质就像洋葱皮一样，层层包裹，正是这些能力素质形成了一个员工的整体能力。裹在"洋葱"中心的是动机，往外依次是个性、自我形象、价值观、社会角色、态度、知识、技能等。

越往外的能力素质，越容易学习和培养，同时也越容易被别人取代和超越，不是员工核心的竞争力；越往内的能力素质，越难学习和复制，往往是个人独有的，这才是员工核心的竞争力。

显然，"洋葱模型"理论充分借鉴了麦克利兰的"冰山模型"理论的观点，并在其基础上有所发展，突出了各种能力素质之间的层次关系。

可是，在麦克利兰看来，博亚特兹的洋葱模型简直就是赤裸裸的"剽窃"，是对自己冰山模型的简单"抄袭"。

不过，这并没有激怒麦克利兰，反而激起了他的好胜心。1989年，赋闲在家的麦克利兰对全球200多项工作进行了深入调查和研究。在众多胜任因素中，他提炼出21项最重要的因素，并将它们区隔为不同的模块，形成了六个系统性的"素质族"，它们分别是：①成就与行动族：成就导向、重视次序、品质与精确、主动性、信息收集；②冲击与影响族：冲击与影响、组织认知、关系建立；③管理族：培训他人、命令：果断与职位权力的运用、团队合作、团队领导；④帮助与服务族：人际理解力（沟通）、客户服务导向；⑤认知族：分析式思考（演绎）、概念式思考（归纳）、技术/职业/管理的专业知识；⑥个人效能族：自我控制、自信、弹性、组织承诺。

这就是早期的完善的"六素质族模型"。后来，大量企业在"冰山模型"、"洋葱模型"和"六素质族模型"的基础上，结合自身情况，开发出了更为丰富的"能力素质模型"，并在此基础上构建起企业的能力薪酬制度。

在我二十多年的管理咨询过程中，大大小小数百家企业每当涉及薪酬相关服务时，对能力素质模型的设计也大多有所需求。为了更好地满足各位读者朋友在能力薪酬方面的需求，在撰写本书时，我根据自己的经验，并充分结合"冰山模型"、"洋葱模型"和"六素质族模型"，同步整理出了一套非常丰富的"能力素质模型"，扫描本书"结束语"后面的微信二维码可以获取相关资料。

第二节　四种不同的能力，四种不同的薪酬

某公司的一个文案岗上有两名员工：一个能力价值 4000 元，一个能力价值 8000 元。可是，公司实行的却是传统的岗位薪酬，按岗位计算工资，于是两人都拿着 6000 元的薪酬。前者因为薪酬颇高而沾沾自喜，后者却觉得自己的能力远不止 6000 元，于是想另谋高就。

面对这样的问题，你该怎么处理呢？

小张是某公司的技术工程师，由于工作出色，领导十分器重，想让她做部门经理。可是小张却不想做高管，只想好好搞技术，认真做研发。领导觉得让她做一个技术工程师，拿着那么点工资，实在太屈才，可一时间又想不出什么办法解决这个问题。

遇到这种情况，你又该怎么办呢？

某公司总裁办公室有三位秘书。小赵跟随总裁多年，鞍前马后，对总裁的工作风格、性格特点都十分熟悉，是总裁在日常事务上的"一把手"；小田精通多门外语，是协助总裁处理国际事务的行家里手，是不可多得的专才；小朱是高才生，思维活跃，虽然是新手，但做事儿灵活，点子多，能很出色地完成总裁交代下来的各项任务。这样三位秘书，能力不同，各具特点、各有所长，如果因为岗位相同，就给他们一样的薪酬，恐怕会引起他们的不满。

如何设计他们的薪酬，才能让他们觉得更合理、更公平呢？

显然，单单依靠传统的岗位薪酬无法解决上述问题。这时候，通过能力素质模型建立能力薪酬制度是一个不错的选择。常见的能力薪酬有四种，分别是技能型能力薪酬、知识型能力薪酬、胜任力型能力薪酬和任职资格型能力薪酬。

一、技能型/知识型能力薪酬

什么是技能型/知识型能力薪酬

"工资不高,培训最好。"这条口号为美国朗讯公司赢得了一批又一批名牌大学高才生的青睐。

朗讯的 HR 会这样告诉新员工:"在这里,我们不能保证你们赚最多的钱;但当你离开这里,我们会保证你成为最抢手的人。"这就是技能型能力薪酬和知识型能力薪酬的魅力所在。

企业根据一个人所掌握的与工作相关的技能、知识的广度和深度来支付薪酬的制度,就叫技能型/知识型能力薪酬。它们是最早的能力薪酬模式。技能与知识十分相似,在很多地方存在共性。比如,在"冰山模型"和"洋葱模型"中,这两项能力是"漂浮在冰面上"和"显露在最外层"的。在众多能力素质中,技能与知识是最容易学习和培训的,同时也是会对工作产生最直接影响的能力素质。

技能型能力薪酬通常是为从事某些具体技术性工作的人员设计的薪酬模式。它适用于技术性工人、专业技术人员、部分行政管理人员等。知识型能力薪酬是根据员工掌握的知识来支付薪酬的薪酬模式。它适用于技术人员、专业管理人员、研究人员等。相比于技能型能力薪酬,知识型能力薪酬关注的重心是人员的学习成果和知识成果。

为这两项能力设计专门的薪酬,一方面是为了鼓励员工不断深化自身的专业技能、知识,成为该行业的专家,培养一批专业化队伍,同时也是为了给员工打造职业发展通道。另一方面,一些公司希望员工在工作中掌握其上游、下游或同级职位上所要求的一般性技能和知识,拓宽其能力的广度,习得更丰富的工作经验和相关知识技能,鼓励他们为公司做出更多贡献。

还有一些企业、研究所,或者其他专业机构,为了让员工跟上时代知识和先进技术的脚步，也会采用这两种薪酬模式，其目的是让企业能够在高新技术领域保持领先地位。

而在另一些企业中，为了留住优秀人才，促进他们发挥能力，鼓励他们为企业做出更多贡献，也会选择这两种薪酬模式。

无论出于哪种目的，实行技能型/知识型能力薪酬的企业，往往需要给员工提供培训和学习的机会，这是基础，也是前提。实行技能型/知识型能力薪酬的企业，对员工的价值创造有一个最基本的假设：一名员工掌握的技能和知识越多越好，他的能力就越强，他所能创造的价值就越大。

在实行能力薪酬的企业中，老板们几乎都有这样一个共识：员工掌握的技能越熟练，学到的新技能越多，所学的知识越深入，素质越是提升，他为公司创造的价值也越大。

他们十分期望旗下的员工成为某一行的行家里手或者资深专家。如此一来，员工为企业创造的价值也会成倍增长。

正因如此，大多数实行能力薪酬的企业都格外强调员工的自主学习，尽可能满足他们的能力提升诉求，为他们提供培训和学习的机会，并保证他们有时间参与培训。这些老板都很清楚，员工的进步最终会使企业受益。

如果没有培训和学习的机会，员工就很难在技能和知识上得到稳定且长期的提升，也就很难满足技能型/知识型能力薪酬的长远发展要求，很难获得更丰厚的待遇。如此一来，这两种能力薪酬模式就会被架空，甚至反过来挫伤员工的积极性，导致员工在相关技能和知识领域不思进取，最终影响企业的良性发展。

所以，实行这两种能力薪酬的企业，需要拿出朗讯公司的气概来，你可以说"我们工资不是最高的"，但一定不能说"我们没有培训，你没法在我们这里获得学习机会"。

如何建立技能型/知识型能力素质模型

对于企业来说，建立能力薪酬制度并不难，难的是企业怎么知道员工的能力到底如何？员工的能力到底值不值钱？值多少钱？

就像对岗位价值进行评估一样，我们也需要依照一定的科学手段，对员工的能力进行合理的评估和判断，这就是"能力素质评估"。对员工能力的评估最常用的手段就是建立"能力素质模型"。

所谓能力素质模型，就是将员工在工作中所具备的知识、技能、胜任力及其他各项能力素质，按工作内容、角色或者岗位有机地组合在一起，并针对与能力相关的行为进行描述，然后通过这些可观察、可衡量的行为描述，来体现员工在能力方面的差异性。

常见的能力素质模型有四种，分别是技能型能力素质模型、知识型能力素质模型、胜任力型能力素质模型、任职资格型能力素质模型。接下来，我们就来了解这四种能力素质模型及它们对应的能力薪酬。在这里，我们针对技能型/知识型能力薪酬，主要解读前两种能力素质模型的构建。

技能型/知识型能力素质模型的核心是针对员工所具备的工作技能和知识进行评估和打分。构建这两种模型的步骤非常简单。

（1）按照工作内容要求，将员工所需的工作能力进行提炼，并分解成若干个模块。比如，甲工厂将工人的技能分为原料处理、混合加工、填充物料、货物包装四大模块。当然，一些企业为了区分能力的重要程度，会将各模块的能力分成不同类别，形成核心能力模块和加分能力模块。比如，甲工厂在实际操作中，就将原料处理作为员工必须掌握的核心能力，而将其他三项能力当作加分能力。这样的能力模块划分有助于企业引导员工掌握企业关注的能力项。

（2）按照企业的需求，将各模块的能力划分成不同的等级。比如，甲工厂将工人各模块的能力分为初级、中级、高级三个等级。

（3）根据划分的能力模块和等级建立相应的技能型/知识型能力素质模型。常见的模型有两类：一类是"类别-等级"模型，一类是阶梯模型。

所谓"类别-等级"模型，就是将员工的能力分成不同的类别和等级，然后赋予每个类别和等级的能力对应的分值。通过对应类别和等级的能力的分值，我们就能计算出员工的能力高低。

比如，某企业为技术员设计的"类别－等级"模型中，将员工的技能分为A、B、C、D四大模块，将每个模块的能力分为低级、中级、高级、资深、专家五大等级，并规定每掌握一项能力，且提升一个能力等级，就可以获得20分。

企业在对技术员4进行技能考核时，发现他掌握了A、B、C三项技能，且A技能达到高级，得到60分，B技能达到资深，得到80分，C技能达到中级，得到40分。那么，技术员4在"类别－等级"模型中的技能得分就是180分。

所谓阶梯模型，就是通过对具体的技能模块赋予点值，形成柱状阶梯图，以此更加细致地表现技能/知识与能力点值之间的关联性。

比如，某企业利用阶梯模型对技术员1、技术员2、技术员3、技术员4进行评估。首先，该企业将员工的能力划分为A、B、C、D四大模块，将每个模块的能力分为低级、中级、高级、资深、专家五大等级，并规定每掌握一项能力，且提升一个能力等级，就可以获得20分。然后，该企业将员工所掌握的能力及对应的等级分数进行累加，并绘制成柱状图。

比如技术员4掌握A、B、C三项技能，且A技能达到高级，得到60分，B技能达到资深，得到80分，C技能达到中级，得到40分，其掌握的技能总分为180分。那么，将三个模块的能力得分进行汇总，形成柱状图。

以此类推，该企业得出技术员1的技能总分为60分，技术员2的技能总分为100分，技术员3的技能总分为140分。

从实际操作中我们可以看出"类比－等级"模型和阶梯模型并没有本质的区别，是可以相互借鉴、取长补短的。比如，在构建阶梯模型时，对于单个员工（如技术员4）的技能点值计算，我们就可以借鉴"类别－等级"模型的方法，而在多名员工的技能型/知识型能力素质模型构建上，则可以应用阶梯模型来表现。

怎样将评估结果转化成薪酬

让我们回忆一下：在前面的案例中，我们提到某企业为技术员进行技能评估，将员工的技能分为 A、B、C、D 四大模块，将每个模块的能力分为低级、中级、高级、资深、专家五大等级，并规定每掌握一项能力，且提升一个能力等级，就可以获得 20 分。

在这个案例中，技术员 1 得到 60 分，技术员 2 得到 100 分，技术员 3 得到 140 分，技术员 4 得到 180 分。

这就是通过"类比－等级"模型和阶梯模型最终得到的评估结果。利用这些评估结果，我们如何设计出企业的能力薪酬呢？

首先，计算出该技能型能力素质模型的最高分和最低分；然后，按照企业划分的薪档，将能力值分成若干个区间；最后，按照所在区间，将评估结果纳入不同的分值中。

所谓薪档，就是员工的薪酬档级，它是能力薪酬中十分重要的一个概念，我们会在下一节做详细的介绍。在这里，我们需要明白薪档是影响我们划分能力区间以及设计薪酬的重要环节。

在上面的案例中，这家企业根据自身的情况将薪档分为五个档次。根据这一点，我们将对应的能力区间也分为五档。

根据该企业"四大能力模块、五大能力等级，每级 20 分"的规定，员工必须掌握某一项能力的最低等级，才能满足企业最基本要求，即起始分不低于 20 分；若达到所有能力的最高等级，即可得到最高分 400 分。所以，该企业的能力分值区间为 20～400 分。

按照五个档次划分，得到第一档为 $20 \leq a < 96$（分），第二档为 $96 \leq a < 172$（分），第三档为 $172 \leq a < 248$（分），第四档为 $248 \leq a < 324$（分），第五档为 $324 \leq a < 400$（分）。

显然，根据这个能力区间的划分，技术员 1（60 分）处于第一档，技术员 2（100 分）和技术员 3（140 分）处于第二档，技术员 4（180

分）处于第三档。

根据这一结果，只需要结合每一薪档的具体薪酬数据，就能得出四名技术员的具体能力薪酬。比如，按照该企业规定，在技术员岗位的薪档中，第一档为 4800 元/月，第二档为 5200 元/月，第三档为 5800 元/月，第四档为 6600 元/月，第五档为 7800 元/月，如表 3-1 所示。

表 3-1　某企业技术员薪档—能力薪酬对应表

单位：元/月

薪档	第一档	第二档	第三档	第四档	第五档
能力薪酬	4800	5200	5800	6600	7800

那么，技术员 1 的薪酬就是 4800 元/月，技术员 2 和技术员 3 的薪酬是 5200 元/月，技术员 4 的薪酬是 5800 元/月。

二、胜任力型能力薪酬

什么是胜任力

如今，越来越多的研究表明，随着工作复杂程度的提升，专业性技能和知识对员工业绩的影响会呈下降趋势，另一种能力会逐渐占据主导。这种能力，就是胜任力。

对于一个基层技术人员来说，最重要的能力是专业性技能和知识。可是，当这个人成为技术总监后，他需要解决整个技术部门的事情，甚至还会参与公司的决策，处理跨部门事务，工作不再局限于手上的那些技术性事务了。专业性技能和知识对他工作的影响在下降，而胜任力对他工作的影响则在提升。

"胜任力"的概念在 1973 年由麦克利兰最早提出。他将胜任力定义为：员工胜任某项工作需要的所有能力，其中既包括技能和知识等专业素质，也包括动机、特质、自我认知等核心素质。这些能力必须是可以显著区分某类工作中业绩杰出者和普通者的能力。

显然，胜任力的提出主要是为了让人们清楚：影响员工业绩的主导能力并不只有技能和知识；埋藏越深的能力对员工的业绩影响也许会越大。

胜任力的提出将人力资源的关注重点由浅层的知识和技能带入员工的深层能力中，主张挖掘员工更多的职业素质和潜在能力。

对于员工能力的评价，胜任力也不再单单依靠技能和知识，而是从企业的战略、文化、价值观出发，关注员工的深层特质和潜在动机是否与企业契合。

比如，企业在考察一个副总时，仅仅考察他有没有相关的专业技能和知识是远远不够的，还需要考察他的战略眼光、企业价值观和文化的认同、作为领导的价值观念、远景部署能力、理性决策力、市场洞察力，等等。

简单地说，胜任力是企业的一种期待。它期望挖掘某项工作中优秀人员的特质，从而遴选出更优秀的潜在人才，推动企业发展。

实行胜任力型能力薪酬的人员，对于一个企业来说是十分重要的。他们要么是重点岗位的重点人才，要么是中高层管理者。

如何建立胜任力型能力素质模型

胜任力型能力素质模型挖掘的是员工的潜在特质和深层能力。对于这些潜在特质和深层能力的认知，往往仁者见仁，智者见智，并不存在统一的标准和答案。所以，在构建胜任力型能力素质模型时，大多数情况还是取决于企业自身的需求。

企业看中员工哪方面的特质，认为工作中哪些潜在能力是影响工作的关键，企业就可以针对性地进行重点选择。当然，这也大大增加了胜任力型能力素质模型的设计难度和复杂性。

并且，对于大多数企业来说，胜任力型能力素质模型往往被用在一些核心人才和关键岗位上，一旦出现差池，其影响往往非常深远，所以容不得半点马虎。尤其是胜任力指标的描述和提炼，更是关键中的关键。

为了保证胜任力指标万无一失，很多企业在构建胜任力型能力素质模型时，首先会对企业战略进行细致的分析，提炼出企业发展的关键性因素，研究企业面临的挑战和风险，并以此为出发点，针对性地总结出员工所需要的胜任力。

其次，企业会结合具体的工作内容对员工进行采样分析和数据收集，对员工的关键行为、特征、思想、态度等进行重点分析，挖掘出优秀员工和普通员工在处理工作时的行为表现差异，识别导致行为出现显著差异的各项能力，从而形成能力指标，并对这些能力指标进行行为描述和指标定义。

再次，企业会根据行为描述和指标定义为各项能力划分等级，并对不同的能力等级做出描述，建立初步模型。

最后，企业会结合企业发展战略、经营环境、具体情况等因素，完善胜任力型能力素质模型。

比如，某企业在建立胜任力型能力素质模型时，首先对企业内外部环境进行分析，提炼企业发展战略，制定了成本领先型战略，并拟定了各项策略：在市场营销领域，主张优化营销渠道，缩减营销等级，减少相应的时间成本，雇佣较为廉价的劳动力等；在技术研发领域，保持企业现有技术优势；在生产领域，实现规模化的生产，发挥规模效应；在物流领域，实现体系的优化配置，使供应链环节的损耗降到最低，尽量降低和控制库存。

根据这些战略，并结合实际调研情况和数据分析，这家企业提炼出了相关的胜任力指标：认真严谨、关注细节、有责任心、成本意识、坚持不懈、精益、注重效率、执行力、主动性、合作精神等。

然后，该企业对各项胜任力指标及对应的行为进行了描述。比如，针对"合作精神"，该企业定义为：愿意与他人分享知识、信息、资源、责任以及成就，能通过各种方法与别人建立相互信任的合作关系。并描述具备"合作精神"的关键行为有：①尊重、理解别人的观点并珍视所有团队成员的贡献；②关心他人并愿意帮助同事解决问题和困难；③主动与他人分享工作进展或成果；④以合作态度处理人与人之间的矛盾，将整体利益置于个人利益之上；⑤跨越各种组织边界，不断致力于培养和发展重要的工作关系。

接着，该企业为各项胜任力指标划分了不同的等级，并给每个等级赋予分值。比如，针对"合作精神"，该企业将其划分为低效、一般、高效三个不同等级，并进行了相应描述。

（1）"低效"等级（5分）：①没有意识到，也不尊重个体差异；②总是挑别人的毛病而不是承认别人的贡献和优点；③不愿或很难与他人建立有益的工作关系；④不主动帮助他人解决问题或困难；⑤不愿意与他人分享工作经验与成果；⑥只关注自身的利益，难以建立合作关系或使合作顺利推进；⑦在人与人之间制造障碍；⑧并不重视他人或客户的意见与批评；⑨拉帮结派，搞政治斗争。

（2）"一般"等级（10分）：①能够意识到，并尊重个体差异；②会挑别人的毛病，也能承认别人的贡献和优点；③可以与他人建立有益的工作关系；④在有需要时，能够帮助他人解决问题或困难；⑤在有需要时，给他人分享相关工作经验与成果；⑥关注自身的利益的同时，可以建立合作关系；⑦对他人或客户的意见与批评，会有一定的重视程度；⑧不拉帮结派，不搞政治斗争。

（3）"高效"等级（20分）：①主动、努力地与同事建立良好的工作关系；②主动给予其他部门、其他团队成员以支持、配合；③积极地以合作方式解决矛盾，在观点不一致时能尊重对方，求同存异；④能够和不同文化背景、经历与个性特征的人共事；⑤友好地对待他人，真诚地评价和肯定他人的工作；⑥不断扩大关系网，致力于发展和培养重要的工作关系和提高公司的知名度与影响力。

通过这种方法，该企业将所有胜任力指标的定义、行为描述、等级划分和分值赋予进行了明确，并形成表格，最终形成了胜任力型能力素质模型。

为企业打造独特、有效的胜任力薪酬

与技能型能力素质模型和知识型能力素质模型相似，胜任力型能力素质模型最终的落脚点也是分值。不过，与技能型能力素质模型和知识型能力素质模型有着明确可借鉴的模型不同，胜任力型能力素质模型由于是从企业的战略中提炼而来的，所以往往具有很强的企业特性。尤其是胜任力指标的提炼、标准的判定、定义的确定和描述的表达，往往是视企业需求和情况而定的。

多年前，我曾为一家企业做薪酬方面的管理咨询服务。在进行企业中高层管理者的胜任力评估时，我就为该企业设计了一套颇有意思的胜任力能力素质模型。

当时，这家企业的老板给我提了一个要求，即设计出来的胜任力薪酬既能反映员工能力的差别，又能帮助这家企业把握岗位特点的区别。也就是说，这位老板想要的效果是，胜任力薪酬不仅可以区分员工能力的差异，还能区分岗位的属性。

很多人觉得这个要求有些异想天开，包括我团队里的不少同事也这么认为。不过，一个月后我为这家企业提供了一套完整的解决方案。

在解决方案中，我为这家企业设计了"流程式胜任力评估系统"。该系统中有三套相互独立同时又相互呼应的胜任力评价模型，分别是：职业类别胜任力模型、职业级别胜任力模型、岗位胜任力模型。

这三套胜任力评价模型属于不同层级，所评估的能力也相互独立。不过，通过三套模型的独立评估，企业最终可以综合得到中高层管理者对于企业、部门和组织的立体价值。

这套系统的具体操作步骤分为四步：第一步，根据企业的职业类别胜任力模型，得到员工的职类胜任力分值；第二步，根据企业的职业级别胜任力模型，得到员工的职级胜任力分值；第三步，根据员工所在岗位的岗位胜任力模型，得到员工的薪级胜任力分值；第四步，将三个层级的分值加起来，最终得到某员工在该职类、职级、薪级的胜任力总分。

首先，我们按照职业类别将不同人员归入不同职位序列。以这家企业的销售人员为例，我们提炼出销售序列不同方面、不同程度的五大胜任力指标，分别为：市场信息分析能力、产品技术知识能力、渠道规划建设能力、渠道管理支持能力、营销策划实施能力。然后，我们再对每项胜任力指标划分等级，设定相应的分值。比如，对于市场信息分析能力，我们将其定义为：在市场信息不完全以及不确定的情况下，发现问题、分析问题和解决问题的能力。为其划分了初级、中级、高级三个等级，并进行行为描述。

在行为描述中，我们发现这家企业对销售人员信息获取和利用能力的关注度很高，于是重点强调了信息获取的能力，描述为："了解进行市场分析所需信息的种类、来源和获取途经"，"能有效利用资源掌握企业相关产品和服务在辖区内的特点"及"能对企业销售数据进行收集、分类、跟踪和处理，并积极向团队有经验的人员学习数据处理能力"等。

当然，达到以上几点也仅仅在市场信息分析能力指标中达到初级，只能得到6分；如果要拿到中级的12分，或高级的20分，其对应的能力要求也会逐级提升。同理，在其他职业类别的胜任力指标中，我们也对应地设置了定义、行为描述、等级和分值，形成了完整的职业类别胜任力模型。

接着，我们对这家企业的职业级别和岗位进行分析和提炼，获得了最为关键的核心指标。比如在职业级别上，我们确定了三类胜任力指标，分别为：任务-结果、人际关系、自我管理。而在岗位上，我们确定了三类胜任力指标，分别为：判断力、推动力、凝聚力和内驱力。

利用同样的方法，我们为这些胜任力指标制定了相应的定义、行为描述、等级和分值，最终构建起一整套流程式胜任力评估系统。

利用这套系统进行评估也十分简单。首先，根据职业类别胜任力模型，对员工的五项胜任力指标进行等级划分和分值确定。以销售部经理为例。在进行评估时，他在市场信息分析能力上的评估达到中级，得到12分；在产品技术知识能力上的评估达到高级，得到20分；在渠道规划建设能力上的评估达到中级，得到12分；在渠道管理支持能力上的评估则只达到初级，得到6分；在营销策划实施能力上的评估达到高级，得到20分。这位销售部经理在职业类别胜任力方面的评估分数就是70分。

同样的，在进行职业级别和岗位价值评估时，我们得到这位销售部经理的得分为76分和77分。如此一来，他在整个流程式胜任力评估系统中的得分就是70 + 76 + 77 = 223（分）。

这套评估系统的三套评价模型的总分都设置为100分，则系统总分为300分。在这套系统中，员工即便所有能力都只有最低级，也能得到90分。因此，这套胜任力型能力素质模型的分值区间就是90~300（分）。

在上一小节中，我们提到将能力素质模型的评估结果转化成薪酬，最关键的就是根据企业划分的薪档来区分员工的分值，形成对应的分值区间。

在现实中，这家企业根据自身情况和发展需求，将薪档分为五档。所以，胜任力分值区间也对应地分为五档，具体如表3-2所示。

表3-2 某企业薪档与分值区间对应表

单位：分

薪档	第一档	第二档	第三档	第四档	第五档
胜任力分值区间	$90 \leq a < 131$	$131 \leq a < 173$	$173 \leq a < 215$	$215 \leq a < 257$	$257 \leq a < 300$

这家企业的销售部经理在评估中的总得分为223分，处在$215 \leq a < 257$（分）区间，位于第四档，所以其相应的胜任力薪酬也应该

在第四档。那么，按照该企业在职类、职级、薪级和薪档上的划分，这位销售部经理属于销售类、总监级、S5（薪级）第四薪档，其薪酬基数为12 200元/月。

三、任职资格型能力薪酬

什么是任职资格

"任职资格"的概念最早源于英国国家职业资格模式，是指为了保证工作任务的实现，员工必须具备的知识、技能、深层能力、个性等方面的要求。

任职资格听起来和胜任力很像。的确，两者有很多相似之处。比如，两者都涵盖员工动机、特质、自我形象、社会角色、知识和技能等方面的能力。

但是，胜任力的重点在于区别业绩杰出者与普通者，是担任某个岗位或工作的最高要求，就是我们常说的"上限"；任职资格则是担任某个岗位或工作的最低标准，即"底线"。

如果我们把公司比作西天取经的团队，唐僧想招徒弟，巴不得人人都是为他"排忧解难"的孙悟空。可实际上，他的团队里很可能招到"好吃懒做"的猪八戒。这里，孙悟空就是胜任力，猪八戒就更像是任职资格。

这段比喻听起来有些好笑，可仔细一想又有一些道理。胜任力的目的是找到某类工作的杰出者的特质；任职资格寻找的则是能做某类工作的人，这些人更像是按照"孙悟空"的标准找到的"猪八戒"。

孙悟空和猪八戒都是唐僧的徒弟，能力的差异却是显而易见的。

通常而言，猪八戒这样的员工，常见！孙悟空这样的人才，却很难得！胜任力薪酬和任职资格薪酬也是如此。

在部分行业，由于发展时间较久，积累了一支庞大的职业化队伍，因此，公司可以按照自己的要求大胆选人，胜任力薪酬在这些行业是可以适用的。员工按照胜任力标准进入公司，是骡子是马拉出来遛一遛，行就留下，不行就走人。

可是，在很多行业里，实行胜任力薪酬的公司往往要背负很大的压力。毕竟，这些行业要么产生的时间较短，要么缺乏素质过硬的职业化人才，还没有建立起一个系统完善的职业化人才体系，想要在茫茫人海中选出所谓的"杰出者"实在太难了。

这时候，我们采取一个稍低一些的标准，让适合的人进入公司，再进行相应的培养，效率就远高于按照胜任力标准去选人。这就是任职资格薪酬的基本思路。

任职资格除了关注员工的知识、技能和胜任力问题，还会将员工的学历、专业、背景和经验等当作能力评估的依据，用来判断员工是否具备完成某项工作的基本素质。

比如，在招聘前，一些老板和 HR 都会提前看一下应聘者的简历；招聘时，还会问求职者一些问题，比如：你是哪个大学毕业的？有这方面工作的经验吗？你平时喜欢做什么？你的职业规划是什么？你为什么离开上一家公司？你对我们了解吗？你还有什么问题？

其实，这些问题的背后都是在评估求职者是否具备该项工作的任职资格。

在具体的操作层面，两者也存在一定的区别。胜任力考察的主要依据来自企业的战略和文化，看重的是员工核心素质与企业的契合度；任职资格主要以岗位说明书和具体工作情况为依据，看重的是员工与工作岗位的匹配度。

所以，相比于胜任力型能力薪酬，任职资格型能力薪酬的适用范围更广。无论是管理类、技术类，还是服务类人员，都可以实行任职资格型能力薪酬。毕竟，不是所有员工都必须与企业战略直接关联，但是必须匹配岗位工作的需要。

如何建立任职资格型能力素质模型

任职资格和胜任力存在很多相似之处，不过也有很明显的区别。比如，在构建模型时，两者的指标来源就大不相同。胜任力显然更注重员工与企业的契合程度，也就是说，员工所具备的能力应符合企业的期待和战略需求；任职资格更看重员工与岗位的契合程度，也就是说，员工具备的能力应符合岗位的实际需要。

这就决定了两者在指标制定上的本质区别。胜任力更看重员工的潜在特质，希望通过某种手段挖掘员工的潜质；任职资格则希望把这些能力外化，得到一些外显的能力标签，从而更简单地获取一些明确的、简单的信息。比如，对于"知识和技能"的评估，任职资格会将其外化成学历、专业、工作经历和培训经历；对"性格"的评估往往较难判断，任职资格可以将其外化成个人爱好、生活习惯、工作习惯、交际能力、应变力、执行力等。显然，这些外显的能力标签更加简单，也更有利于我们对员工能力做出直观的判断。按照这种方式，任职资格型能力素质模型往往把员工的能力分为四个模块。这四个模块如下。

（1）基本条件。该模块主要涵盖员工的教育背景、工作经验、培训经历、技能技巧、职位状况、绩效状况等。

当然，企业还可以根据自身情况、岗位需求和任职资格的适用目的进行具体的针对性设计。比如，在招聘员工时可以重点强调学历、专业、相关工作经验等内容，而在员工晋升时主要强调入职时间长短、绩效状况、是否转正等内容。

（2）行为标准。该模块是指影响工作产出和结果的特定行为要求。在制定行为标准时，企业往往会从实际工作情况出发对岗位上的员工进行访谈，以了解其工作内容。

（3）胜任特质，也就是胜任力。这是一个可选项，并非所有岗位都需要进行胜任特质的评估。我们说过，胜任力是遴选优秀人才的，它主要用于评估企业的关键岗位和核心人才。所以，需要对胜任特质进行评估的人员，对于企业来说，往往具备较大的价值。

不过在现实中，很多企业操作起来并不严谨。它们会强行加入这部分内容，希望对员工做出一个更加全面的评价。一般来说，大多数企业的胜任特质主要是看员工的个人素质、情感态度、价值观等。

（4）其他参考项。该模块是根据企业自身情况单独设立的。比如，一些企业会对员工的道德、品行等提出要求。对于很多岗位来说，这也是一个重要指标项。

确定了任职资格型能力素质模型的基本模块，我们还需要给各个模块的指标设置等级并赋予分值。

比如，一些企业会把任职资格分为三个等级：初级、中级、高级。初级，是指员工具有有限的任职能力，了解工作的基本情况，可以完成简单任务；中级，是指员工在工作中可以较为熟练地运用知识、技能以完成工作任务；高级，是指员工完全胜任自己领域内的所有工作。

当然，等级的设置并不固定，企业可以根据现实情况进行调整。需要注意的是，等级数量要适中，等级过少会造成评估内容过于单一，等级过多会导致评估工作难度加大，影响工作效率。

确定等级后，还需要给每个等级赋予一定分值。赋予分值时，需要根据指标的重要程度进行加权。加权的过程是体现企业意志的过程。为各个指标赋予不同的分值，可以体现企业的侧重点，引导员工朝着分数更高的方向努力。

打造企业的任职资格薪酬

由于任职资格型能力素质模型有着清晰的模块划分，企业在设计时就变得非常简单，只需要在相应的模块中，按照需求选择对应的指标项，丰富模块内容即可。

比如，一家企业想要扩充招聘团队，招聘一批高级招聘专员。于是，企业为高级招聘专员设计了一套任职资格型能力素质模型。这套模型分为基本条件模块和行为标准模块。

在基本条件模块中，这家企业添加了学历、专业、经验、技能四项主要指标。而在行为标准模块，这家企业添加了机制、准备、面试、测评、效果评估、招聘项目六项指标。

然后，该企业对每个指标进行描述，并划分等级和分数。比如，在学历上，这家企业规定中专学历达到初级水平，可得到 1 分；本科学历达到中级水平，可得到 3 分；本科以上学历达到高级水平，可得到 5 分。

以此类推，这家企业为所有任职资格指标设置了分数。并且，由于企业更看中员工在实际工作中的技能水平，所以在分值设计上也进行了相应的倾斜，将更多的分值放在了技能水平方面。

在实际面试中，这家企业根据任职资格评估模型指标对面试者进行评估。其中一位面试者的基本情况如下：大专学历，得 1 分；入职从事招聘工作 2 年，得 5 分；人力资源不相关专业，得 1 分；拥有国家最高层级的职业资格认证，得 15 分。在基本条件模块，该面试者获得 22 分。

而在行为标准模块，该面试者的"机制"项的评估为中级，得 6 分；"准备"项的评估为高级，得 10 分；"面试"项的评估为高级，得 10 分；"测评"项的评估为中级，得 6 分；"效果评估"项的评估为中级，得 6 分；"招聘项目"项的评估为中级，得 6 分。在行为标准模块，该面试者获得 44 分。

所以，这名面试者的任职资格总分就是 22 + 44 = 66（分）。

在进行薪酬设计时，这家企业结合自身的薪档划分，将面试者的能力划分为五档区间，如表 3-3 所示。鉴于该任职资格型能力素质模型的总分设置为 100 分，面试者最低得分为 30 分。

表 3-3　某企业薪档划分与任职资格分值区间对应表

单位：分

薪档	第一档	第二档	第三档	第四档	第五档
任职资格分值区间	$30 \leq a < 43$	$43 \leq a < 57$	$57 \leq a < 71$	$71 \leq a < 85$	$85 \leq a < 100$

该面试者的任职资格总分为 66 分，处于 57≤a<71（分）区间，位于第三档。根据这家企业对高级招聘专员的职级和薪级划分，这位面试者一旦入职，将处于第五薪级第三薪档，而这一薪档的薪酬基数为 5800 元/月。

第三节　如何将员工纳入合适的薪档

或许你已经发现了，无论是知识型、技能型、胜任力型还是任职资格型能力素质模型，我们得到的结果都是一个员工能力分值。

根据这个分值，我们可以把员工归入不同的能力区间。如果我们为每个能力区间设置不同的薪酬水平，那么员工的薪酬收入就会产生差异。这种差异是根据员工的能力划分的，所以称其为能力薪酬。

同时，这种将不同能力的员工划入不同的能力区间形成的薪酬档位，就是薪档。这些年，"薪档"的概念流行起来。无论是华为、阿里巴巴、腾讯，还是百度，都在各自的薪酬体系中设计了薪档。

所谓薪档，是指在同一个岗位、同一个薪级下，为不同员工设置的薪酬档级。在不同的薪档中，员工的薪酬会有明显的区别。比如，一些互联网企业的薪档达到 10 级，甚至 15 级，初级薪档的薪酬只有每月三五千元，可是达到 15 级薪档的薪酬却高达每月几万元，甚至每月十几万元。

如此悬殊的薪酬差异会极大地激发员工的学习热情和工作积极性，促使每位员工提升和发展自己，为公司做出更多的贡献。

一、如何设置档数

想要将员工按照能力纳入薪档，形成企业的能力薪酬，首先就必须要有企业自身的薪档。薪档的设计分为三步：首先设置档数，其次设计档差，最后员工归档。

档数就是薪档数量。设置档数，首先需要解决企业需要多少薪档的问题。薪档的设置具有很强的灵活性和自主性，需要企业根据实际状况和发展需求做出一个较为主观的判断。在这个判断过程中，企业往往需要回答五个核心问题。

（1）根据现有员工情况，企业在该薪级内划分多少个薪档比较合适？

（2）根据设计的薪档，企业现有员工是否能被归入合适的薪档区间？纳入的薪档区间是否有区分度？能否区分优秀者、普通者和较差者？

（3）对于员工来说，这样的薪档划分是否满足其能力提升需求？是否给员工预留足够的空间？是否符合大部分员工的职业发展周期？

（4）对于企业来说，这样的薪档划分对员工在能力方面的提升是否有足够的激励效果？

（5）企业各层级的薪档数量是否保持统一？

一般来说，如果企业能较好地解决上面五个核心问题，薪档的设置也就可以完美解决了。不过在实际操作中，一些企业为了应付上面几个问题，往往会采取一些"极端"手段，比如，一些企业希望既能将所有员工纳入自己的薪档体系，同时又能有较强的区分度，就设置了大量的薪档，一家百余人的中小企业就设置了十来级的薪档，这样显然是不合理的。所以，在设置档数时，企业往往还要遵循一定的原则。

（1）档数适当原则。企业的档数一定要根据企业规模、人员情况进行设置，绝非越多越好。档数太多，会导致薪档之间的差距太小，无法体现能力薪酬的差异性，对员工的激励性不够强。

同样，档数也不宜过少。过少的档数不仅意味着处在该薪酬体系内的员工加薪的空间较小，还意味着薪酬发展通道过短，严重影响能力薪酬的激励效果。此外，过少的档数还可能导致在能力评估之后，现有薪档无法完全覆盖员工在职位评估之前薪酬数值的情况。

（2）档数单数最佳原则。通常来说，我们设计的档数最好为单数,比如三档、五档、七档等。之所以出现这种情况,是因为大多数企业的薪档设计是以薪级作为基础的。每一薪级的薪档都是以该薪级的薪酬水平作为设计中点值(中间档),然后向两侧延伸的。在这个过程中,为了保证由中间档向两侧延伸时,薪档数量分布均衡,往往需要在两侧增加相同的档数,加上作为基准薪酬的中点值,形成的档数往往就是单数。

(3)一致性原则。所谓一致性原则,就是企业内所有薪级的薪档数量应该是一致的。比如,某企业的薪档设计,所有薪级的档数要么全都是五档,要么全都是七档,绝不能一个薪级的档数是五档,一个薪级的档数是七档,这样不仅会造成薪档的混乱,还会扰乱整个薪酬体系。

有时候,我们完成了档数的设计,却发现不同岗位、不同薪级的档数不同,比如某公司主管级的档数按情况分为了五档,可是专员级的档数却由于人数过多且员工能力差异大分为了七档。这种情况要求我们对组织内的所有薪档进行分析调整,在不同层级中取一个有代表性的数据,进行综合对比,最终确定一个总体上最为合适的档数。

(4)档数预留原则。所谓档数预留原则,就是给员工准备足够的发展空间,保证员工在岗位不调整、职位不变动、薪级不升降的情况下,通过能力的提升,仍然有加薪的可能性,从而更好地激励员工不断提升能力和业绩水平。

同时需要注意的是,在设置档数时,每一薪级的最低档都要尽可能保证有人存在,不能保持空白。这是因为最低档作为起步档,是底线和基础。如果最低档没有人,员工会很自然地认为那是摆设,不具备实际价值,忽略其存在。

二、如何设计档差

档差,也就是相邻两个薪档之间的薪酬差距。比如,某薪级第一档的薪酬是 6000 元/月,第二档是 6500 元/月,那么相差的 500 元就是它们的档差。

档差的设计思路很简单：先确定每一薪级的中间档，再通过档差系数，由中间档向两侧延伸，得到其他薪档。

确定中间档的方法也不难，我们的做法是用该薪级的薪酬基数替代。其原理在于，中间档往往是该薪级所有薪档的中点值，代表着正好符合该岗位的员工能力要求。某种意义上来说，就是该岗位的员工任职资格。岗位薪酬是在岗位价值评估的基础上得到的，可以体现岗位对员工能力的基本要求。所以，用岗位薪酬作为该薪级中薪档的中点值是较为合理的。

档差系数，就是同一薪级中，各薪档与中点值的比值。档差系数可以根据企业自身情况确定，也可以参考行业薪酬数据确定。

不管采取哪种方法，档差系数的设置都必须和员工能力的差异度保持一致。这一点主要体现在"档差递增原则"上：第一，在不同薪级中遵守"基层较小，高层较大，整体呈现不断增加"的原则；第二，在同一薪级中遵守"档级越高，档差系数越大，档差越大"的原则。

以某中小型互联网企业的档差设计为例。该企业根据现实需求，将档数定为五档。其中，在第七薪级，以该薪级的薪酬基数9000元/月作为第三档（中间档）的数额；然后，规定第一档的档差系数为80%，第二档的档差系数为90%，第四档的档差系数为125%，第五档的档差系数为155%。于是，得出该薪级各薪档的具体数值（薪酬）为：7200元/月、8100元/月、9000元/月、11 250元/月、13 950元/月，如表3-4所示。

表3-4　某企业第七薪级档差系数计算

薪档	第一档	第二档	第三档（中间档）	第四档	第五档
档差系数	80%	90%	100%	125%	155%
薪酬（元/月）	7200	8100	9000	11 250	13 950

可见在这一薪级中，该企业基本遵守"档级越高，档差系数越大，档差越大"的原则。

这样的递增变化不仅存在于同一薪级的比较中，也存在于不同薪级的比较中。比如，同为该企业每一薪级中间档的第三档：第二薪级比第一薪级高出 500 元；第四薪级比第三薪级高出 800 元……第七薪级比第六薪级高出 2100 元，第十薪级比第九薪级高出 6000 元。以此类推，随着薪级的提升，其档差也在加大，遵守着"基层较小，高层较大，整体呈现不断增加"的原则。

之所以必须遵循这两条"档差递增原则"，是因为在不同薪级中，随着职位的提升，通过能力增长带来的业绩变化的耗时会越来越长，晋升周期越来越久，难度越来越大。而在同一薪级中，随着档级的提升，其对员工能力的要求也越来越高，能力提升的难度越来越大、周期越来越长、投入成本越来越昂贵，所以档差也需要设置得越来越大，以体现这种规律。

"档差递增原则"不仅能够体现能力变化的差异性，还可以强化薪酬的激励效果，鼓励员工在技能专业化上不断深化成为专家，或者在技能的宽度上不断拓展以具备更多的技能。

三、如何员工归档

将员工纳入薪档（员工归档）的方法概括为十二个字：以岗位定薪级，以能力定薪档。

在第一章中，我们通过岗位价值评估将所有岗位划入不同的薪级中。在这里，我们需要在此基础上按照能力的区别将员工放入已制定的薪档之中。

在本章第二节中，我们通过四种能力素质模型，按照不同能力，对员工进行评估，得到了具体的分值，并按照分值所在区间划分了薪酬档位（薪档）。这个能力区间的薪档是根据企业设置的档数来确定的。换言之，企业有多少个薪档，就划分出多少个能力区间。每个能力区间对应着不同的薪档，而每个薪档对应着具体的薪酬数额。所以，将员工归档,就是按照能力区间的划分,将员工对号入座地纳入不同的薪档。

比如,某家技术导向型企业在对员工进行归档时,首先,按照岗位价值评估结果将各个岗位分为不同职级、薪级,形成企业的职级薪级矩阵图。在这份矩阵图中,企业明确了每个岗位的具体职级和薪级,比如技术专员岗位就归属于技术员级(职级),处于第三薪级(薪级)。

然后,该企业根据自身情况和发展需求确定薪档数量(档数)为五档,并设置了相应的档差。以技术专员所在的第三薪级为例,如表3-5所示。

表3-5 某企业技术专员员工归档表(第三薪级)

单位:元/月

职级	薪级	薪档				
		第一档	第二档	第三档	第四档	第五档
技术员级	第三薪级	4600	5200	5800	6900	8300

可见,在这一薪级中,薪档的薪酬设定为:第一档4600元/月、第二档5200元/月、第三档5800元/月、第四档6900元/月、第五档8300元/月。

接着,该企业对所有技术专员进行了能力素质评估,最终得到小黄的薪档为技术专员第三薪级第四档,那么对应的,其薪酬也就是6900元/月。

薪档不仅是区分员工薪酬的依据,也为员工提供了重要的职业发展通道。比如,上面这位技术员小黄,处于薪档的第四档,在同级别的技术专员中属于中等偏上的人才。在未来的职业发展中,他既可以朝着薪档的第五档努力,致力于成为一名"技术大牛",在技术专员岗位发光发热,也可以"向上爬",努力争取更高薪级的主管岗位。

显然,这在传统的岗位薪酬基础上为员工提供了另一种发展机会。这样的发展机会有时候可以改变一名员工的职业规划,也能让企业走出困境。

从设置档数到设计档差，再到员工归档，看似简单的"三部曲"，实则蕴含极大的考验。比如，如何平衡升档激励次数与数额的关系；再比如，如何处理无法纳入新体系薪档的员工，低了加工资不合适，高了降工资不合理，等等，这些挑战都是我在企业的服务实践中经历过的，而且为了应对这些挑战，每个企业选择的方案也都不一样。关于这方面的更多更具体的内容和工具，读者可以通过扫描本书"结束语"后面的微信二维码，向作者索取相关资料。

第四节　为能力付薪，让你的薪酬由"窄"变"宽"

王总是某沿海城市一家从事港口自动化设备研发、生产、销售一体化的民营企业的老板。最近，企业里发生了一件令他头疼的事情。

原来，这家企业已经有十几年的历史。十几年来，这家企业规模不断扩大，业务也在增加。可是，最近一两年却遭遇了"滑铁卢"，经济效益持续下滑。

为了挽回颓势，王总在企业内大力改革，从基层提拔了一些工作能力强、业绩优秀、工作时间在五年左右的年轻人，加入各个项目的管理中。

在他看来，这些年轻人不仅学历高、能力强、业绩好，而且工作努力、充满激情。让他们成为各个项目的管理者，不但能为公司注入新的活力，变革公司老旧的工作思维，同时也是对他们工作能力和成绩的鼓励，还能为其他员工树立模范榜样。

万万没想到，如此"一石二鸟"的好办法，在尝试了半年之后却遭遇了很严重的问题。

原本，那批被提拔的年轻人在基层岗位上干的风生水起，游刃有余。可是，让他们成为项目管理者后，这些人都或多或少地出现了不适应。一方面，这些人除了要完成自己的手头工作，还需要将大量精力用在项目的管理上，需要应对很多琐碎的事情。另一方面，项目小组里有很多资历更老的员工，对他们很不服气，经常发生矛盾，搞得这些年轻人心力交瘁。

短短半年时间，就有好几个年轻人向王总反映情况，甚至还有人因此向他提出离职。

眼看半年前还是公司里的优秀员工，把他提拔成项目管理后，反倒使他离职了，王总实在搞不清楚，问题究竟出在哪里？

一、别让企业掉进"彼得原理"陷阱

在很多人的传统观念里，升职和加薪是捆绑在一起的，升职就意味着加薪，无法升职，那么加薪也就会很困难。所以，在职场里经常有人说升职加薪，同事们相互祝贺时也常说："祝你早日升职，多加点薪。"

将升职和加薪捆绑在一起，不仅是人们的传统观念，也是大多数企业的现实做法。这些企业在组织架构上往往设置了很多的层级，少则十几级，多则几十级。员工们想要获得高薪，就必须一级一级地晋升。

这样导致的后果，除了会使企业内部的等级思想变得严重，可能还会出现另一个问题：让企业掉进"彼得原理"陷阱中。

20世纪60年代前后，国际上的大量企业高速发展，规模急剧扩张，组织层级也随之增加，出现了很多管理岗位的空缺。企业为了填补这些岗位空缺，会让优秀的员工一层层晋升，成为各层级管理者。

这样的做法看似无可厚非，毕竟"良才善用，能者居之"。

可是，企业很快就发现，事情并非自己想象的那么简单。这些一层层晋升上来的人，很多不仅没有表现得像之前那么优秀，反而糟糕透顶，一塌糊涂。

彼得对此颇为好奇，他对上千个失败案例进行了相关研究，分析这些企业失败的原因，找到了根源所在，提出了著名的"彼得原理"。

彼得原理是指每个员工都趋向于上升到他所不能胜任的地位。也就是说，在一个组织体系中，员工们倾向于"向上爬"，即便达到他们无法胜任的地位，他们也不会停下，这是人性驱使的结果。

彼得原理的提出让人意识到优秀的员工不一定是优秀的管理者。每个人都有自己适合的岗位和发展道路，只提供"向上爬"的单一通道，对于绝大多数人来说，既不公平，又忽视了他们的能力特点，浪费了他们的特殊才华。

比如，一位资深的算法工程师在研发领域成绩卓著，业绩优秀，可是他的性格却有些孤僻，不善于交际。这时候，你非要说他专业能力强，让他加入管理层，成为部门领导。结果，他成为领导后，由于交际能力差，与下属分歧严重，非但没能领导部门发展，反而因为琐事缠身，耽误了自身的技术研发工作，到头来两败俱伤。

本节开端案例中的王总正是犯了这样的错误，一味提拔工作业绩优秀的基层员工，却忽视了他们的管理能力，导致企业掉进了"彼得原理"的陷阱。

二、加薪不必提职，让你的薪酬由"窄"变"宽"

除了要尽可能避免陷入"彼得原理"陷阱，在日常的薪酬管理中，我们可能还会面临这样的问题：职位高，薪酬就必须跟着高吗？一个资深的技术工人和一个刚上任的技术经理，谁对企业的价值更大？谁的工资应该更高？给员工升职真的是最好的激励方式吗？它真的能为企业带来最大的效益？

在传统薪酬理念里，这些问题都是毫无争议的：职位高，薪酬就会水涨船高；技术经理的价值就是比技术工人高；与薪酬挂钩的职位晋升就是企业最好的激励方式。但是，随着薪酬理念的改变，人们对这些问题提出了越来越多的质疑。

20世纪80年代末，通用电气公司根据传统的点薪制和窄带薪酬，结合员工的能力和业绩结果，首次提出"宽带薪酬"的概念，彻底颠覆了人们对"升职加薪"的理解，也为这些问题提供了全新的答案。

所谓点薪制，就是一个萝卜一个坑，每个岗位都有一个十分明确的薪酬数额。比如，在一家公司中，普通文员的工资是5000元/月，总监的工资是8000元/月，总经理工资是10 000元/月。这些数额是固定的，没有浮动的空间，哪怕浮动100元钱，原则上也是不允许的。想要获得更高的薪酬，员工就必须跳到更高一级的岗位上。

传统的岗位薪酬就是典型的点薪制，我们在第一章提到的岗位薪酬，每一薪级都有一个固定的薪酬数额，随着薪级的变化，薪酬数额不断发生变化。这就是一种比较典型的点薪制薪酬。

不久之后，人们发现这种固化的薪酬模式很容易挫伤员工的积极性，缺乏激励效果。于是，人们设计了另外一种薪酬类型——窄带薪酬。

窄带薪酬是可以浮动的，允许在岗位不变、薪级不变的情况下，存在薪酬的起伏波动。但是，薪级浮动的区间却很窄，比如不超过40%，对员工的激励效果也不明显。

20世纪90年代，随着企业扁平化、流程再造、团队导向、能力导向等新的管理理念的流行，点薪制和窄带薪酬都出现了"不良反应"。于是很多企业开始效仿通用电气公司，实行宽带薪酬。

从此，宽带薪酬迎来了自己的黄金时代。到2005年，在《财富》杂志世界500强企业中，已经有超过300家企业在使用宽带薪酬。

为什么宽带薪酬如此受人追捧？

在搞清楚这一点之前，我们首先需要明白什么是宽带薪酬。所谓宽带薪酬，是将传统薪酬中繁多的薪级进行重新组合，使之变少，然后将大量重叠的薪酬区间划入同一薪级，区分出不同的薪档，从而形成较宽的薪酬区间。宽带薪酬的"宽带"二字，指的就是单一薪级的带宽（薪酬区间）变宽了。

换句话说，它将传统薪酬模式中的薪级变少了，将薪档变多了。在传统薪酬模式中，一个组织可能有30个薪级，甚至更多，而每个薪级可能只有一两个薪档。在宽带薪酬模式中，它可以将薪级压缩到10个以内，而每个薪级增加到五个薪档，甚至更多。

这样的设计有什么好处呢？

我们都知道，薪级是由岗位价值决定的，薪档是由员工能力决定的。压缩薪级，增加薪档，其本质就是降低岗位价值的影响，强调员工能力的影响。结合现代企业扁平化、流程式的管理制度发展趋势，你是否已经发现端倪了呢？

是的，宽带薪酬完美地契合了企业的扁平化管理潮流。薪级变少，岗位对薪酬的影响力减弱。以往需要"向上爬"才能得到更高的薪酬，现在层级少了，"向上爬"这条路行不通了，员工们就得另辟蹊径，寻找其他的涨薪之路。那就是朝着薪档所代表的"能力"方向努力发展。在宽带薪酬中，一名初级员工也许只能拿到3000元/月的工资，而一名资深员工却可以得到15 000元/月的工资。如此悬殊的差距，成功地将员工的视线从"职位提升"转移到"能力提升"上。

只要员工的能力足够强，进步足够快，不需要升职，薪酬也能节节攀升。在以能力主导的宽带薪酬中，一名资深的技术员只要技术足够出色，他的薪酬甚至可能超过自己的领导。这样的例子在许多扁平化管理的企业里屡见不鲜，其激励效果也十分显著。

最重要的是，通过提升能力的方式来加薪，对于企业里的绝大多数人来说，远比"走独木桥式"的升职加薪更有盼头，也更能激起他们的工作热情和发展动力。毕竟升职加薪的位置可能只有一个，往往是不能掌控的，但能力提升却可以由自己做主。

第四章
强化：绩效薪酬

郭士纳：让绩效说话吧

IBM 有着令人羡慕的名声。它有上百年的历史，是全球最大的信息技术解决方案提供者，它是世界上经营最好、管理最棒的公司之一。

有人曾说，电脑的历史，就是 IBM 的历史。

比尔·盖茨由衷地赞扬，IBM 才是计算机行业真正的王者。

美国《时代杂志》对 IBM 更是不吝赞美之词，称：没有哪一家企业能像 IBM 一样，对人类的生产和生活产生如此的影响力。

但是，很少有人知道，这家人人称道，号称"蓝色巨人"的超级公司，在 20 世纪 90 年代却一度萎靡不振，险些破产倒闭。

IBM 创立于 1911 年，早期主要从事商业打印机研发制作。不久之后，公司交由老沃森管理。老沃森提出了公司的三大信仰：精益求精、尊重个人、高品质客户服务。

三大信仰成为之后几十年 IBM 企业文化的核心。

在老沃森的带领下，IBM 扩大经营范围，迎来了高速发展。第二次世界大战时期，他们为盟军生产武器装备，收益颇丰。第二次世界大战后，老沃森资助艾肯研发出世界上第一台通用自动计算机——自动程控计算机。

敏锐的商业嗅觉告诉老沃森，这种计算机的问世，不仅将改变世界，还将改变整个公司的命运。

于是，老沃森迅速下令，让IBM集中力量研发世界上最好、最快、最厉害的电脑。从此，IBM将自己的业务重心放到了计算机的研发和生产上。其后几十年，在历任董事长的管理下，IBM围绕着计算机大做文章，很快成为行业的佼佼者。

然而，到了20世纪80年代，随着公司越来越大，员工越来越多，体系越来越庞杂，IBM的官僚气息也越来越严重了。

1985年，约翰·埃克斯接手IBM，成为新任董事长，彻底地揭示了IBM在管理上的问题。创始人老沃森推崇的三大信仰经历了几十年的发展，到了这个时候已经彻底变了味："精益求精"成了员工拖延工作进度的借口，"尊重个人"成为员工自由散漫、不受约束的说辞，"高品质客户服务"也成为一纸空谈，员工们都在老顾客的身上打主意，等着吃老本。

到了20世纪90年代初，IBM已经是经济下滑和严重亏损的公司。IBM曾是一个万人敬仰的超级巨无霸，这个时候却已病入膏肓，无可救药。

见此情景，约翰·埃克斯深感无力回天，于1993年1月提交辞呈。董事长的离开无疑使处境艰难的IBM雪上加霜。

大量媒体在报道IBM时，都声称IBM的一只脚已经迈入坟墓。接下来，另一只脚也将迈进坟墓——盖上棺材只是时间问题。

但是在1993年4月1号，IBM在死亡边缘做了最后一次挣扎。

IBM在纽约希尔顿饭店召开了一次不同寻常的记者招待会。这次记者招待会招来了很多记者，"长枪短炮"的焦点聚焦在台上，大家都在关注是哪个"倒霉蛋儿"要接手这个烂摊子？

结果，"食品大王"路易斯·郭士纳成了这个"倒霉蛋儿"。

当时，不但没有人看好郭士纳，甚至还有人嘲讽：让一个卖薯片的家伙来搞芯片，看来 IBM 真是要完蛋了。

面对质疑和嘲讽，郭士纳并没有反击。记者招待会结束后，他马不停蹄地飞往 IBM 总部，召集 50 名公司高层，一个个地听取汇报。

在研究了高层们的报告后，他意识到公司在战略、文化和管理上都出了问题。至于解决的办法，他只给出了两个字：务实。

郭士纳对所有人说："IBM 现在不需要远景规划，我们需要一系列务实的、行之有效的战略并付诸执行……员工不会做主管期望的事情，只会做主管监督的事情，所以我们必须要有务实的文化。"

短短两句话，却一下子点出了 IBM 的病灶。

随后，郭士纳在 IBM 原有的战略上做出改变，提出主攻集成产品开发，规范开发流程，将公司的战略重心从硬件生产转移到软件研究上。

同时，他还对老沃森的"三大信仰"进行了改造，倡导"绩效文化"，强调员工"力争取胜、坚决执行和团队精神"。

为此，IBM 设计了一套名叫"个人承诺计划"的绩效管理体系，让员工对自己接下来一年的工作目标做出计划。计划提交到上级领导手中，双方会进行充分的研究和讨论，最终达成共识。

这份计划就是每位员工的军令状。一旦确定，无论多么困难，都要想尽办法去实现。

在考察员工能力、决定员工薪酬待遇以及是否提拔等问题上，公司都会参考员工的"个人承诺计划"，尤其是以下三方面的承诺。

第一，对"取胜"的承诺：IBM 不喜欢平庸的员工，更不喜欢平庸的计划。公司鼓励员工拥有必胜的决心，在制定目标时，要尽可能考虑自己所能达到的最佳结果。

第二，对"执行"的承诺：IBM 不允许员工玩概念搞形式，更不允许员工光说不做。IBM 认为，只有承诺、计划和目标是远远不够的，员工需要不断地去做、去尝试、去超越，才能实现更高的目标，达成更好的结果。在公司里，员工永远只有一件事儿，执行、执行、再执行。

第三，对"团队"的承诺：在 IBM 看来，团队意识是员工的第一品质。每位员工都必须实现良好的沟通,在工作中通力合作才能更好地完成任务。所以,大家必须共同工作,共同进步,共同完成目标,每个人都必须具备团队精神。

当然,作为"绩效文化"的另一部分,郭士纳还为员工设计了畅通无阻的涨薪通道。

郭士纳要求,作为员工完成绩效的回报,公司要为员工主动涨薪,各部门经理需要具备主动涨薪的意识。不能等到员工要求时才想到涨薪,而是要在业绩足够好时就要考虑到员工的涨薪问题。

如果一名优秀的员工发现自己的办公桌上只有"个人承诺计划",却没有涨薪条,他可以直接找经理理论,或者通过意见反馈,向公司反映情况,状告自己的经理不作为。

如果这两条方法都不行,员工还可以直接给郭士纳写信,或者给他发一个电子邮件,直言不讳地说明情况,让郭士纳亲自出面,为他解决问题。

有时候,郭士纳还会故意在公司闲逛,就是为了等员工向自己反映情况,处理员工的薪酬问题,不让优秀员工吃亏。

郭士纳从众人口中的"门外汉"变成了拯救IBM的"救世主",利用一系列措施,他不仅改变了员工自由散漫的工作作风,让员工保持务实的工作态度,不断追求卓越,超越自己,做到最好,还把IBM从濒死的边缘拖了回来,为这个"蓝色巨人"的再次腾飞奠定了坚实的基础。

现如今,在IBM里,一谈到工作问题,员工们会很自然地说:"让绩效说话吧。"

第一节　如何让你的薪酬浮动起来

前些年,我曾给几家传统行业的企业做管理咨询服务。令我称奇的是,这几家企业无一例外地掉进了一个薪酬陷阱中:这几家企业大多数岗位的薪酬是"纯固定薪酬",即便有个别企业的薪酬有浮动,但也是名存实亡,无法落到实处。更有甚者,有一家企业甚至对研发人员和销售导向的员工也实行固定薪酬。

他们的薪酬问题由此而来,并在经年累月的积累下越发严重。最终显露出来时,就不得不寻求外界专家的帮助,进行"刮骨疗毒"式的治疗了。

纯固定薪酬就是将员工的总薪酬完全固定下来,变成一个静态的常量,员工无论表现如何都能获得同样的薪酬。

这种薪酬模式早在 18 世纪末 19 世纪初就已经出现。当时,经济学家亚当·斯密和大卫·李嘉图提出生存工资理论,认为工人的工资应该是个基本满足生存需求的常量。很多企业也遵循这一做法,不仅将工人的工资压得很低,而且是一个不变量。

随着时代的发展,纯固定薪酬越来越不适应市场环境的发展。大力推行纯固定薪酬模式的企业,最常见的是毫无生气的员工和一潭死水的企业状况。

到了 19 世纪中叶,经济学家约翰·穆勒提出工资基金理论,其中有一条认为:工人的工资是受到工人效率影响的。这一观点的提出极大地拓宽了企业的认知。到了 19 世纪中后期,计件工资制诞生了。计件工资制是绩效薪酬的前身,也是浮动薪酬的起点,更是对纯固定薪酬的一次"改良运动"。

一、企业的固浮比设计

什么是固浮比

现如今,越来越多的企业开始让薪酬"浮动"起来,从一个静态的常量变成一个动态的变量。

在这种浮动的薪酬模式中,员工的总薪酬往往由两部分构成:第一部分是固定薪酬，第二部分是浮动薪酬。

所谓固定薪酬，就是员工在正常出勤、不违反企业基本规定的情况下企业必须发放的薪酬，是员工每个月都可以固定拿到的薪酬。

所谓浮动薪酬，主要是将薪酬和员工的实际表现和绩效结果挂钩，与个人的价值创造和实际贡献进行强关联，员工需要凭借业绩来获得的薪酬。

我们经常提到的"底薪+提成""基本工资+绩效奖""固定工资+奖金"，其本质都是"固定薪酬+浮动薪酬"的模式。之所以将薪酬分为固定薪酬和浮动薪酬两个部分，既是由薪酬的作用和性质决定的，同时也是为了满足员工的人性期待。

马斯洛需求层级理论告诉我们，人性中有对生存、安全和归属的需求。为了满足员工的这些需求，企业就必须保证自己的薪酬具备相应的属性，因此企业需要将员工总薪酬中的一部分固定下来，变成员工相对稳定的收入，使其能保障自身的生存和安全（经济安全和生存发展安全）的需求，同时以固定薪酬为纽带与企业联结在一起，产生归属感。

不过，人性中除了对生存、安全和归属的需求，还渴望挑战、发展、提升和自我价值的实现。如果薪酬是固定的，就会扼杀员工的发展动力，将这些更为高级、更加强劲的内驱力抹杀。员工会掉落到"怠惰"的恶性循环中，他们的想法是：反正都是这么点儿工资，干多干少有什么区别呢？都是5000元/月的工资，多干不如少干，少干不如不干。

比如网络上有一个风趣的段子：上班努力工作，等于给老板打工；上班摸鱼，那才叫赚钱！

这个段子看似好笑，背后的本质则是固定工资引发的员工动力缺失问题。在缺乏浮动薪酬的状态下，员工找不到努力工作的动力，他们会自然而然地认为所做的一切只不过是为老板打工，并不会联想到自身，更不会与自己的未来、发展、前途命运绑定。

面对这种情况，企业的最佳选择是让薪酬浮动起来。让企业薪酬浮动起来的最好办法就是设置固浮比。

所谓固浮比，就是固定薪酬和浮动薪酬之间的比例关系，它是我们设计固定薪酬和浮动薪酬的关键，用一个简单的公式表示，就是：

固浮比＝固定薪酬∶浮动薪酬

固定薪酬就是企业必须发放的薪酬，是静态常量。在第二章和第三章的内容中，我们知道岗位薪酬体现的是岗位价值，能力薪酬体现的是员工的能力价值。只要岗位不变，能力不变，这两部分构成的薪酬也可以被视为一个静态常量。

事实上，岗位价值和个人能力的变化往往需要经历一个漫长的周期。因此，在一定周期内，岗位薪酬和能力薪酬往往会保持一个相对稳定的状态，短时间内不会有太大的变化，浮动性小，相对比较固定，因此常被视为固定薪酬。

相较之下，另外一些薪酬模式的浮动性非常强，变化周期很短，且幅度很大。有时候，上个月你可以拿到上万元的薪酬，下个月却只能拿到几千元的薪酬。这类薪酬模式往往与员工的业绩结果和具体表现直接关联，存在极强的波动性，因此形成浮动薪酬。

企业的固浮比设置

对于企业来说，固浮比是一个十分重要的薪酬问题。一方面，固浮比的设置是决定薪酬保障性和激励性的关键因素，对员工的激励和保障有着直接的影响；另一方面，固定薪酬和浮动薪酬的占比情况很大程度上会影响员工的薪酬收入水平，对企业内部的公平感知和外部的人才吸引都有着很重大的影响。

浮动性太强，会使员工倍感压力，在促使他们努力拼搏的同时，也会削弱他们的安全感和归属感，产生一种"身若浮萍风飘絮"的感觉。久而久之，员工会感到疲惫、厌倦、失望，甚至是反感，最终可能选择离开。

浮动性太弱，薪酬会固化，对员工的激励性会变得不足，也会让组织内部变得僵化，缺乏内驱力，员工过一天算一天，开始混日子，最终影响企业文化和工作效率。

因此，在企业的薪酬设计中，固浮比的设置往往是重要环节。因为它是固定薪酬和浮动薪酬的桥梁，衔接着这两个部分的薪酬部分。所以，企业必须认真思考固定薪酬和浮动薪酬的占比情况。通常来说，按照占比情况的不同，薪酬固浮比可以分为三种模式：弹性模式、稳定模式和折中模式，如图4-1所示。

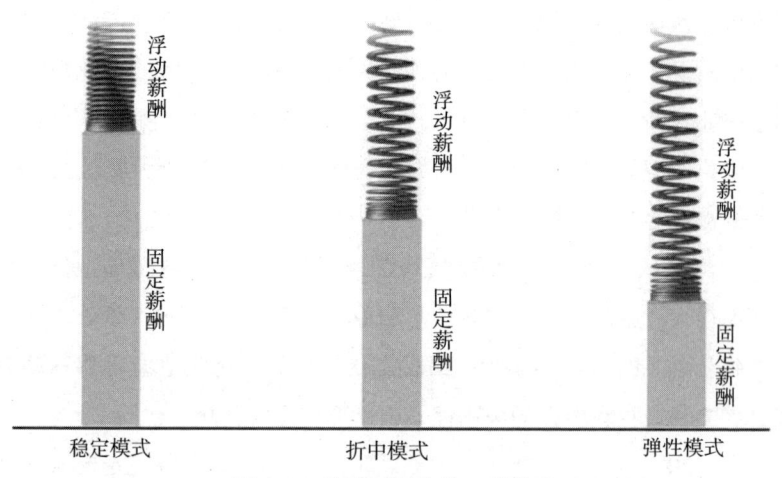

图4-1　薪酬固浮比的三种模式

关于这三种模式，我们已经在第一章第四节做过介绍。

弹性模式通常是指固定薪酬在40%以下，浮动薪酬在60%以上，具备较强浮动性的薪酬结构模式。它的特点是浮动性强、激励性更大，往往被用在销售导向型的岗位，或者企业的副总裁、总经理、总监等高管类岗位上。

稳定模式通常是指固定薪酬在60%以上，浮动薪酬在40%以下，具备较强稳定性的薪酬结构模式。它的特点是稳定性强、保障性更好，能满足员工的安全需求，能使员工获得稳定的收入，往往被用在企业的行政岗位、财务岗位、人力资源岗位等对业绩要求不高，或者对组织业绩没有直接影响的岗位上。

折中模式是介于弹性模式和稳定模式之间，固定薪酬和浮动薪酬各占50%的薪酬结构。采用折中模式的岗位有着一定的业绩要求，并对整个组织的业绩有一定影响，同时又需要具有相对的稳定性和安全感，比如技术研发岗位、生产工艺岗位等。

固浮比的设置一般会根据企业的薪酬水平策略和薪酬结构策略来制定。理论上讲，企业薪酬固浮比需要具备以下两大显著特征。

第一，职级越高，浮动性越强。薪酬浮动性往往会随着职位的提升而变强。对于大多数基层岗位，由于其肩负的责任较小，价值创造较低，对企业的影响也不大，所以其业绩对薪酬的影响力也不明显。

但是，随着职位的提升，员工肩负的责任会越来越大，对企业的影响也会越来越明显。比如企业的高管层，某个决策的失误就可能导致企业陷入危机。这时候，我们必须强调业绩的重要性，让他们为自己的决策负责。

具体而言，对于专员、总监、高管的固浮比设置而言，总监的浮动性肯定要大于专员，高管的浮动性肯定要大于总监。一般来说，专员的固浮比如果设置为8∶2，那么总监的固浮比就要低于这个比例，一般达到6∶4左右，高管的固浮比则要更低，达到5∶5，或者4∶6。

第二，越偏销售导向型的岗位，浮动性越强。很多老板都有心得，销售类岗位的薪酬一定要有浮动性。

这一点很容易理解，因为如果销售人员的固定薪酬太高，会让销售人员过度依赖固定薪酬，导致他们"磨洋工"，无法将心思用在产品销售上。因此，在同一组织内，销售类岗位的薪酬的浮动性往往会比其他岗位的薪酬大很多。

当然，企业到底采用哪种薪酬固浮比，需要视企业的实际情况而定，除了要根据自身的薪酬策略制定相应的薪酬结构，还需要考虑岗位的业绩影响程度、岗位业绩的可量化程度和企业所处的发展周期等因素，有时甚至还要考虑行业的基本规则。

比如，对于一些业绩容易量化的岗位，如一线生产岗位、销售岗位的固浮比设置，往往可以采用较为弹性的模式；对于一些业绩不容易量化的岗位，如文案岗位、策划岗位等，一般采取相对稳定的模式。

另外，当企业处于创业期和成长期时，也可以适当调高浮动薪酬的比例，利用弹性模式配合中长期激励手段来激发员工的创业激情和工作热情。当企业处于成熟期时，就可以适当降低浮动薪酬的比例，让薪酬激励变得稳定和可持续，以此来增强员工的安全感、保障性，保证企业的持续和稳定发展。

二、什么是绩效薪酬

关于固浮比的重要性，我们如何强调都不为过。通过它，企业可以自行调节固定薪酬和浮动薪酬的比例，从而让企业薪酬在保障性和挑战性中找到平衡点，支撑企业的战略意图，实现企业的薪酬目标。

在浮动薪酬中，绩效薪酬绝对是核心中的核心，是我们设计浮动薪酬乃至整个薪酬体系的关键环节，是我们强化薪酬激励效果、彻底激活企业的重要方法，是老板不可不知的薪酬内容。不过长期以来，很多人对绩效薪酬存在错误的认知，甚至不知道绩效薪酬到底为何物。

所谓绩效薪酬，就是跟员工的绩效表现和业绩结果挂钩，随绩效的变化而变化的薪酬模式。

"绩效"的概念最早可以追溯到16、17世纪。那时候，人们已经有了按劳动贡献支付薪酬的思想。

不过，真正意义上的绩效直到19世纪中叶才开始正式推广。约翰·穆勒首次提出按照工人效率支付工资的观点，被认为是将绩效与薪酬挂钩的最早方案。到了19世纪后期，很多工厂为了提高工作效率，在工人的薪酬中设置了计件工资制，按照工人完成的工作量或加工的产品数量支付薪酬。同一时期，计时工资制也出现了。这是一种按照工作时间长短计算薪酬的模式，其本质也是对员工绩效支付薪酬。

20世纪40年代，工作分析、关键事件记录等方法迎来大发展，又一次促进了绩效的发展。20世纪80年代之后，绩效作为人力资源管理不可或缺的部分，正式进入大多数公司。

不过，时至今日，人们对绩效的理解仍然存在分歧。有人认为，绩效就是看员工的工作效率；有人认为，绩效就是关注员工的工作结果；还有人认为，绩效是工作结果和工作效率的综合考量。那么，绩效究竟是什么呢？

开往澳大利亚的犯人运送船

18世纪末，英国有一条法规：将犯人发配到遥远的澳大利亚去，充当移民和劳工。

为了节省开支，英国政府将运送犯人的工作承包给私人船主，并按照离开英国本土时船上所运犯人的数量给予船主相应的报酬。

由于政府对船只没有严格的要求，为了牟取暴利，私人船主所用的运送船都很破旧，船上设备简陋，没有医疗用品，更没有随行的医疗人员。一些极端的船主为了节省开支，甚至会故意断水断粮。

结果，没有食物吃、没有水喝、生病没法看医生的犯人在运送途中出现大量的死亡。一些运送船抵达澳大利亚时，甚至有超过1/3的人已经死掉，被抛进海里。

政策落实不到位触动了英国政府，政府做出决定：每艘运送船都要派官员监视，还要配备专门的随行医生，并且对食物和水做出了要求。即便如此，犯人的死亡率还是居高不下，甚至就连派去的监察官员和随行医生也会莫名其妙地死亡。

这时候，一名英国议员向政府提议：不要按上船的人数给私人船主们发钱，要以抵达澳大利亚口岸的人数为基础支付他们报酬。

这个办法一实行，问题迎刃而解。

为了赚更多的钱，私人船主们就得让更多犯人活着抵达终点。于是，他们改良船只，改善船内环境，主动配置随行医生，并给予犯人稳定的口粮和饮用水。从此，犯人的死亡率大幅下降。

这位英国议员"唯结果论报酬"的方法就是20世纪上半叶以前对绩效的普遍认知：绩效就是结果，结果就是绩效。早期的计件薪酬、计时薪酬都是这类观点的典型代表。

在这种认知下，企业更看中员工的结果，更注重结果的考核，并通过结果对员工进行评估和判定。

不过，人们很快发现这种"唯结果论报酬"的方法也存在一定的缺陷，于是有人提出"肥田瘦地"的观点。

"肥田"和"瘦地"

随着社会的发展，工作种类越来越多，工作内容越来越复杂，人们开始思考：只看结果的绩效形式真的那么有效吗？

从下面的故事中我们或许可以窥见一斑。

从前有一个地主，让甲、乙两个长工为自己种地，并告诉他们，谁种地种得好，产的粮食多，他就分给那个人更多的粮食。

于是，地主分别给两人一块地，让两人去种。甲长工分到的地靠近河边，水源充足，土壤肥沃，是一块"肥田"；乙分到的地在山坡上，水源不足，土壤贫瘠，是一块"瘦地"。

结果，由于靠近水源、土壤肥沃，甲长工常常在树下乘凉，几乎不费力气，便有很好的收成；可是乙长工一年到头，勤勤恳恳，天天往山上挑水施肥，地里还是没产出多少粮食。

到了秋收季节，地主来收粮，发现甲产的粮食多，乙产的粮食少，便把更多的"奖励"分给了甲长工，乙只能眼巴巴地看着。

乙很不服气，向地主抱怨：甲收成高，完全是因为你分给他的土地好，他一点贡献都没有。要是你也分给我一块好地，我的收成一定比他好得多！

从这个故事里，我们有什么启发呢？

小米创始人雷军有句名言：站在风口，猪都能飞起来。

有时候，工作结果的好坏往往与员工没有必然的联系。处在红利期的员工，往往无须凭借自己的本事就能获得很好的业绩结果；可是，处于非红利期的员工，往往竭尽全力也无法实现同样的业绩结果。

这就像故事里的两名长工一样：甲长工不用努力就能有好收成，因为他靠着"肥田"；乙长工累死累活，到头来收成却少得可怜，因为他只有一块"瘦地"。

前些年电商行业刚刚发展起来时，部分电商平台光是客服人员就能月入数万元。可是，随着行业红利的褪去，这些客服人员失去了"肥田"，收入直线下降。一些客服人员的"品味"已经树立起来，再也无法接受低薪酬，于是辞掉工作，另谋高就。可是，他们很难再找到数万元月薪的工作了。

人们意识到，只看业绩结果往往很难对员工的绩效进行准确的评判。于是，人们对绩效的看法发生了改变：所谓"绩效"，应该是"绩"和"效"两方面的有机结合。绩，指的是业绩、成绩，也就是结果，是产出；效，是指效率、效能，是执行工作的情况，是工作的过程，是员工的投入。既考虑投入，又考虑产出，真正衡量员工对企业的贡献和价值创造，从而针对性地给予薪酬激励，这才是真正意义上的绩效薪酬。

第二节　学会这三种绩效薪酬，解决企业99%的烦恼

早些年，一些医院的医患纠纷闹得沸沸扬扬，一度使医护人员和病患人员陷入困扰。其中有一部分困扰实际上属于薪酬设计问题。

几年前，在广东省有一家规模不算大的医院，新上任的院长为了改善医院的经营状况，提出对医院的薪酬体制进行改革。

薪酬改革原本是一件好事。可是，问题很快就出现了。这家医院为了提高收入，同时提升医护人员的工作主动性，决定向市场上的部分公司学习，实行业务提成模式。

这个方案一出来，短期内确实大幅提高了医院的收入。同时，医护人员也从业务提成中获得了更多的薪酬。可是不到半年的时间，层出不穷的问题就缠上了这家医院。

在实行业务提成模式后，医院里发生了越来越多的"医患纠纷"。大量病患家属堵在医院门口抗议，甚至和医生大打出手，把医院闹得鸡犬不宁。

原来，这家医院实行业务提成模式后，医生和护士的工资高低和医院的创收情况直接挂钩。这导致很多医生想尽办法给病人开更贵的药、更多的药。一个小感冒就能开出六七种药来，价格少则几百元，动辄上千元，这导致了不少的"医患纠纷"。无奈之下，这位院长叫停了业务提成模式。

这种情况曾经在很多医院很常见。一些医院在薪酬改革中没有把握好方法，草率地借鉴了企业里的绩效薪酬，结果使医院变成了"功利组织"，导致了不少的"医患纠纷"。近年来，在国家卫生健康委员会发布的"九不准"中明确规定：医疗体系的绩效评价体系必须科学合理，不准下创收指标，不准将奖金、工资与药品、医疗检查等业务挂钩。

与这家医院的情况类似，很多企业在实行绩效薪酬的时候往往也会遭遇各种问题，其中最常见的问题就是：企业里的员工到底适用哪种绩效薪酬呢？

常见的绩效薪酬有三大类型：个人量化型绩效薪酬、团队量化型绩效薪酬、目标型绩效薪酬。三类绩效薪酬的适用范围、激励效果、为企业带来的影响都不相同，企业在选择绩效薪酬时需要视情况而定。

一、个人量化型绩效薪酬：为一线岗位定制的绩效薪酬模式

个人量化型绩效薪酬可以说是历史最久远、特点最鲜明、效果最

显著，同时也是问题最多、最受人诟病的绩效薪酬。

某种意义上来说，它甚至可以说是绩效薪酬的"牌面"，很多人对绩效薪酬的了解往往是从个人量化型绩效薪酬开始的。

所谓个人量化型绩效薪酬，就是根据员工个人所达成的业绩，按照一定的方法、标准和比例，进行提成核算的绩效薪酬模式。在个人量化型绩效薪酬中，员工完成多少业绩，就按照相应的标准进行提成。

常见的个人量化型绩效薪酬模式有三种：业务提成、计件薪酬、计时薪酬。

业务提成

在生活中我们总会遇到一些精力充沛、斗志昂扬的销售员，他们会在地铁口拉着我们问：要不要买房？要不要买车？要不要买保险？要不要买保健品？要不要买××新产品？

即便我们一直摆手，嘴上不停地说：谢谢，我暂时不考虑。他们还是会追着我们，劝我们再好好考虑考虑。

很多人很好奇，他们怎么会有这么大的热情，这么急切地给路人推销产品呢？他们的动力是从哪里来的呢？

他们的动力来源就是"业务提成"。

1. 什么是业务提成

所谓业务提成，就是根据员工的业务绩效，将企业盈利按照某类指标和比例，在企业和员工之间进行利益分成。比如，一些企业会把销售额当作提成指标，设置一定的比例给员工提成；一些企业会把毛利润作为指标，给员工设置提成；还有一些企业会把回款额度当作指标，给员工设置提成。

在业务提成模式中，由于员工的大部分收入和业绩直接挂钩，干得好很容易"发大财"，干不好这个月就只能"喝西北风"。所以，在利益、欲望，甚至是虚荣心的驱动下，业务提成很容易激发员工的工作热情。为了多赚钱，员工会把所有心思花到"如何提高业绩"上来。因此，我们才会看到一些销售员顶风冒雨地在外面推销自己的产品。

最典型的案例如21世纪初阿里巴巴刚成立不久就实行的"金银铜考核"制度。"金银铜考核"制度按照销售员每月完成的订单量，将他们分为不同的等级。最高等级是金牌，其下是银牌，再往下是铜牌，最后是不锈钢牌。各个"牌级"的提成有高下之分，金牌的下月提成可以达到15%，银牌为10%，铜牌为6%，不锈钢牌的下月提成是0。

由于各个"牌级"之间的差距非常悬殊，"金牌"销售员一个月可以有上万元的收入，可是"不锈钢牌"销售员就只能拿微薄的固定工资。阿里巴巴的销售员为了得到高额的提成奖金，掀起了一股"撸起袖子拼命干"的狂潮。

用"拼命"二字形容他们一点也不夸张。他们会穿着廉价T恤、坐着拖拉机拜访客户；会背着装有文件和狗粮（专门对付工厂的狗）的硬皮文件包穿行于各个地方；会在余震中跑回公司，只为拿到公章，早点签订合同；甚至还会用"剃光头""裸奔"的方式激励自己，只是为了在业绩上超越同事，拿到"金牌"，获得更高的收入。

业务提成最大的优点是简单粗暴，很容易被员工们理解，员工们也很清楚自己在工作中可以获得什么。比如，某产品的业务提成是1个点，那么员工卖出价值100万元的产品，这个月就能拿到1万元的提成。这样简单的算术题，员工们心里一清二楚，激励作用很直接、很有效。更重要的是，员工们心中会下意识地认为他们是为自己而工作、为自己而奋斗的，而不单单是为老板打工。

不过，业务提成的争议也很明显。首先，它可能使企业的员工变得目光短浅，急功近利。业务提成的确使员工将精力放在了业绩上，不过员工们更关注自身的短期业绩，对公司的长远发展并不上心。

比如，某接线员按照业务提成计算绩效薪酬，为了提高业绩，他就会想尽办法多接电话。怎么才能多接电话呢？方法是减少每个电话的接话时间。为了达到这个目的，接线员很可能会不管顾客的感受，甚至会在顾客基本的问题都没有解决的情况下就直接挂掉电话。

这些接线员会想，反正我已经接了电话，这一单业务的提成已经到手，其他的和我有什么关系？顾客投诉，那是公司的问题，和我有什么关系呢？

针对这种误区，最好的解决办法就是在业务提成的基础上增加其他的考核项目，比如顾客满意度、被投诉率、问题解决率等，来约束员工的"短视"行为。

其次，业务提成也会让员工变得"偏科"。为了得到更多的提成、更高的薪酬，员工往往不愿意将精力花费在自己不熟悉或者不擅长的产品、业务和工作流程上，只愿意守在自己熟悉的领域。只有这样，他们才能创造更高的业绩，得到更多的报酬。可是，对于公司而言，这无异于压缩了公司的产品和业务范围，是不利于公司长期发展的。

业务提成作为我们最为熟悉的个人量化型绩效薪酬模式，其优点和争议都十分明显。通常来说，这种绩效模式往往被用在一些"通过强刺激来提升业绩"的岗位，比如销售岗位、客户经理岗位等。

2. 如何设计业务提成

业务提成在现实中十分常见，是一种颇受企业尤其是销售类企业青睐的薪酬模式。在很多销售导向型岗位上，业务提成广受追捧，所以它也被称作销售激励。

在这种模式下，员工的薪酬设计思路比较简单，通常采用"固定薪酬＋业务提成"的方法，也就是我们俗称的"底薪＋提成"，用公式表示就是：

员工薪酬总额＝固定薪酬＋业务提成（提成基数×提成比例）

其中，固定薪酬的设计可以采用我们在前面提到的"岗位薪酬＋能力薪酬"，通过设置薪级、薪档，对岗位和员工进行评估，来确定固定薪酬的具体数额。

提成基数需要根据企业自身的业务情况来确定。通常来说，提成基数需要使用最能代表企业业绩的某个指标，比如销售额、营业额、毛利润、净利润、回款额，等等。

提成比例是业务提成模式中最关键的一项。设计提成比例时，我们往往需要采取以下步骤。

（1）根据行业薪酬水平和市场薪酬状况预估员工的薪酬收入，以及企业需要向销售人员发放的薪酬。

（2）确定固浮比，预测员工浮动薪酬。为了增强对业务人员的激励效果，浮动薪酬最好设计为弹性模式，也就是浮动薪酬应该达到或超过员工总薪酬收入的60%，有些企业甚至会达到80%～90%，这是根据企业的薪酬策略、薪酬成本预算、自身营业情况和想要达到的效果而定的。确定了固浮比，我们就能根据员工的预估薪酬收入预测出员工的浮动薪酬，也就是员工的提成收入。

（3）确定员工的业务量。业务量的确定需要企业对当年的营业目标、市场环境和主要竞争对手情况进行分析。业务量可以是具体的销售额、成交单量、毛利润或者净利润，比如可以把业务量定为1000万元的销售额、200万元的净利润或者5000单的成交量等。

（4）根据预估的员工浮动薪酬和业务量计算出具体的提成比例。比如，某企业销售人员月浮动薪酬预估为5000元，其业务量为20万元的净利润。那么，我们就可以通过0.5万/20万×100%的公式，计算出该企业销售人员的提成比例为2.5%。

比如，某企业根据自身情况为业务人员设计业务提成薪酬。该企业首先梳理了业务人员的薪酬状况，结合市场上的薪酬水平，预估企业基层业务员的薪酬总收入大约在10 000元/月。

然后，该企业将10 000元/月的总薪酬，按照4∶6的固浮比，分为4000元/月的固定薪酬，以及6000元/月的绩效薪酬。

接着，这家企业确定了业务人员的业务量。最初，这家企业规定，只要每月完成20万元回款任务指标，业务员就能获得4000元的固定薪酬和6000元的绩效薪酬；如果无法完成20万元的业务量，业务员就只能获得4000元的固定薪酬。

但是，这种模式存在两个问题：第一，部分员工无法完成20万元的业务量，就只能获得4000元/月的固定薪酬，导致薪酬收入的落差过于悬殊，短期内容易导致大量员工出走，造成人才损失；第二，业绩达标者在完成目标值后缺乏动力，导致其不愿意挑战更高的回款额度，因而影响企业回款数额的提高。

为了解决以上问题，该企业决定对最初的模式进行改良。该企业仍以4:6的固浮比进行设计，将回款业务量作为提成因素，将业务量分成不同的区间，并根据预估的员工绩效收入和业务量计算出业务提成比例为7.5%。

最终，该企业得到的自己的业务提成新模式如下：12万元业务量为业务提成的最低标准，即业务人员完成12万元的回款任务，就能获得4000元/月的固定薪酬；回款业务量超过12万元，但没有超过20万元的部分，该企业按照7.5%的比例进行提成；回款业务量超过20万元，则超过部分按照9%的比例进行提成。

假设某业务人员完成了24万元的回款额度，那么他当月的总薪酬为：4000+7.5%×（20万-12万）+9%×（24万-20万）=13 600（元）。

业务提成是一种十分灵活的模式，在实际运用中，企业可以根据自身情况进行调整，比如上面这家企业设置的最低标准，还有一些企业设置的"封顶"机制，以在保证员工达到企业基本要求的同时，消除市场波动带来的不确定性。

当然，一些企业为了提高边际效应，发挥单个员工高业绩带来的巨大价值，在业务提成上也会采取"上不封顶"的方式，甚至会根据不同业务量来设定提成比例。比如，某企业规定员工完成的企业净利润在20万元以下，员工的提成比例为2.5%；在20万~50万元之间，提成比例提升到4%；在50万~100万元之间，提成比例提升到7%；100万元以上，提成比例达到12%。这样的规定往往更能激励员工创造高业绩，为企业带来高盈利。

计件/计时薪酬

1. 什么是计件/计时薪酬

计件/计时薪酬模式都起源于19世纪中后期的工厂。那时候，一些工厂为了刺激员工工作积极性，提高他们的工作效率，会按照工作时间和生产数量来计算员工的工资，于是产生了计件薪酬和计时薪酬。

计件薪酬和计时薪酬不仅在同一时代产生，而且还有很多相似之处，就像是一对孪生兄弟。它们的区别在于：一个按完成数量付薪，一个按工作时间付薪。

虽然它们已经诞生了上百年，但是在现在的企业和工厂中，它们仍然是十分常见的绩效薪酬模式。比如，一些航空公司规定，机长飞行一小时可以获得1000元，空姐飞行一小时可以获得300元，这就是典型的计时薪酬。很多学校给教师计算绩效时，往往会按照课时的多少来核算薪酬，这也可以算计时薪酬。很多工厂为了提高生产效率，会根据工人生产的产品数量来计算薪酬，这就是计件薪酬。某些企业搞全产品计价，职员卖出一个产品就能得到一定数额的薪酬，这其实也是计件薪酬。

由于计件/计时薪酬符合"多干多得、少干少得"的原则，所以大多数情况下，对于员工来说，其都有很强的激励性。并且，由于产品完成数量和工作时间一般由员工自己把握，所以员工对自己的薪酬也有着很清晰的了解，薪酬透明度很高。

不过，计件/计时薪酬也有一些缺点，比如功利性很强。在计件/计时薪酬模式下，公司里的产品、业务、工作都和金钱直接挂钩。员工在工作时经常会想：生产一件产品，我能赚多少钱？飞行一个小时，我能赚多少钱？生产一个零件，我能赚多少钱？

这样下去，员工就会变得"无利不起早"。

在公司派发工作任务时，员工会想：干这活儿我能赚到钱吗？能赚多少？有钱赚，我就干；没钱赚，我就懒得干。赚得多，我就多干；

赚得少,我就少干。

如此一来,员工就可能变得十分功利。久而久之,公司里会产生"功利主义"的文化。那个时候,领导下派任务会变得十分困难,甚至会出现求着员工办事的情况。

此外,在计时薪酬中,员工的工资与工作时间相关。工作时间越久,员工得到的薪酬越多,这样很容易出现"磨洋工"的情况。而在计件薪酬中,员工的工资与产品数量相关。生产的件数或卖出的产品越多,员工得到的薪酬也越多,在这种情况下,员工只关心产品数量的多少,不关心产品质量的好坏,很容易造成质量问题。

2. 如何设计计件/计时薪酬

计件薪酬和计时薪酬都属于按单价核算的薪酬模式。所谓按单价核算,就是先确定产品单价或者单位时间价格,然后根据数量(生产数量或时间长短)计算出员工的薪酬。

计件薪酬常常被用于工厂工人的薪酬设计,或者有明显数量产出属性的岗位。计时薪酬不仅可以用于工厂工人的薪酬设计,还可以用于很多普通的企业员工的薪酬设计。

这两种薪酬设计思路都是先计算出单位价值,再结合数量,计算出员工薪酬。其具体的计算方法为:

员工薪酬总额 = 固定薪酬 + 计件/计时薪酬(单价×数量)

其中,固定薪酬的设计可以采用我们在前面提到的"岗位薪酬 + 能力薪酬",通过设置薪级、薪档,对岗位和员工进行评估,来确定固定薪酬的具体数额。

计件薪酬需要通过"产品单价×员工的生产数量"来计算,计时薪酬需要通过"单位时间价格×员工的工作时长"来计算。

其中,计件薪酬的产品单价和计时薪酬的单位时间价格是影响和决定计件/计时薪酬的关键因素。所以,设置产品单价和单位时间价格往往是设计计件/计时薪酬的重点。

1）如何确定计件薪酬的产品单价

通常来说，产品单价的确定需要如下四步：①从企业成本、行业情况和市场薪酬水平出发，进行综合评估，预估某个岗位的具体薪酬价格；②确定固浮比，确定固定薪酬部分和浮动薪酬部分的比例；③用浮动薪酬除以工作时长，得出单位时间的平均薪酬标准；④使用单位时间的平均薪酬标准除以单位时间的劳动定额。具体计算如下列公式所示：

$$产品单价 = \frac{单位时间的平均薪酬标准}{单位时间的劳动定额}$$

比如，某工厂结合所在行业情况、市场薪酬水平以及自身薪酬成本预算，得出生产线上技术工人的月薪酬水平大概是6000元。该企业按照自身情况，将其固浮比设置为5:5，也就是3000元的固定薪酬和3000元的浮动薪酬。对于浮动薪酬部分，该企业用月浮动薪酬（3000元）除以月正常出勤天数（21.75天），再除以每天的工作时间（8小时），计算出每小时的薪酬数额约17元。该企业又通过工作日志写实法计算出该岗位标准的产品产出量为170件/时。最后，用单位时间内的薪酬数额除以单位时间内的产品产出量，即可得到产品单价：

$$产品单价 = \frac{17\ 元/时}{170\ 件/时} = 0.1\ 元/件$$

2）如何确定计时薪酬的单位时间价格

计时薪酬的单位时间价格和计件薪酬的产品单价的确定步骤有些类似，需要如下三步：①从企业情况和行业标准出发，对岗位的具体薪酬价格进行预估；②确定固浮比，确定固定薪酬部分和浮动薪酬部分的比例；③使用平均月浮动薪酬标准除以月度出勤小时数。它的计算公式如下：

$$单位时间价格 = \frac{平均月浮动薪酬标准}{月度出勤小时数}$$

比如，某工厂生产线上工人的月薪酬标准是6000元。该企业按照自身情况将其固浮比设置为5:5，也就是3000元的固定薪酬和3000元的浮动薪酬。月度法定的出勤小时数是174小时（21.75天×8小时），即可得出单位时间价格为17.2元：

$$单位时间价格 = \frac{3000\ 元/月}{174\ 小时/月} = 17.2\ 元/时$$

计件薪酬容易导致员工变得功利，计时薪酬容易使员工"磨洋工"。针对这类问题，企业在设计计件/计时薪酬时，需要额外增加一些考核指标，如生产效率、产品质量、完成率、一次性通过率、差异化产品完成率、出勤率、成本浪费等，还可以设置相应的考核系数，从而形成多维度的综合考核体系，避免"功利"行为和"磨洋工"情况的发生。

比如，某互联网企业对客服人员实行的计件薪酬就采用了类似的方法。

这家互联网企业根据自身情况和行业标准，预估客服人员的薪酬约为5500元/月，结合实际情况将客服人员的固浮比确定为4∶6，即固定薪酬为2200元，浮动薪酬（主要为绩效）预估为3300元。

然后，该企业根据出勤时间及单位时间接听电话数量计算出客服人员每单电话的价格为0.8元。于是，按照这个标准在客服团队中推广。

不过，这一政策实行不久后就出现了明显的问题：客服人员为了得到更高的薪酬会想尽办法提高电话接听数量。有时候，客服人员甚至会在没有完成接听服务的情况下就擅自挂掉电话，导致客户投诉事件不断增加，严重影响企业形象。

为了解决这一问题，该企业重新审视原有的计件薪酬模式，决定对客服人员的服务质量进行考评，将客户满意度纳入考核范围。为此，这家互联网企业设计了两种方案。

方案一：在原本的计件薪酬基础上增加一项"客户满意度"考核系数。客服满意度为90%，该系数就是0.9；客户满意度为85%，该系数就是0.85；以此类推。客服人员需要使用原本的计件薪酬乘以"客户满意度"系数，才能得到最终的计件薪酬数额即员工薪酬总额，其公式如下：

员工薪酬总额＝固定薪酬＋计件薪酬×考核系数

方案二：在原本的计件薪酬基础上，按照"客户满意度"的高低对客服人员设置不同的评价区间，每个区间设置一定的考核区间系数。比如，客户满意度在80%～90%，系数就按0.8计算；客户满意度在90%～95%，系数就按0.9计算；客户满意度在95%～98%，系数就按0.95计算；客户满意度在98%～100%（未达到100%），系数就按0.98计算，客户满意度达到100%，系数就按1.0计算。

在这种方法中，企业只需要使用"客户满意度"所在范围区间对应的考核区间系数乘以计件薪酬，即可得到考核后的计件薪酬数额即员工薪酬总额，其公式如下：

员工薪酬总额＝固定薪酬＋计件薪酬×考核区间系数

同时，两种方案均规定：客户满意度低于80%，考核系数均为0，即客服人员不合格，只能获得固定薪酬。

从具体操作上来说，两种方案都是可行的。不过，该企业考虑到设置考核区间系数的激励性更强，最终选择了方案二。

假设该企业某客服人员的固定薪酬为2200元/月。已知该企业规定客服人员每接一个电话可以获得0.8元，小李该月每天平均接听电话205个，工作天数为22天。通过客户满意度调查，得知其好评率为97%。由此，我们便可以计算出小李该月的薪酬为：2200元＋0.8元/个×205个/天×22天×0.95＝5627.6元。

二、团队量化型绩效薪酬：为项目团队打造的绩效薪酬模式

在很多企业里，项目团队模式正在成为主流。在一项调查中，在《财富》杂志世界500强企业中，50%以上都提倡员工在团队中工作；68%的美国小型制造业在生产管理中采用团队模式；几乎所有的高新科技公司都在使用项目团队模式来达成业绩。

而在另一项调查中，"90后"一代和"00后"一代更愿意参与团

队中的工作,而不是在传统组织体系里工作。其原因是,他们更希望办公室坐着的是并肩拼搏、一起奋斗的伙伴,而不单单只是同一个屋檐下的同事。可以预见,随着这两代人逐渐走入职场和成为主力军,团队模式也会成为他们最为希望和信赖的工作方式。

在可预见的未来,项目团队模式将成为更多企业的主流形式。随着项目团队模式的流行,薪酬激励的主体也将慢慢从"岗位"和"个人"过渡到"项目/任务"和"团队"。

其实,这种现象并不稀奇,早在2006年,华为开始实行的"铁三角"模式就是典型的项目团队模式。

当年,华为在苏丹(2011年分为南苏丹、苏丹)的竞标中遭遇挫折。经过反思,大家认为竞标失败的原因主要是各部门、人员之间的关系太复杂,且交流不畅,每个员工只关心自己的"一亩三分地",客户反映的问题与自己无关就高高挂起,导致企业不能及时、充分、有效地掌握和解决客户的问题。

为了打破这种困局,华为决定打破组织内"楚河汉界"的划分,以客户为中心,将各部门的人员进行整合,形成一个以客户经理、方案经理、交付专家三者组成的"铁三角"团队。

"铁三角"团队打破了部门、个体之间的角色限制,成员之间不再是各自为战的散兵游勇,而是统一作战的"特种小队"。他们各司其职,同时又通力合作,一起解决客户反映的所有问题,从而实现了任正非所说的"让听得见炮声的人做决策",使组织对客户需求的反应变得更加敏捷。

韩都衣舍的"三人制"也是项目团队模式的典型代表。他们将设计师、销售员和采购员组合在一起,形成三人小组,负责某类产品的全流程管理。比如,某团队在企业随意挑选10万元的产品,然后进行独立的创意、设计,最后通过渠道放到网店去卖。这10万元的产品赚到的钱,30%回报公司,余下的70%归团队自己所有,团队成员自由分配。

在"三人制"模式下,韩都衣舍彻底激活了员工的热情。结果短短六年时间，韩都衣舍的年销售额就从当初的 20 万元猛增到 15 亿元。

当然，除了这一类新型的项目团队模式，在以工程建设、软件开发、管理咨询等为主要内容的公司，也会采取项目化、团队化运作的模式。

对于这些以项目团队为主的企业来说，如果使用针对个人的绩效薪酬模式，效果往往不尽如人意。这时候，就需要一种针对团队的绩效激励模式，这就是团队量化型绩效薪酬。

相较于个人量化型绩效薪酬，团队量化型绩效薪酬增加了对团队的绩效评估和考量，所以在设计团队量化型绩效薪酬时，其流程也更加复杂一些。按照分配流程的不同，团队量化型绩效薪酬需要经历两个阶段：第一阶段是团队薪酬分配，也就是大家俗称的"一次分配"；第二阶段是个人薪酬分配，也就是"二次分配"。

团队薪酬分配

1. 里程碑式

为了快速推进某项工作，或者减少工作中可能遭遇的阻力，很多企业会选择组建临时的项目团队。在这个团队中，大家按照角色分工，临时组织在一起形成一个整体，为完成某项工作而努力，比如一些工程建设团队、软件开发团队、技术研发攻坚团队、项目招标团队等。

类似这样的团队为完成某个项目而出现。当这个项目完结或者阶段性完结的时候，企业往往需要给予相应的激励，以感谢他们在项目中做出的贡献，同时激励员工在之后的项目中更加努力。

对这类项目团队的激励往往就是里程碑式激励。所谓里程碑式激励，就是每达到一个"里程碑"，企业就给予该团队相应的薪酬激励，比如完成某个项目、实现某个方案、研发某个产品，或者成功完成某种非常规的绩效表现，对这样阶段性的、里程碑式的成果进行激励。

一般来说，里程碑式激励有着明确的流程：首先，企业需要对项目进行"立项评估"，判断项目的价值、难度，团队成员的构成、角色、分工，以及各成员对团队的贡献度和对项目的重要程度。

然后，根据"立项评估"的结果为整个团队划分薪酬总额（团队奖金包）。

接着，在项目结束（或阶段性结束）之后，对项目进行考核，验收项目成果，并对团队成员的贡献度进行评估和考核。

最后，根据考核结果对团队薪酬进行划分，发放给团队成员。

2. 团队业绩式

现如今，在很多电商类型的公司或互联网企业里，我们经常可以看到一种新的团队合作模式。它们在企业内部组建一个个小组织，从企业的整体组织体系中独立出来，形成各自的团队单元。一个团队就可以完成一个独立工作流程，单独创造价值，自己核对成本、营业额和利润。

这种团队模式一般被认为最早见于稻盛和夫的"阿米巴"模式，即将组织按照生产流程分成若干个进行独立核算的小组织，从而使每个价值创造的环节都深度参与市场竞争。

比如，某陶瓷产品有四道生产流程：混合、成型、烧结、精加工。将四道流程的生产工人分成四个"阿米巴"。每一个"阿米巴"都是一个经营者，都有销售额、成本和利润。企业只需要规定一定的提成指标和提成比例，再根据各个"阿米巴"的业绩，就可以计算出不同团队的团队薪酬。

另一个典型的例子就是韩都衣舍的"三人制"。他们将设计师、销售员和采购员组合在一起，形成一个三人小组，负责某类产品的全流程管理。一旦形成小组，从创意、设计、原料采买到最后的销售都由这三个人负责，小组取得的业绩成果也由这三个人和企业共同共享。比如，韩都衣舍以小组产出的毛利润作为提成基数，为三人小组设置了一定的提成比例。该团队取得多少业绩，就能按提成比例获得相应的团队奖金包（团队薪酬总额）。有了团队奖金包，只需要按照团队中成员的贡献度进行人员薪酬分配即可。

个人薪酬分配

薪酬归根结底是要发到每个员工手里的。只有真正拿到手里，员工的内心才是踏实的。

所以，当我们确定了团队的分配方式后，就要把注意力放在团队成员的薪酬分配上来。通常而言，对于团队成员的激励，我们会按照角色分工的重要程度和贡献价值进行评估。

比如，一些企业会将团队成员分为项目负责人、核心成员、骨干成员、辅助成员，然后按照角色分工设置相应的角色分配系数，如项目负责人的角色分配系数是1.8，核心成员是1.2，骨干成员是0.8，辅助成员是0.5。

大多数时候，项目角色的分配不是单一的。比如一个团队的核心成员，可能有1人，也可能有3人，或者5人。在进行个人分配时，考虑到角色价值和角色人数，就能计算出个体的薪酬数额，其公式是：

$$团队成员奖金 = 团队奖金包 \times \frac{个人角色分配系数}{\Sigma(角色分配系数 \times 相应人数)}$$

比如，某团队中有1名负责人、4名核心成员、6名骨干成员和2名辅助成员。赵小民（化名）是该项目的负责人，他的角色系数是1.8，假设这个项目团队的团队奖金包为20万元，那么，通过上面的公式，我们可以得出赵小民的个人奖金是：

$$20\ 万元 \times \frac{1.8}{(1.8 \times 1 + 1.2 \times 4 + 0.8 \times 6 + 0.5 \times 2)} \approx 2.9\ 万元$$

除了这种角色分配方法，很多企业还会采用其他方法。一些企业会用团队成员原本所在岗位的薪酬基数作为参考，按照个人薪酬占团队总薪酬的比例来设计他的角色分配系数。比如，某团队中的技术员在未加入团队前属于技术研发部的技术员岗位，薪酬为9800元/月。该团队由4人组建，4人原本的薪酬总额为43 800元/月。那么，该技术员在这个项目团队中的角色分配系数就是9800元/月/43 800元/月≈0.22。

广东省沿海地区有一家大宗产品公司，其主要业务销售模式是招投标形式。早期，该公司业务范围较小，每次招投标项目时，该企业只需要根据项目的实际情况和各部门的人员分工情况，从不同的部门抽调人员组成项目小组，负责招投标事项。

随着业务的不断拓展，这种通过抽调人员组成项目小组的方法越来越难以适应市场的变化。为此，这家公司决定组建一批相对稳定的招投标项目团队。

每个项目团队主要由四类成员组成：商务拓展、项目经理、技术员和招投标主管。由于该企业之前做了较为完善的岗位价值评估和员工能力素质评估，确定了合理且完善的固定薪酬。并且，基于岗位和能力形成的固定薪酬也恰好可以匹配员工在该项目团队中所扮演角色的价值和贡献。所以，在设置招投标团队成员的项目绩效薪酬（奖金）比例时，该企业就是借助团队成员原本的固定薪酬作为依据和参考的。

以该企业"西南项目小组"为例。该项目小组共有4人，分别是商务拓展1名、项目经理1名、技术员1名和招投标主管1名，对应的固定薪酬数额分别为8000元/月、14 800元/月、9800元/月、11 200元/月。据此，可以计算出该项目小组所有人的固定薪酬总额为：8000元/月+14 800元/月+9800元/月+11 200元/月=43 800元/月。然后，该企业用每个人的固定薪酬除以项目小组总的固定薪酬（即43 800元/月），得到项目小组成员的角色分配系数，分别为商务拓展18%，项目经理34%、技术员22%、招投标主管26%。

当年7月，西南项目小组在竞标中成功获得200万元的大额订单。按该企业规定，项目团队可以获得订单量2.5%的提成。所以，该项目团队在这次竞标任务中可获得薪酬总额（团队奖金包）为200万元×2.5%=5万元。

根据团队中各成员的角色分配系数，这家企业计算出团队中4名成员的项目奖金分别为商务拓展9000元，项目经理17 000元、技术员11 000元、招投标主管13 000元。

加入绩效系数

企业在实际操作中往往会发现一个问题：团队成员的角色价值衡量出来了，成员的角色分配系数也划分好了，可是这些成员并没有按照我们预期的态度去努力工作，完成任务。

有时候，团队里甚至会出现浑水摸鱼、滥竽充数的人，他们不努力工作，不认真完成任务，绩效不达标。如果还按照原本的角色划分，分配他们同样的奖金，那么对于团队其他成员而言就太不公平了。

有时候，团队中某些成员很努力，他们的实际表现远远超过其他人，对团队的实际贡献超过了我们的预期，对团队的业绩贡献很大。这种情况下还一味按照规定的比例分配奖金，不仅对这些努力工作的人不公平，甚至还会挫伤其他员工的工作积极性。

这时候，我们应该怎么办？

最简单的办法就是对项目团队中的每个成员进行绩效考核，通过考核结果得到绩效系数。再在原本基础上加入这个绩效系数，对团队成员的价值进行绩效加权。其公式为：

$$个人绩效薪酬 = 团队薪酬总额 \times \left[\frac{个人角色分配系数 \times 个人绩效系数}{\Sigma(角色分配系数 \times 相应人数 \times 绩效系数)} \right]$$

比如，某企业一支团队由 1 名负责人、4 名核心成员、6 名骨干成员和 2 名辅助成员组成，对应的角色分配系数分别为：1.8、1.2、0.8 和 0.5。在项目完成后，该企业对项目成员进行绩效考核，得到所有人的绩效系数。其中，骨干成员小李的绩效系数是 0.9。假设该项目的团队薪酬总额为 20 万元，那么小李的个人绩效薪酬就是：

$$20\,万元 \times \frac{0.8 \times 0.9}{(1.8 \times 1 \times 1.2 + 1.2 \times 1 \times 0.8 + 1.2 \times 1 \times 0.9 + \cdots\cdots 0.5 \times 1 \times 1.1 + 0.5 \times 1 \times 0.9)} \approx 1.17\,万元$$

关于绩效系数，我会在下一节做详细的介绍。在这里，我们只需要清楚，相较于没有绩效系数的方法，这样做的好处在于：可以对团队运作过程中成员的表现进行实时的监管和评价，对员工的不良行为进行有效的约束，对员工的优异表现进行积极的鼓励。同时，根据实际表现和考核结果来衡量员工薪酬，真正发挥了绩效的作用和价值，更能体现公平性，有利于促进团队和谐。

现如今，团队量化型绩效薪酬模式正在受到越来越多企业的关注。这种模式有利于克服传统组织体系精细化分工带来的人员过多、效能低下等问题，对于集中核心力量，快速解决临时性的专项任务有着很好的效果，是企业可以借鉴和选择的薪酬设计重要模式。

三、目标型绩效薪酬：放之四海而皆准的绩效薪酬模式

很多企业喜欢让员工立"军令状"，或者和员工签"对赌协议"，比如某员工完成了某类产品的研发就可以获得5万元的奖金，某员工完成了500万元的销售额就能获得3万元的奖金，等等。尤其是对企业的中高层和关键性人才，这一招更是屡试不爽。

其实，诸如此类的模式更像是目标型绩效薪酬。所谓目标型绩效薪酬，就是企业根据员工的工作内容、岗位等，为其设定一些绩效目标，并给予相应的预期薪酬。简单来说，公司给员工设一个目标，员工达到这个目标就能得到对应的薪酬。

这种模式的特点是，将绩效考核的目标分解成不同的指标和动作，再通过员工的执行去完成这些指标和动作，从而实现企业的绩效目标。

当然，这些目标可以是量化的，也可以是非量化的。比如，企业给销售总监规定，只要完成500万元的销售额目标，就能获得3万元的绩效奖金，这是目标型绩效薪酬。同样，这家企业也可以规定，只要销售总监完成3个线下渠道拓展、2个线上渠道拓展、在区域内新增5个零售点，且销售利润达到20%以上，就可以获得5万元的绩效奖金，这也是目标型绩效薪酬。

通常来说，员工绩效目标往往是从企业战略中分解得到的，与企业整体目标有着极强的关联性，所以目标型绩效薪酬可以有效避免量化型绩效薪酬的诸多缺点，如员工的急功近利、自私自利、偏科短视等，可以让员工真正地服务于企业的长期利益。

和量化型绩效薪酬比起来，目标型绩效薪酬是一种"放之四海而皆准"的绩效薪酬模式。它既适合于生产、销售等一线岗位，也适合于行政、财务、人事等绩效难以量化的岗位。

目标型绩效薪酬是根据员工达成目标的情况来计算薪酬的。理论上来说，员工完成了什么样的目标就能获得什么样的薪酬。比如，员工完成了 70% 的目标就能获得 70% 的预期绩效薪酬，员工完成了 120% 的目标就能获得 120% 的预期绩效薪酬。

当然，在实践中，企业需要考虑成本支出、薪酬激励等一系列问题，会对具体的目标进行调试。不过，目标型绩效薪酬的逻辑是不变的，那就是对员工的目标达成程度进行激励。基于这一逻辑，实行目标型绩效薪酬的员工的薪酬往往可以采取如下的方法进行计算：

员工总薪酬＝固定薪酬＋目标型绩效薪酬（绩效薪酬基数×绩效系数）

其中，关于固定薪酬的设计，可以采用我们在前面提到的"岗位薪酬＋能力薪酬"，通过设置薪级、薪档，对岗位和员工进行评估，来确定固定薪酬的具体数额。

绩效薪酬基数的计算一般有两种方法：一种是根据固浮比来计算，另一种是根据浮动率来计算。

（1）根据固浮比来计算，固浮比的公式为：

固浮比＝固定薪酬∶绩效薪酬基数

比如，想要知道某企业高管的绩效薪酬基数，我们可以设其为 X，同时通过岗位和能力评估得到该高管的固定薪酬为 20 000 元/月，固浮比为 4∶6，利用公式，我们可以得到：

$$20\ 000 : X = 4 : 6$$

通过计算，X＝30 000 元，也就是说该企业高管的绩效薪酬基数为 30 000 元。

在这里，我们需要注意一个问题：在这个公式中，我们实际上把绩效薪酬基数当作了浮动薪酬。理论上来说，两者存在一定的区别。但是就现实而言，大多数企业的浮动薪酬主要就是由绩效薪酬构成的。所以，两者在一定程度上是可以等同的。

（2）根据浮动率来计算，其公式为：

绩效薪酬基数＝固定薪酬×浮动率

上面例子中的企业高管,其绩效薪酬基数也可以用这个公式来计算。首先,我们利用固浮比得到总经理岗位的浮动率为:

浮动率 = 浮动比值:固定比值 × 100% = 6:4 × 100% = 150%

然后,使用浮动率乘以固定薪酬,即可得到总经理的绩效薪酬基数:

绩效薪酬基数 = 20 000 元 × 150% = 30 000 元

可以看出,上面两种方法本质上来说都是利用固浮比来得到绩效薪酬基数。前者较为直接,计算过程较为简单。

绩效系数是目标型绩效薪酬计算的重中之重。绩效系数主要来源于企业的绩效考核。关于这一点,我们会在下一节做详细的介绍。

我们以一家企业为例。这是一家综合性集团企业。近年来,随着企业规模的不断扩大,为了进行高效管理,该企业设置了一系列的业务子公司和事业部。这导致职能团队的管理压力陡增,特别是财务体系、人力资源体系、行政体系和市场体系等的压力日益增加。为了缓解职能团队的压力,该企业在近两年时间里持续扩招职能人员。

为了对激增的职能人员进行有效管理,企业决定对职能人员的绩效薪酬进行改革,设计了专门的目标型绩效薪酬体系。

首先,该企业为职能人员设定整体的固浮比为 8:2,即固定薪酬占 80%,浮动薪酬(主要为绩效薪酬)占 20%。以行政部刚转正的文员小张为例,其所入职的薪级薪档为三级二档,固定薪酬为 4800 元/月。因此,该企业计算出其浮动薪酬为 4800 元/月/80% = 绩效薪酬/20%,即其绩效薪酬基数为 1200 元。

同时,该企业为所有职能岗位设置了相应的目标绩效指标,利用常规量化指标与岗位加分项相结合的形式,形成整体的目标完成率,并按照目标完成率划分区间,对每个区间制定了相应的绩效系数。比如,目标完成率(a)在 80% ~ 100%,绩效系数(b)为 0.8;目标完成率在 100% ~ 110%,绩效系数为 a;目标完成率在 110% ~ 120%,绩效系数为 a + 5%;目标完成率在 120% 以上,绩效系数为 a + 10%。某企业目标完成率与绩效系数对比表,如表 4-1 所示。

表 4-1　某企业目标完成率与绩效系数对比表

目标完成率（a）	绩效系数（b）
80% ≤ a < 100%	b = 0.8
100% ≤ a < 110%	b = a
110% ≤ a < 120%	b = a + 5%
a ≥ 120%	b = a + 10%

通过绩效考核,该企业得到所有职能人员的目标完成率。其中,文员小张的目标完成率为 115%,按照规定,其绩效系数为 a + 5%,也就是 115% + 5% = 120%。结合目标型绩效薪酬的计算公式,可以得出小张该月月薪为 4800 元 + 1200 元 × 120% = 6240 元。

值得注意的是,不管是量化型绩效薪酬,还是目标型绩效薪酬,都仅仅是绩效薪酬的表现形式,并没有优劣之分。我曾经服务的一些企业中,有采用目标型绩效薪酬的,也有采用量化型绩效薪酬的,经过专业的培训引导,他们都运用得很好,员工干劲十足,原因就在于所用模式考虑了企业自身的业务形态、商业模式、行业规则等多方面因素,当然,也都进行了适当的调整。

关于绩效薪酬模式的更多更具体的内容和工具,以及不同业务形态、商业模式和行业规则的相应绩效薪酬模式,读者可以通过扫描本书"结束语"后面的微信二维码,向作者索取相关资料。

第三节　绩效离不开管理,教你最简单的绩效目标制定、分解和考核

在很多管理咨询项目中,我发现了一个共同问题:大多数企业的绩效薪酬并没有问题,一些企业的绩效薪酬甚至可谓十分完善。但是,

它们最终还是遭遇了难以解决的问题，然后不得不求助外部的顾问团队和管理专家。

导致这些企业陷入绩效困境的并不是绩效薪酬，而是绩效管理。

所谓绩效管理，就是各级管理者和员工共同参与绩效目标制定、绩效指标分解、关键绩效指标提炼、绩效计划制定、绩效辅导沟通、绩效考核评估、绩效结果应用等流程，从而促进个人、部门和组织达成业绩，实现企业目标。

绩效管理是绩效薪酬的基础和前提。可以说，没有绩效管理，就不可能有绩效薪酬。同样，没有绩效薪酬，企业的绩效管理也不可能走得远。两者就像企业绩效体系的双脚，共同支撑着企业向前发展。

绩效管理是一个动态的、持续的、循环的管理过程。在这个过程中，企业首先需要根据自身战略制定企业总体目标。然后，将总体目标分解到各个部门和员工，形成部门和员工的关键性指标，并制定考核标准。接着，企业按照相应的标准，根据员工的关键性指标对员工进行绩效考核。最终，考核的结果将以绩效系数的形式作用于绩效薪酬，或者以具体的分值形式作用于其他的人力资源管理当中。

一、绘制"一司一图"，制定企业的绩效目标

前文中提到，所谓绩效就是员工的业绩结果和行为表现。也就是说，绩效是对员工工作过程和结果的综合考察。

那么，我们借以考察员工业绩结果和行为表现的依据是什么呢？我们怎么评判员工的表现和业绩是好还是坏？是合格还是不合格呢？

想要评判员工的表现和业绩就需要一个标准，这个标准就是目标。绩效考核的实质就是用员工的行为表现和业绩结果去匹配员工的目标。表现好于目标，就超越了预期，也就是我们俗称的"超标"；表现基本满足目标，就是达到预期目标，也就是"达标"；表现低于目标，没有达到预期，就是"不达标"或"低标"。

在绩效管理中，首要任务就是为员工制定科学的、合理的、合适的、符合企业和个人利益的绩效目标。

所谓绩效目标，是指企业和员工在工作开展之前，通过一定的标准设定相关的工作完成目标，以便对员工绩效进行客观的讨论、监督、衡量和考核。

绩效目标既不是凭空而得的，也不是企业管理者拍脑袋决定的，而是通过一些科学、合理的方法和流程得到的。

企业战略是企业愿景使命的承载，是企业发展的指引，是企业为之奋斗的方向。因此，在制定绩效目标时，首先需要从企业的战略高度出发制定总体目标，绘制战略地图。然后层层分解，得到部门和个人的绩效目标，从而形成企业有机的绩效目标体系。

在这里，战略地图的绘制是制定企业目标的关键。战略地图也就是我们俗称的"一司一图"，是用来描绘企业战略目标的工具。

绘制战略地图的关键就在于将企业概念化的战略转化成一些具体的、量化的指标和数据。在绘制战略地图时，我们需要借助一项专业的绩效管理工具——平衡计分卡。

平衡计分卡（Balanced Score Card，BSC）是从财务、客户、内部流程、学习与成长四个维度把企业战略落实为可操作的衡量指标和目标值的绩效管理方法。

平衡计分卡的起源

世界上第一张平衡计分卡诞生于一次意外的"邂逅"。1987年，哈佛商学院教授罗伯特·卡普兰接受ADI公司（亚德诺半导体技术有限公司）的邀请，参与企业的业绩管理考核。

卡普兰刚刚接到邀请的时候，并没有当回事儿。毕竟，他每天都能接到一大堆这样的公司邀请函。对于他来说，这种考核评估的专家邀请大多雷同，且十分枯燥。

可是，到了ADI公司的考核现场，他却惊讶地发现，这家公司的考核与众不同，充满新意。在考核过程中，ADI 公司专门安排了一个面对面交谈环节，并设计了一种独有的计分卡。

这种计分卡完全是 ADI 公司自创的，上面的内容也很简单：首先，简明扼要地罗列出股东、员工、客户、供应商和社区等几类利益相关者；然后，根据企业战略，在每类相关者下，列出三个战略重点项目，比如在"客户"一栏列出供货时间、及时交货、次品率三个战略重点，在"员工"一栏列出生产周期、流程错误率、产能三个战略重点；最后，也是最重要的一点，他们还在"计分卡"上单独列出"质量提升"栏，目的是在谈话中将抽象的预期目标转变成员工实际工作中的关键成功要素，写成具体的内容，形成一种绩效计划。

评估结果证明，这种计分卡非常有效。长期以来的经验告诉卡普兰，这种计分卡将来会非常流行。于是，他辗转找到诺朗顿研究所所长戴维·诺顿，让他做自己的学术顾问，一同研发和改进这种计分卡。1992 年，他们的研究收获了成果，世界上第一张平衡计分卡问世。

在这份平衡计分卡中，卡普兰将 ADI 公司计分卡上的股东、客户、员工和供应商等利益相关者整合为财务、客户、内部流程、学习与成长四大维度。

这种方法一经问世，便引起了欧美各国理论界和商业界的浓厚兴趣。一些企业家率先在自己的公司内部进行尝试，取得了非凡效果。如今，这种方法经过多年发展已经基本成熟，对于它的研究也较为完善。很多企业在实际应用中取得了不错的效果。

如何使用平衡计分卡制定企业目标

平衡计分卡的作用就是通过财务、客户、内部流程、学习与成长四个维度，将企业抽象的战略进行明确的归纳，并形成一个个清晰的绩效目标。

在这个过程中，企业首先需要明确自身的愿景使命。所谓愿景，就是企业的梦想，企业想变成什么样？企业的终极目标是什么？当企业达到这个目标时，会呈现何种景象？所谓使命，就是企业为何存在？企业的价值贡献是什么？企业的存在给世界带来了什么样的改变？

伟大的企业在成立之初都会构思自己的愿景使命，比如美团的使命是"帮大家吃得更好，生活更好"，愿景是"把世界送到消费者手中"；阿里巴巴的使命是"让天下没有难做的生意"，愿景是"让客户相会、工作和生活在阿里巴巴，并持续发展最少102年"。

然后，企业需要根据自身的愿景使命制定企业的阶段性战略。对于企业来说，愿景使命是人生理想，是终极目标，是企业的长远计划，是宏观和遥远的。

只有这个宏大的终极目标还不够，企业还需要明确中短期内自己需要做什么，明确当下的1~2年、3~5年或更长时间内，企业需要完成哪些阶段性战略任务，这就是企业的战略目标。

这个战略目标的内容是丰富多样的，比如企业在该阶段需要朝哪个方向发展，需要完成哪些任务，完成到什么程度等，都可以作为企业的战略目标。

以阿里巴巴（简称"阿里"）为例，在2020财年之后，CEO张勇就宣布集团下一个五年的战略目标是服务中国10亿消费者，在阿里平台上实现人民币10万亿元的消费规模，并全面走向全球化。

为了实现这一战略目标，阿里提出，将长期坚持全球化、内需、云计算大数据三大战略，并提出全球化是长期之战，内需是基石之战，云计算大数据是未来之战的战略构想。

明确战略目标是我们设计平衡计分卡的前提条件，也是接下来绩效指标的制定与分解的关键。可以说，没有明确的战略目标，企业就无法做好平衡记分卡，更难以做好绩效管理。

最后，也是平衡计分卡最为核心和关键的环节，就是将企业战略分解到财务、客户、内部流程、学习与成长四个维度，形成相应的指标，最终绘制出企业的战略地图。

1. 财务维度

财务维度历来被看作平衡计分卡中最重要也是最直观的维度，它反映的是企业战略中对经营业绩有着重要影响的指标，比如常见的主营业务收入、资本回报率、经济增加值、销售额提高率、现金流、利润率、内部费用、市场价值等。

2. 客户维度

客户维度重点关注企业与客户、市场的关系。平衡计分卡认为，企业与客户的联结程度很大程度上决定着企业在财务维度的状况，关乎企业的生死存亡。

所以，为了实现财务维度的指标，企业必须重视客户利益，维护好与客户的关系。为此，平衡计分卡特意设置了客户维度的指标。

客户维度的指标主要涵盖四个类型：产品与服务、关系、形象、客户量。通常情况下，平衡计分卡中所有客户维度的度量指标都围绕这四点进行建构。

"产品与服务"指标是指企业为客户提成的产品和服务情况，一般涉及产品与服务的功能、质量、价格、时间等一系列指标。"关系"指标主要是指企业与客户在售前、售中、售后过程中的关系情况，主要包括客户调查情况、服务满意度、客户投诉情况等指标。"形象"指标主要是指品牌的建立情况，主要包括销售业绩趋势、市场美誉度等指标。"客户量"指标主要包括老客户保有量、新客户增加量、现有客户量等指标。

3. 内部流程维度

平衡计分卡还认为，为了满足客户的需求、维系与客户的良好关系，组织的内部流程必须得到良好的保障。没有良好的内部流程，企业也无法在客户层面取得成功。

比如，企业想要实现客户层面的产品与服务指标，就需要有内部流程的质检体系、生产调控体系、业务流程体系等一系列指标作为支撑。

企业的内部流程指标是由企业实际的生产、经营和管理流程决定的。对于生产型组织来说，最常用的内部流程指标是按照生产的业务流程进行划分的，可以分为质量、生产率、设备准备和安全性等。

对于较为普遍的职能型组织来说，常用的内部流程指标主要是按企业的内部沟通和管理流程进行划分的。具体的划分方式和类型有很多，企业需要根据自身情况进行调整，比如某企业根据自身情况将内部流程指标划分为信息流程、数据流程、项目与方案、工作效率等。

4. 学习与成长维度

对于企业来说，所有的价值创造都是由岗位上的人来实现的。无论是财务目标、客户目标，还是内部流程目标，都需要员工来承载和达成。

平衡计分卡认为，企业想要实现业务的提升，就必须相应地提高员工的个人能力，也需要关注员工的个人成长。因此，平衡计分卡专门设置了学习与成长维度。

学习与成长维度的指标主要有三大来源，分别是人力、系统和组织。

"人力"方面的指标主要包括人员的技能、专业度、士气、状态、满意度、稳定性等。"系统"方面的指标主要是指企业的信息畅通情况，有没有形成良好的沟通机制。"组织"方面的指标主要涵盖培训机制、经验总结与分享、人员适应性等内容。

对以上三个方面的指标进行归纳就形成了企业在学习与成长维度的具体指标。比如，某企业归纳和提炼的学习与成长指标主要包括技能发展、员工士气、竞争力、建议与制度等。

利用平衡计分卡对战略目标进行制定和分解是很多企业十分常见的手段。在这里，我们以某电子服务企业为例，尝试使用平衡计分卡的四个维度对其战略进行分解。

首先，这家企业的愿景使命是"成为电子服务行业的领导者"。

然后，基于这一愿景使命，该企业制定了"5年内成为国内一流电子服务提供商"的阶段性战略目标。

最后，根据"5年内成为国内一流电子服务提供商"这一战略目标，该企业在平衡计分卡的四个维度上分别制定了相应的目标。

在财务维度，企业提出了两个目标：一是五年内实现100亿元销售额，二是形成五类产品体系。

为了实现两大财务目标，企业在客户维度也提出了品牌、产品、生产三大客户战略，明确了相应的重点工作。

为了有效满足客户服务，企业在内部流程维度提出了四个核心点，分别是品牌发展、渠道拓展、人才体系和供应链管理。

根据以上三个维度的目标，企业再倒推到团队的学习与成长维度，明确员工的提升方向，制定了相应的成长计划。

基于企业的战略目标，该公司对四大维度下的目标进行了明确，得到了相应的指标项。比如，在财务维度，该企业的指标是100亿元销售额、形成五类产品体系；在客户维度，指标是品牌形象、生产交付、研发创新、资源维护；在内部流程维度，指标是品牌发展、渠道拓展、人才体系、供应链管理；在学习与成长维度，指标是目标整合、工作效率、基础设施构建。

并且，该企业还对各项指标做了明确的量化。比如，"生产交付"指标，其量化指标为"产品产量提升50%"；"研发创新"指标，其量化指标为"新品数量增加80%"；"资源维护"指标，其量化指标为"客户量新增50%"；等等。

如此一来，该企业从愿景使命到战略目标，再到四个维度的目标，最后到关键指标确认，形成层层分解，层层下切，得到清晰的企业绩效目标。接下来，将企业的绩效目标进行分解，即可得到部门和员工的绩效目标。

二、分解企业绩效目标，获得部门和员工的绩效目标

当你为企业制定的未来五年的绩效目标是赚100亿元的时候，你

不得不思考另一个问题：这100亿元到底该由谁来赚呢？

承接企业绩效目标的必然是企业里的各个部门，比如生产部、销售部，或者其他部门。同时，这些部门会将企业绩效目标下达给员工，最终落实到每个员工头上形成指标。这就是对企业绩效目标进行分解的过程。

绩效目标分解是把企业战略目标分解成企业和员工目标的过程，是企业绩效管理中十分重要的环节。它的出现和流行最早可以追溯到20世纪50年代由彼得·德鲁克提出的"目标管理"。

目标管理的起源

20世纪50年代以前，一些企业内部已经开始流行用"绩效表现性评估"对员工进行打分。1954年，彼得·德鲁克对这种方法进行改进，提出了"目标管理"。

目标管理讨论的核心问题只有一个，那就是企业从事生产的过程中，是先有目标，还是先有工作？

这个问题看似简单。但是，对于20世纪50年代以前的企业来说，其难度可能不亚于"先有鸡，还是先有蛋"的问题。那时候，大部分人理所当然地认为：先有工作才有目标，这不是常识吗？

这个观念一直延续下去，对企业从事生产工作产生了很大的影响。直到1954年，彼得·德鲁克在《管理的实践》中首次提出异议。他坚持认为，不是先有工作才有目标；恰恰相反，是先有了目标，才能确定企业和员工的工作。

这就是目标管理的核心理念。

所谓目标管理（Management By Objective，MBO），是指以目标为导向、以人员为中心、以成果为标准，使组织和个人取得最佳业绩的一种管理方法。

目标管理理念强调在企业的主导下激励员工积极参与，通过自上而下的方式确定企业、部门和员工的目标，并让员工在工作中实行

"自我控制",自下而上地保证目标的实现。

彼得·德鲁克提出的全新理论让很多企业家大梦初醒。他们猛然意识到,自己在企业管理中遇到的许多问题都可以用"先定目标,再定工作"这种理论来解决。于是,短时间内,MBO 在欧美、日本等国家和地区迅速推广,广泛地应用于企业管理领域,被公认为是当时最先进、最科学的管理方法之一。

20 世纪 80 年代以后,随着改革开放的推进,我国也引入了 MBO,该理念受到了很多企业的欢迎。

如何使用"目标管理"分解部门和员工的绩效目标

目标管理强调自上而下的目标分解。首先,制定企业战略,绘制企业战略地图,得到"一司一图";然后,根据企业的"一司一图",分解得到部门的绩效目标,形成"一部一表",这里的"表"是指部门简表;最后,根据部门的"一部一表",分解得到员工(个人)的绩效目标,形成"一人一书",这里的"书"是指员工的"个人目标计划书",或者"个人绩效承诺书",也就是员工向组织承诺自己将达到什么目标的保证。

在上一小节,我们已经重点介绍了企业战略的绘制,也就是通过平衡计分卡来得到企业在财务、客户、内部流程、学习与成长四个维度的目标,形成企业的"一司一图",并据此制定企业的量化指标。本小节重点强调企业绩效目标的分解,即如何使用"目标管理"把企业的战略目标分解成部门和员工的绩效目标。

1. 部门绩效目标如何分解

在分解部门绩效目标时,最重要的是计算和衡量各部门的职责范围、人员编制、历史业绩等情况,并据此分解绩效目标。

比如,某企业通过平衡计分卡制定了 2 亿元的销售额目标。那么,首先根据企业内各部门的职责范围判断,这一绩效目标应由销售部承担,所以这一绩效目标就需要划分给下辖的四个子销售部。

然后结合各子销售部的人员编制和历史业绩情况，将2亿元的目标进行分解。比如这家企业就此划分，得到A销售部的部门目标是6000万元销售额，B销售部是5500万元，C销售部是4000万元，D销售部是4500万元。

这样一来，这家企业就将企业的绩效目标分解到对应的部门头上，形成了部门目标。需要注意的是，绩效目标分解的过程绝非简单的平均分配，决不能简单地将2亿元等额分成四份，每个销售部都承担5000万元的目标。这是极不科学、极不合理的方法。

一般来说，最好的做法是，先根据各部门的业务和职责范围对目标进行提炼，形成指标库。再根据影响力、可衡量性、可控制性等方面对各部门的指标进行评估和划分。通常情况下，每个部门的指标应该维持在3~7个，最多不要超过10个。

以某企业在进行绩效目标分解时给各部门制定的绩效目标为例，其中为市场部制定的绩效目标是：①销售收入增加50%；②销售成本控制在5000万元以内；③新开拓销售点2000个。而为研发部制定的绩效目标则是：①研发五项新产品；②预研八项新产品；③研发成本控制在年初预算内。

2. 员工绩效目标如何分解

得到了各部门的绩效目标，我们还需要进一步分解，形成部门内各员工的确切目标。在分解员工绩效目标时，我们需要把重点放在部门内员工的岗位职责、业务能力和市场因素等方面。

通常，在这一步，我们会通过员工的"个人目标计划书"或"个人绩效承诺书"来对员工的绩效目标进行核定。员工的绩效目标是什么（通常以具体的指标形式出现）？对应的考核标准是什么？评分机制是什么？考核方法是什么？最终的考核结果怎么体现？员工需要注意什么？等等，都需要在这张表上进行说明。

比如，某企业根据部门绩效目标，分解得到生产经理的"个人目标承诺书"。其中，第一部分内容就包括目标完成率、合格率、成本控制率、计划组织能力、人才培养能力、团队建设能力、现场管理能力等绩效指标，并且，该企业还给每项指标制定了相应分数，形成总分120分的评分机制；在第二部分，该企业明确了绩效考核机制，为不同的考核结果拟定了绩效系数，明确与绩效薪酬的关联性。最后，该企业在承诺书的最后一栏标明了注意事项，以及本人签名承诺。

这样一来，员工的个人绩效目标也就基本拟定完成。同时，从企业战略目标到部门绩效目标，再到员工绩效目标的分解，也得以顺利实现。通过这种自上而下的目标分解和制定过程，企业不仅可以为员工制定合适的绩效目标和考核标准，从而设计自身的绩效薪酬体系，还可以强化绩效管理、绩效薪酬与企业战略的关联性，落实企业的战略构想。

我们通过一个案例来回顾这个流程。

某企业根据自身的愿景使命、战略目标和业务重点绘制了相应的战略地图，得到该企业下一年度的绩效目标为销售收入增长50%、实现税后净利润1亿元、研发五项新产品、产品合格率达到96%等。

根据该企业的整体目标，各部门分解得到了部门绩效目标。其中，针对"实现税后净利润1亿元"的企业绩效目标，该企业为市场部拟定的绩效目标为"市场销售成本控制在5000万元以内"；研发部的绩效目标定为"研发成本控制在年初预算内"；生产部的绩效目标则定为"原料采购缺陷率低于2%"；等等。

市场部针对企业对于销售、市场和净利润的绩效目标，分解为各部门和小组的绩效目标。根据这三个绩效目标，该部门的各子部门和项目组对部门绩效目标做了进一步分解。比如，针对部门绩效目标"新开拓销售点2000个"和"市场销售成本控制在5000万元以内"，市场部再次进行了分解，确定了市场宣传费用、市场调研、开拓新销售点数量等定性指标；销售小组根据部门销售目标和成本控制目标，也做了相应的目标分解，形成了各自的绩效目标。

最后，该企业根据各子部门和小组的绩效目标，分解形成员工绩效目标。比如，关于销售收入目标的划分，销售小组甲的绩效目标是 2 亿元，根据每个员工的能力，可以分解为各员工的具体销售目标：员工 A 为 2000 万元、员工 B 为 1800 万元、员工 C 为 1200 万元，以此类推。

这个案例比较简单，无论是企业、部门，还是员工，其目标都是单一的。但是，在实际操作中，很多企业为了保证上一级目标得以顺利实现，往往会在向下分解目标时进行"加码"，也就是提高下一级的绩效目标。

比如，销售小组乙的绩效目标是完成销售额 1 亿元，分解到该小组的四个员工头上，原本应该是员工 D 分得 3000 万元，员工 E 分得 2000 万元，员工 F 分得 2800 万元，员工 G 分得 2200 万元。可是，该小组为了保证任务完成，对每名员工都进行"加码"，最终拟定的员工目标是员工 D 分得 3300 万元，员工 E 分得 2200 万元，员工 F 分得 3000 万元，员工 G 分得 2500 万元。这样一来，该小组所有人分摊的销售总额已经超过规定的 1 亿元，达到了 1.1 亿元。

这种情况在现实中较为普遍，不过具体操作时需要维持在一定尺度内，不能过量。同时，绩效目标一旦增长，相应的配套资源也需要提升，比如某企业制定的绩效目标是"实现业绩增长 30%"，那么所有配套的资源都是为实现这一绩效目标而进行规划的。

当企业对该绩效目标进行"加码"，将目标改为"实现业绩增长 40%"时，配套的资源也应该成比例增加。如果目标改变了，相应的配套资源却没有变化，那么该绩效目标的设置就是不合理的，往往难以达成。

在制定和分解绩效目标时，企业常常会面临一个问题，那就是目标的可实现程度。

有时候，绩效目标制定得过于简单，可以轻松完成，对于部门和员工来说，往往缺乏挑战性，无法发挥他们的最大潜力。有时候，绩效目标制定得过于困难，根本无法完成，那么对于部门和员工来说，企业制定的绩效目标就变成了"空中楼阁"，变得毫无激励性可言。

为了避免这种极端情况的出现，企业往往会为部门和员工的绩效目标设置不同的等级，最典型的莫过于"三阶目标"。

所谓三阶目标，就是指部门和员工的绩效目标包含三个不同的等级，分别是保底目标、挑战目标、冲刺目标。保底目标是对企业、部门和员工的最基本要求，是大概率可以达到的目标；挑战目标是需要企业、部门和员工不断努力才能实现的目标，是具有一定实现难度的目标；冲刺目标则是需要企业、部门和个人付出巨大努力才能实现的目标，往往存在较大的实现难度。设置三阶目标的目的是保证部门和员工能达成基本目标，并不断挑战更高目标。

比如，某企业针对销售额制定的三阶目标为：企业层面的保底目标为 2 亿元，挑战目标为 3 亿元，冲刺目标为 4 亿元。根据企业的三阶目标，A 团队也制定了自己的三阶目标：保底目标为 6000 万元，挑战目标为 7200 万元，冲刺目标为 9000 万元。同时，A 团队也为其内部 15 名销售员制定了三阶目标，其中，金牌销售员小王的三阶目标是：保底目标为 600 万元，挑战目标为 720 万元，冲刺目标为 900 万元。

利用平衡计分卡绘制企业战略地图，再通过目标管理得到企业层面的"一司一图"，继而分解得到部门层面的"一部一表"和个人层面的"一人一书"，形成涵盖企业、部门、个人的三级目标。并且，在制定和分解各级绩效目标时，尽可能合理地为企业、部门和个人设置保底目标、挑战目标和冲刺目标，最终形成"三级三阶"的绩效目标体系。

"三级三阶"的目标划分，一方面可以确保每个部门、每名员工都有自己的保底目标、挑战目标和冲刺目标，有助于达成企业的整体绩效目标，实现企业战略；另一方面也可以按照对应的目标完成等级对部门和员工实行不同的奖励，有着很强的激励性。所以，这种方式受到很多企业的欢迎。

三、员工绩效指标的提炼

员工无法完成绩效目标，由员工个人负责。但是，部门无法完成绩效目标时，需要谁来负责呢？是部门全体员工吗？

一般情况下，大范围地处罚员工，哪怕只是扣罚薪酬，都是不明智的。如果部门的绩效目标无法顺利达成，需要承担责任的往往是部门的直接负责人。

所在，在进行绩效目标分解时，企业各层级的管理者除了要背负自身的个人业绩，往往还需要肩负部门和团队的绩效责任。

正因如此，大多数企业在制定各级管理者的绩效目标时，都会将他与其所在部门的整体绩效进行强关联，这是由管理者的责任范围决定的。同时，对于部门和管理者的绩效目标，往往需要进行明确的量化，以衡量其是否达到预期的绩效结果。

但是，基层员工的绩效目标制定却大不相同。大多数情况下，基层员工只需要对自己的目标负责，企业在制定他们的绩效目标时，重点往往不在于结果的考量，而在于对基层员工完成绩效的行为和事件的监管。

这就是我们常说的"管理者对结果负责，员工对过程负责"。结果往往需要以数据的形式展现，而过程则更需要对行为进行考量。

比如，某企业市场营销部有一项部门绩效目标是"年增粉50万人"。对于企业来说，这个目标是由市场营销部总监负责的。但是，具体的执行则需要由新媒体编辑、新媒体运营等岗位共同实现。

所以，在具体的员工绩效目标分解中，这一目标被划分给市场营销部的新媒体编辑、新媒体运营、社群维护等岗位。其中，市场营销部为新媒体编辑拟定的指标是每天更新新媒体文章2篇、每天维护线上系统、每天回复粉丝留言；给新媒体运营拟定的指标是每周举行1次线上抽奖活动、每季度举行1次线下粉丝活动、举行1次年度粉丝回馈活动。

针对是否完成"年增粉50万人"的部门绩效目标，我们考核的对象是市场营销部总监；对于新媒体编辑和新媒体运营等岗位，我们只需要看他们是否按要求完成了上述的具体任务即可。

在这个过程中，我们可以看见，员工的绩效目标被分解成了一些很具体的绩效指标。这些绩效指标就是我们俗称的 KPI 和 KPA。

什么是 KPI 和 KPA

KPI，即 Key Performance Index，俗称关键绩效指标。它是对部门或个人达成业绩目标有着关键性影响的核心关注指标。

KPI 通常是以量化的数据形式出现的，包括具体的量化数字和量化比率，比如，某企业市场部要完成 5000 万元的销售额，研发部要研发五项新产品，某客服人员的好评率达到 95%，某生产工人的产品出厂合格率达到 97% 等，类似这些对部门和个人业绩目标达成有着重要影响的数据，就是部门和个人的 KPI。

KPA，即 Key Performance Affair，俗称关键绩效事件。它是指对部门或个人完成绩效目标有着关键性影响的事件。

KPA 通常以行为化的描述出现，比如，某公司行政部的年会准备工作、某行政人员的客户接待工作、团队建设活动的筹备工作等，这些工作往往难以被简单量化，无法直接转化为部门或员工的 KPI，就需要用 KPA 来描述和衡量。

KPI 和 KPA 的起源

或许，你已经发现：无论是关键绩效指标（KPI），还是关键绩效事件（KPA），它们的核心关注点都在"关键"二字上，重点是抓住对绩效有重要影响的指标项。

20 世纪 50 年代以后，随着彼得·德鲁克提出的"目标管理"走红世界，越来越多的企业开始通过制定目标的方式进行企业管理。不过，人们很快就发现一个问题，那就是面对繁杂的工作任务，企业往往需要设置大量的目标才能做好企业管理。然而，大量的目标不仅搞得员工心力交瘁，就连企业也难以应付，导致了一系列问题。

到了 20 世纪 80 年代，有人提出在"目标管理"的基础上融入

"二八定律"，形成新的管理模式，于是诞生了"关键绩效指标"。

"二八定律"是在19世纪末由意大利经济学家帕累托提出的。他认为，任何一个系统内都存在"二八分成"的现象，也就是说占据主导地位的事情只是一小部分（20%），而次要的东西往往占据绝大部分（80%）。比如，企业里80%的人是被管理者，20%的人是管理者；企业的80%价值往往来自20%的核心支柱项目，而余下80%的非核心项目往往只能创造20%的价值；等等。

关键绩效指标继承了"二八定律"的思想。它认为：一个组织80%的目标是由20%的关键人物来完成的；一个岗位80%的价值是由20%的重要事件决定的；一个人80%的指标也是由20%的关键行为完成的。绩效考核就应该将重点放在这20%身上，提炼出关键绩效因子，并让它占据80%的地位。

KPI自诞生起就引起了人们的关注，风头盖过了其他所有绩效管理工具，成为最受公司追捧的绩效管理方法。

不过，它从诞生之初就将重点放在员工的量化指标上，对于一些无法量化，或者量化难度大的岗位来说，KPI往往很难发挥真正的价值。于是，人们又设计出"关键绩效事件"（KPA），用来描述一些非量化、行为化的指标。

KPI和KPA的流行让企业的绩效管理变得轻松，尤其是对基层员工的考核而言，再也无须设置大量指标项，往往只需要抓住少数几个关键性指标进行综合考量。比如，某大型连锁超市对导购员制定的KPA指标就只有简单的三项，即热情待客、服务意识、人际关系。

KPI和KPA的提炼

1. KPI的提炼

KPI通常以量化的数据出现，常见的有两种形式：第一种是数字指标，比如400万元销售额、50个新增零售点、1200个邀约量等；第二种是比率指标，比如好评率98%、合格率85%、客户流失率20%等。

通常来说，数字指标多出现在生产或销售岗位中。因为这些岗位往往有具体的生产量和销售量作为参考。而比率指标经常以效益类、运营类或者组织类指标出现，比如利润率、现金周转率、市场占有率、客户转化率、满意度、到岗率等。当然，考虑到绩效指标的全面性、完整性和考核的准确性，很多企业也会将两者混合使用。比如某企业为销售经理制定的 KPI 就同时涵盖销售额和利润率两项，前者属于数字指标，后者属于比率指标。

关于 KPI 的设计需要做好以下四点。

（1）提炼 KPI。这一步的重点是，结合岗位说明书和过往工作情况，对分解得到的员工绩效目标进行提炼，得到对岗位有关键性影响的指标项。

比如，某企业的招聘专员从部门绩效目标分解得到的员工（个人）绩效目标是"年招聘人数超过 50 人，新员工通过试用期率不低于 80%"。

该企业结合岗位说明书及以往几年的具体工作情况，对招聘专员的绩效目标进行细分，提炼出几项关键绩效指标：年筛选简历不低于 1200 份，年电话邀约数不少于 400 个，年面试数量不低于 240 次，复试数量不低于 120 次，通过试用期的入职人数不低于 60 人，试用期流失率不高于 20%。

对于招聘专员来说，这些指标都是其实现绩效的核心内容。提炼的这些指标就形成了该招聘专员的 KPI。

在提炼过程中需要注意两大原则：第一，职位等级越高的员工，指标项越多；职位等级越低，指标项越少。

这一点很容易理解，职位等级越高的员工，其责任越大、绩效要求也越高，所以指标项自然更多；相反，职位等级较低的员工，由于对企业的责任和贡献是有限的，所以不必设置太多的指标项。一般情况下，基层员工的 KPI 应维持在 3~5 个，高层管理者可以达到 7~9 个，甚至更多。

第二，需要符合"SMART原则"，即提炼和制定的KPI应该是具体的（Specific）、可度量的（Measurable）、可实现的（Attainable）、有关联性的（Relevant）、有时限性的（Time-bound）。

①具体的（Specific），是指我们提炼的绩效指标要切中特定的工作内容，要具体，不能笼统。

②可度量的（Measurable），是指绩效指标通常是量化的或者行为化的，是可以通过一定的方式进行验证的。

③可实现的（Attainable），是指提炼的指标应该保证员工在付出努力的情况下可以实现，避免指标设置得过高而导致员工无法完成。

④有关联性的（Relevant），是指绩效指标和上级目标具有明确的关联性，最终与公司目标相结合。

⑤有时限性的（Time-bound），是指我们需要注重完成绩效指标的特定期限。

（2）为各项指标设置考核标准。在提炼KPI时，标准的制定是必不可少的环节。缺乏标准不仅会导致我们的KPI失效，还很可能因为考核问题引发员工的不满，导致企业内部的矛盾和冲突。

所以，考核标准的制定是指标制定环节不可或缺的步骤。一般情况下，考核标准分为以下三类。

第一类是直接得分制。顾名思义，达到某个指标要求就得到某个指标的分数；反之，就没有得分。

比如，某企业招聘专员的KPI中有一项"邀约量"，要求每月完成100个邀约。那么，该员工完成了100个邀约就代表其完成了该项指标，获得该项指标的分数。如果没有完成100个邀约，就代表其未能完成该项指标，无法获得该项指标的分数。

第二类是等级得分制。这种方式是将每项KPI划分成不同的等级，达到哪个等级就获得哪个等级的分数。

比如，某企业招聘专员的绩效考核总分为100分，邀约量占比20%，因此该项指标总分为20分。采用等级得分制，我们可以将这一指标分为若干等级并制定分数，比如完成 100 个邀约获得 20 分（该项满分），完成 80 个邀约获得 15 分，完成 60 个邀约获得 10 分，完成 60 个以下邀约不得分，如表 4-2 所示。

表 4-2 某企业招聘专员绩效考核完成邀约数与考核分值对照表

完成邀约数（a）	考核分值/分
a≥100	20
100＞a≥80	15
80＞a≥60	10
a＜60	0

假设招聘专员小李本月完成了 82 个邀约，就获得对应的 15 分。

第三类是扣分制。扣分制就是按照未达标情况从满分中扣除相应的分数。

比如，某企业招聘专员的绩效考核总分为 100 分，邀约量占比 20%，因此该项指标总分为 20 分。如果采用扣分制，我们可以设置为每少完成 1 个邀约则相应扣掉 0.5 分；少完成 30 个邀约则该项不得分。假设招聘专员小李本月完成了 82 个邀约，那么他可以获得 11 分。

当然，在实际操作中，考虑到指标的重要程度、可量化程度及企业自身的要求，很多企业会将这三种考核标准混合使用，其效果也较为显著。

（3）对提炼的 KPI 和制定的考核标准进行核准确认，保证我们的绩效指标可以全面、客观、有效地反映工作情况。在这一环节，我们需要注意以下六点。

①提炼的 KPI 是否直接关联绩效目标？

②提炼的 KPI 是否可以被证明和考核？

③提炼的 KPI 是否有重复考核的情况？

④提炼的 KPI 是否可以覆盖被考核者 80% 以上的工作目标？

⑤提炼的 KPI 是否可以操作？是否与其他同事的工作不衔接？

⑥提炼的 KPI 是否具备调整可能？是短期考核指标还是长期考核

指标？是固定考核指标还是变动考核指标？

（4）对提炼的 KPI 进行持续的优化和改良。在绩效管理中，KPI 决不能一成不变，它是需要不断调试和改变的。一成不变的 KPI 不仅不能及时反映企业的发展状况和当下需求，还会引起员工的厌倦和反感。

"问渠那得清如许，为有源头活水来"。无数的实践证明，变动的 KPI 要比固定的 KPI 更能激发员工的动力。

因此，企业的 KPI 需要在实践过程中进行不断的优化和调整。在这个过程中，企业可以借鉴"PDCA 循环"理论。

所谓 PDCA 循环，就是将绩效管理分为四个阶段，即计划（Plan）、执行（Do）、检查（Check）和处理（Act）。在管理中，企业需要把各项工作按照计划制定、实施、检查实施效果，然后将成功的部分纳入标准中，而将不成功的部分带入下一次"PDCA 循环"去检验和解决。

重点突出、量化明确、考核方便是 KPI 最显著的优点。但是，KPI 也存在一些不足，它过于强调指标量化，导致一些工作无法明确量化的岗位会对 KPI 产生不良反应，比如行政、人力资源管理、财务等岗位往往很难用 KPI 去展现真正的价值。

对于这些岗位的考核，我们决不能单纯使用 KPI，而应该在 KPI 的基础上引入更多的参考项，比如 KPA，先将员工的绩效指标行为化、事件化，变成一个个动作和行为，然后对员工的具体行为和表现进行考核。

2. KPA 的提炼

如果说 KPI 总是以量化的数据指标示人的话，KPA 就恰恰相反，它不要求明确的量化，而是更注重对员工的绩效进行行为化描述。

换言之，一切可以用来描述员工工作行为、动作、表现，甚至是精神、品质、状态的指标，只要能描述为具体的员工行为，理论上来说，就可以当作员工的 KPA 指标。

正是因为这一特点，不同的企业，其 KPA 的制定往往也存在极大的差异。有时候，即便两家企业类型相近、规模相同、情况相似，它们提炼的 KPA 往往也有天壤之别。比如，有的企业会从经营战略中分解得到员工的 KPA；有的企业喜欢从工作流程中提炼相关的行为表现，作为员工的 KPA；还有的企业甚至会从企业文化中总结相关的价值诉求，作为员工的 KPA。

比如，阿里巴巴的 KPA 就是从自身独一无二的企业文化中蜕变而来的。马云曾说过："企业文化是考核出来的，不考核的企业文化全是瞎扯。"在这种思维的影响下，阿里巴巴按照"新六脉神剑"的企业文化，形成了六项具体的 KPA 指标，分别是：客户第一、团队合作、拥抱变化、诚信、激情、敬业。

并且，阿里巴巴还为每项 KPA 指标进行了明确的等级和分值划分，比如"客户第一"指标的总分是 5 分（6 项 KPA 指标合计 30 分），分为五个等级：

一级（1 分），尊重他人，随时随地维护阿里巴巴形象；

二级（2 分），微笑面对投诉和受到的委屈，积极主动地在工作中为客户解决问题；

三级（3 分），与客户交流过程中发现的问题即使不是自己的责任，也不推诿；

四级（4 分），站在客户的立场思考问题，在坚持原则的基础上，最终达到客户和公司都满意；

五级（5 分），具有超前服务意识，防患于未然。

可以看出，针对 KPA 指标的每一等级，阿里巴巴都制定了严格的行为标准。同时，为了避免解释不清或难以理解的状况发生，阿里巴巴还给每一项 KPA 指标进行了极为详细的说明，并附上相关案例解释。以下以"客户第一"指标为例。

1）一级：1 分

（1）释义

尊重他人，随时随地维护阿里巴巴形象。本级的关键含义是：尊重、维护，要点如下。

①尊重他人的意思是无论对方职位高低、工种不同，均应该平等对待、欣赏和感谢。

②即便在自己很忙、彼此有冲突、不喜欢对方时，也应该表现出应有的礼貌，有修养，不伤害他人。

③以维护公司形象为己任，任何不遵守社会公德、不被社会认可的行为都会损害公司形象和员工作为一个好公民的形象，阿里巴巴公司的员工都不应该做出那些行为。

（2）不符合的案例

①管理者不尊重员工，辱骂攻击下属。

②在公司里给同事脸色看，和同事吵架。

③和会员打交道时，不顾会员的感受，态度比较强硬，对会员进行不负责任的评论，对内部客户同样如此。

④客户对公司某项服务不满意，责任在客户方，客户专员不注意方式方法，对客户讲："这完全是你们的责任，和我们公司无关……""我们公司的制度就是这样，我也觉得不合理，不过没有办法……"。

⑤在公共场合吵架，语言与行为不文明。

⑥不守信用，比如定酒店后没有到场且不通知，造成饭店对阿里巴巴的坏印象。

（3）得分标准

本级通常没有 0.5 分的设定；除非员工一贯还不错，在某种情况下，员工有一定责任，但情有可原，才有机会得 0.5 分；本级没有不符合的案例发生，则给分。

2）二级：2 分

（1）释义

微笑面对投诉和受到的委屈，积极主动地在工作中为客户解决问题。本级的关键含义是：理解客户的抱怨，在受到委屈的情况下，心胸宽广，以为客户解决问题为导向，而不是受到一些委屈便不高兴，不把客户需求放在心上，抱怨或表现得脆弱。

(2)案例

①符合的案例：安全助理在晚上值班时，会认真仔细检查，在有些部门集体开会时，特别关注他们桌上遗留的物品；饮水机没水了，主动帮助换水；遇到员工晚上遗留在办公桌上的手机，不但先帮忙收好，还会在办公桌上留一张温馨提示的纸条，让员工感觉很温暖，并得到员工的表扬。

②不符合的案例：客户投诉时，情绪激动、抱怨、不冷静；同事有意见时，不以解决问题为主，以不吃亏、闹意见为主，将情绪带到工作中；员工用不正确的方法处理卖家投诉之事时，没有正面积极地对待，引起了后续的不良影响；讨论此事时，员工强调那是因为在用以前的方法处理，不认为（现在）有错（这是一个没有积极主动地为客户解决问题的例子）。

(3)得分标准

本级没有不符合的案例发生，则给分。

3) 三级：3分

(1)释义

与客户交流过程中发现的问题即使不是自己的责任，也不推诿。本级的关键含义在于注重客户的感受：①发现了问题，即使不是你的责任，也不可以在客户面前推到其他人身上，保证客户的良好感受；②在客户有需求的时候找到你，如果这件事不是你负责，但是客户不清楚其间的安排，也应该帮助客户找到正确的渠道和资源；③在分工不太明确的情况下，如果能够通过协调将客户的问题解决，则必须要解决，不能借故推托，要有主人翁的意识。

(2)不符合的案例

①将客户随意推到其他同事那里，没有明确的说明；不愿意在客户面前承担责任。

②将明明该自己做的事情推到其他同事那里，将客户推来推去，使客户的感受很差。

③接打错的电话，回应不礼貌。

④某采购员在和市场部、客服部合作购买与发放奖品的项目中，早期市场部认为自己有渠道便自己处理，但是到了时间点却无法到位；客服部收到客户投诉，发邮件来催采购员，采购员将邮件转给了市场部，但迟迟得不到解决；最后采购的任务还是落到了该采购员身上（该采购员在收到投诉邮件时，不能做到"即使不是自己的责任，也不推诿"）。

（3）得分标准

本级没有符合的案例，不给分。

4）四级：4分

（1）释义

站在客户的立场思考问题，在坚持原则的基础上，最终达到客户和公司都满意。本级的关键含义是：管理客户期望值，做到客户和公司都满意。①在客户的要求合理的情况下，应满足客户要求；②如果一个客户的要求影响到另外客户的利益，应通过有效的沟通协调获得客户的理解；③目前公司不能满足客户的要求，应设法获得客户的理解并认可客户提出的问题对公司的价值；④客户的要求不合理，应晓之以理、动之以情地获得客户的理解；⑤客户的需求应通过正确的渠道反映给负责的部门。

（2）符合的案例

①在某大会的筹备过程中，筹备组的员工通过系统将许多采购请求提交，接收请求的采购人员没有简单地去执行，而是充分和提交人员交流，站在客户的立场上思考，了解采购的实际需求，利用自己的专业经验给出非常好的实际建议，后来更是主动地参与了场地的设计工作，使大会的筹备费用整整下降了大约1万元，而且效果比原来更佳。

②拍摄人员在拍摄过程中不但管理客户期望，符合公司规定，而且获得了客户好评。

（3）得分标准

本级没有符合的案例，不给分。

5）五级：5分

（1）释义

具有超前服务意识，防患于未然。本条的关键含义是：预测和超前，反映出计划和规划工作时的超前意识以及对客户需求的深刻理解，提出的解决方案完美无缺。

（2）案例

由上一级评估人员和HR讨论确定。

（3）得分标准

本条没有符合的案例，不给分。

无论是KPI，还是KPA，都试图抓住对员工绩效最具影响力的那20%关键因素。不过，正因如此，企业在制定KPI和KPA时，往往面临一个最大的问题：企业是否精准地抓住了足以表现80%绩效的那20%指标呢？换言之，企业所选择的关键指标是否足以表现员工绩效对工作的实质影响？

这是大多数企业都无法保证的。所以，这时候最好的办法就是从根源上解决问题。绩效的根源来自企业的愿景使命及随之产生的企业战略。

这也就是我们的绩效目标和对应的绩效指标需要从企业战略中进行分解的重要原因之一。

在这里，我们不妨回顾制定员工指标的整个流程：

首先，企业需要明确自身的愿景使命，从而清晰地整理出自己的战略目标。再通过平衡计分卡，从财务、客户、内部流程、学习与成长四个维度对战略目标进行描述，绘制战略地图，形成企业的"一司一图"，并结合"一司一图"制定企业的整体绩效目标。

其次，根据企业整体绩效目标，分解得到各个部门的相关绩效目标，形成"一部一表"。在这一环节，部门的绩效目标需要与部门的直接负责人进行强关联，以保证其在落实过程中肩负责任，发挥作用。

再次，根据部门的绩效目标进行进一步分解，得到员工（个人）绩效目标，形成"一人一书"。

最后，将员工绩效目标分解成量化指标，形成员工的 KPI，或者分解为行为指标，形成员工的 KPA。通常情况下，KPI 和 KPA 相辅相成，可以一起使用。但是原则上，越是基层的员工越应该背负行为指标，而非量化指标；越是高层的员工，其指标越应该量化，以方便我们对结果进行综合考量。

至此，关于绩效目标的分解、提炼和设置就基本完成了。接下来，就是使用我们制定的绩效目标去对比员工的具体行为，从而对员工的绩效进行判断和评估。这一过程就是我们最为熟悉的绩效考核。

四、如何进行绩效考核

绩效考核是绩效管理的重要一环。很多企业甚至将绩效考核与绩效管理等同起来。这样的做法肯定是不对的，忽略了绩效管理的其他环节。不过，这也从一个侧面表现了绩效考核的重要性。

所谓绩效考核，就是企业根据绩效目标和相关指标，对一段时期内的工作完成情况、责任履职程度等进行考核。

在绩效考核过程中，企业往往需要收集大量信息，通过一定的方法将信息进行整合分析，从而对员工的工作情况和工作结果有一个客观的认知，并进行合理的评估。

结合当下最受企业青睐的 KPI 和 KPA，我在这里主要介绍两种常见的绩效考核方法：一种是评级量表法，一种是行为锚定评价法。

评级量表法

所谓评级量表法，就是给员工的每项绩效指标划分权重，并设置一定的绩效等级和评定分数，形成评价量表。在考核时，只需要按照指标的描述将员工划分到不同的等级，即可得出员工的绩效分值。

比如，某企业使用评级量表法对员工进行绩效考评。该企业将考核指标分为三个大类，分别是工作业绩、工作态度和其他项。

然后，该企业对每项指标进行了描述，并划分了权重和等级，且根据等级设置了对应的分数。比如，针对"工作业绩"，该企业设置的指标为工作成果、工作量、工作速度和工作完成度；针对"工作态度"，该企业设置的指标为协作性、积极性、责任感、执行力、品德言行；针对"其他项"，该企业设置的指标为考勤、是否受到处罚、是否获得奖励。

其中，对工作成果的描述是：与目标指标相比，强调工作过程、方法、改进的符合程度；对工作量的描述是：完成工作的数量，职责内工作、上级交办工作及自主性工作完成数量；对工作速度的描述是：工作完成的快慢程度、迅速性、时效性、有无拖延和浪费时间；对工作完成度的描述是：与目标相比，强调工作完成的差距与客观难度。

该企业还为每个指标制定了A、B、C、D、E五个等级，且为每个等级赋予了相应的分值。比如在工作成果的五个等级中，该企业规定达到A级得15分，B级得12分，C级得9分，D级得6分，E级得3分。

以此类推，该企业为所有指标进行了定义描述、等级划分和分值赋予，最终形成一套满分为120分的"评级量表"。在考核时，评估人只需要对应量表上的内容进行打分即可。最终，将各指标的分值加起来就能得到员工的绩效考核分数。

比如，小张是该企业的员工，在某次绩效考评中，小张在工作成果、工作量、工作速度、工作完成度、积极性、责任感、品德言行等指标中都达到A级，分别得到15分、10分、10分、15分、5分、5分、5分；在协作性和执行力等指标上达到B级，分别得到8分和8分；未受到任何口头和书面警告，并获得该季度奖金，得到10分，但由于该月出现2次迟到情况，考勤得0分。综上，根据该企业规定，小张的绩效考核结果为91分。

行为锚定评价法

行为锚定评价法也叫行为定位评分法，是针对员工行为表现进行综合衡量的考核方法。通常来说，行为锚定评价法往往用在 KPA 的考评上。

它的评分机制也很简单。首先，制定员工的 KPA 指标，然后划分等级，接着用员工的表现对照各个等级，符合哪个等级的标准就取哪个等级的分数，最后将所有分数加起来就是员工的考核结果。

比如，某大型连锁超市为导购员制定了三项 KPA 指标，分别是热情待客、服务意识、人际关系。该超市采用行为锚定评价法对服务人员的三项指标划分了等级，并为每个等级制定了分值。针对热情待客这一指标，超市划分了以下五个等级：

一级（40分）：对进店顾客一贯报以热情友好的招呼；

二级（30分）：对进店顾客经常报以热情招呼；

三级（20分）：对进店顾客报以招呼，但不够热情；

四级（10分）：对进店顾客很少招呼；

五级（0分）：对进店顾客从不招呼。

针对服务意识这一指标，超市也划分了以下五个等级：

一级（30分）：一贯积极主动地为进店顾客提供购物引导和帮助；

二级（25分）：积极主动地为进店顾客提供购物引导和帮助；

三级（15分）：为顾客提供购物引导和帮助，但缺乏主动性；

四级（10分）：很少主动为顾客提供购物引导和帮助；

五级（0分）：从不主动为顾客提供购物引导和帮助。

针对人际关系这一指标，超市划分了如下四个等级：

一级（30分）：一贯能与顾客建立持续友好的人际关系，服务受到顾客好评；

二级（20分）：经常能和顾客建立持续友好的人际关系，大多数服务受到顾客好评；

三级（10分）：偶尔能与顾客建立持续友好的人际关系，服务偶尔受到顾客好评；

四级（0分）：无法与顾客建立持续友好的人际关系，服务从未受到顾客好评。

小李是该超市的导购员。在工作中，小李总是对顾客报以最热情的招呼，总是积极主动地为顾客提供购物引导和帮助，并且还能够经常建立起与顾客的友好关系。那么，按照该超市的行为锚定评价法，小李在热情待客指标中得到40分，在服务意识指标中得到30分，在人际关系指标中得到20分。所以，小李的绩效考评结果就是90分。

五、考核结果如何转化成绩效系数

绩效考核的结果往往以量化的分值形式出现。这个分值是我们计算绩效薪酬的重要依据，但不能直接作用于绩效薪酬。

想要将考核结果直接用于薪酬计算，我们还需要将考核分值转化成绩效系数。绩效系数的转化方法有很多，比如大家常见的区间层差法、百分比率法、混合法、三阶目标法、强制分布法。

区间层差法

区间层差法就是将绩效考核的分值划分成几个不同的绩效区间，再根据实际绩效得分所在的区间确定绩效系数。

比如某公司对员工进行绩效考核，将考核的分值划分到A、B、C、D、E五个绩效考核等级（区间），对应的绩效分值分别为：A区间 $a \geq 100$（分），B区间 $100 > a \geq 90$（分），C区间 $90 > a \geq 75$（分），D区间 $75 > a \geq 60$（分），E区间 $a < 60$（分）。

并且，该企业还为每个区间设置了绩效系数，分别为：A区间为1.2，B区间为1.0，C区间为0.8，D区间为0.5，E区间为0，如表4-3所示。

表4-3 某企业员工绩效考核等级、绩效分值及绩效系数对应表

绩效考核等级（区间）	绩效分值（a）/分	绩效系数
A	a≥100	1.2
B	100＞a≥90	1.0
C	90＞a≥75	0.8
D	75＞a≥60	0.5
F	a＜60	0

假设员工王五在一月份的绩效考核中得到的绩效分数为87分。那么，按照该企业的区间划分，他的绩效分值满足90＞a≥75（分），所以其绩效所在区间为C，该月的绩效系数就是对应的0.8。这就是区间层差法，分值对应区间，区间对应系数，知道了分值也就能得到对应的系数了。

百分比率法

百分比率法是最简单、最直接的系数转化方式，简单来说，就是用员工分数除以总分，得到的比例是多少，员工的绩效系数就是多少。

比如，某企业的绩效考核总分为100分，某员工考评得分是80分。那么，用百分比率法计算，这名员工的绩效系数就是80/100=0.8。

这种方法存在一个明显的问题：由于员工的得分不可能超过总分，所以其系数只能维持在0~1之间。在计算绩效薪酬时，员工的绩效系数往往小于1，这会导致企业绝大多数员工都面临"扣工资"的风险，难免让员工产生不安全感，激励效果会受到一定的影响。

部分企业为了解决这个问题，会增设额外的加分项，比如考勤、是否受到惩罚（未受惩罚会获得额外加分）、是否获得奖励（获得奖励将额外加分）等，以此来额外增加员工的绩效分数，使百分比率法得到的绩效系数达到或者超过1。

混合法

混合法，就是将区间层差法和百分比率法结合在一起混合使用。

在具体操作时，要先算出区间层差法的绩效系数，再算出百分比率法的绩效系数，最后将两者相乘得到混合绩效系数。

比如在区间层差法案例中，小王的绩效考核分数为87分，处于C区间，对应的绩效系数是0.8；而使用百分比率法计算，则其绩效系数应为87/100=0.87；混合法就是将两次得到的绩效系数相乘，得到最终的系数，即0.8×0.87=0.696。

显然，混合法是在区间层差法的基础上，再次引入绩效分数的影响力，借以平衡区间层差法带来的误差。

这种方法的优点是可以对区间层差法造成的偏差起到一定的校正作用。比如，在区间层差法的案例中，假设同为B区间的甲、乙两名员工，其实际考核分数可能是甲99分，乙90分。两者的绩效分数差异较大，但按照区间层差法的规定却同属于一个区间，绩效系数都是1。

对于甲、乙两人来说，这个绩效系数不仅缺乏区分度，而且还很不公平。在实际绩效考核中很容易挫伤员工的工作积极性。

这时候，利用混合法进行再次计算，在区间层差法得到的绩效系数1的基础上，再利用百分比率法得到甲、乙两人新的系数，将两者相乘得到最终的混合绩效系数，分别为甲0.99、乙0.9。这样一来，两者的差异就体现出来了。

但是，混合法的问题在于：借用百分比率法获得的系数大小都在1以下。所以，利用百分比率法和区间层差法的乘积得到的混合绩效系数往往会拉低区间层差法所得到的绩效系数，给员工一种"企业故意拉低绩效考核结果，导致薪酬数额变少"的错觉，很容易引起员工的不满，在设计和使用时应当保持谨慎。

三阶目标法

在设置和分解绩效目标时，我们可以为企业、部门和员工设置三个不同等级的目标，以保证达成企业预期的结果，即"三阶目标"。

对于设置了三阶目标的企业来说，员工从一开始就获得了三个等级的目标，即保底目标、挑战目标和冲刺目标。对于这些企业来说，可以采用三阶目标法计算员工的绩效系数。

三阶目标法的思路清晰简单，就是用员工的表现对比员工的目标，得到员工的目标完成率，用公式表示就是：

$$目标完成率 = \frac{表现}{目标}$$

比如，某营销总监的三阶目标分别是："年度保底目标"——完成1500万元销售额；挑战目标——达成120%的保底目标；冲刺目标——达成150%的保底目标。

根据该营销总监三阶目标的比例关系，该企业为其设置了对应的绩效系数：保底目标绩效系数为1，挑战目标绩效系数为1.2（对应120%的挑战目标），冲刺目标的绩效系数为1.5（对应150%的冲刺目标）。

结果，该营销总监当年完成销售额1950万元，目标完成率为$\frac{1950万}{1500万} \times 100\% = 130\%$。

显然，该营销总监达到了三阶目标中的挑战目标，未达到冲刺目标。所以，其绩效系数应当按照挑战目标的绩效系数1.2进行计算。

不过，这里存在一个明显的问题。试想一下，这位营销总监的目标完成率达到了130%，却只能适用挑战目标的绩效系数1.2。这里显然存在着落差。

在实际情况中，这种"干多得少"的情况往往会引起员工极大的不满，他们心中会想：我明明完成了130%的目标，却只得到120%的薪酬。于是，在以后的工作中，他们往往会"卡点"工作，也就是达到某个标准后会停止继续努力。比如，达到120%挑战目标后就不会多干了。这无疑会给企业带来损失。

面对这种情况，我们需要对方法进行改进。比如，可以在目标完成率的系数基础上，增加一个额外系数，充当我们的绩效系数。如将保底目标的绩效系数设置为a（a=员工目标完成率系数），挑战目标的绩效系数为a+0.2，冲刺目标的绩效系数为a+0.5。

如此一来，假设营销总监的目标完成率是130%，目标完成率系数为1.3，达到了挑战目标，未达到冲刺目标，则按照"a＋0.2"的标准计算，得到其绩效系数为1.5。这种措施可以有效避免员工的心理落差感，同时也可以强化激励效果。

有时候，员工的目标不能被直接量化，或者企业没有明确的三阶目标，无法通过表现对比目标得到目标完成率。这时候，我们可以通过打分的方式，按照员工的分值大小对员工进行划分，形成间接的三阶目标，从而使用三阶目标法计算出绩效系数。

比如，某企业想要使用三阶目标法计算生产主管的绩效薪酬。可是，由于其在制定绩效目标时并未形成三阶目标。所以，在具体操作时，其进行了相应的转化。

首先，该企业根据KPI和KPA计算出生产主管的绩效分值（总分为120分）。然后，该企业规定绩效考核在80分以上，则达到保底目标，绩效系数为1.0；在90分以上，则达到挑战目标，绩效系数为1.1；在105分以上，则达到冲刺目标，绩效系数为1.2。

假设该企业生产主管吴二在该季度的绩效考核分数为95分。按照规定，他的考核达到挑战目标。所以，其绩效系数为相应的1.1。

强制分布法

强制分布法是一些公司较为热衷的方法。它不仅可以用于绩效系数的计算，还可以用在企业管理的诸多方面。

这种方法最早由杰克·韦尔奇的"活力曲线"演变而来。杰克·韦尔奇认为：一个企业中有20%是优秀员工，70%是普通员工，10%是不合格员工。这就是大名鼎鼎的"271曲线"。

271曲线强调的是，同一个组织系统内同级别员工的相对优劣程度。这一观点的提出明确地告诉管理者，企业内的员工可以分为三类。只要按照这三类进行强制的排名分布，就能区分出员工的优劣来。

由于这种方法简单直接，并且可以应付绝大多数情况，且投入成本很低，因此受到很多企业的欢迎。在进行绩效考核或者绩效系数转化时，企业会用到这种方法。

比如，某企业在计算绩效系数时就采用了强制分布法。首先，该企业将同级别的30名员工按照绩效考核分数进行排序。

然后，按照排序结果将员工分为五个等级，分别为优秀、良好、合格、待改进、不合格，并按照"271曲线图"，将20%（6名）员工定为"优秀"，10%（3名）员工定为"不合格"，余下70%（21名）员工表现普通，分别被分为"良好""合格""待改进"三个等级。

最后，该企业为每个等级设置对应的绩效系数，比如"优秀"的绩效系数为1.5，"良好"的绩效系数为1.2，"合格"的绩效系数为1.0，"待改进"的绩效系数为0.9，"不合格"的绩效系数为0.5。

假设该企业生产部员工钱三在某次绩效考核中位列30名员工的第4名，那么按照强制分布法，他应该被归入"优秀"等级，对应的绩效系数就是1.5。

除了这种直接采用强制分布法的情况，一些企业还会将其他方法与强制分布法结合起来使用。在操作时，先用其他方法得到员工的绩效系数和排名结果，再通过排名结果进行强制分布，利用强制分布法得到的系数乘以其他方法得到的系数，最终得到一个强制分布加权绩效系数。

比如，某企业在设计生产部门员工的绩效薪酬时采用了"三阶目标法＋强制分布法"，对员工的绩效系数进行加权设置。

在实际操作中，该企业先根据三阶目标法将员工的绩效考核结果转化成绩效系数。其中，保底目标的绩效系数为a（a＝目标完成率系数），挑战目标为a＋0.05，冲刺目标为a＋0.1。

然后，在三阶目标法的绩效系数基础上，该企业采用强制分布法对该部门现有60名员工进行排序，按照排列顺序将员工归入A、B、C、D四个等级，并为每个等级设置了加权系数。其中，A等级的系数为1.4，B等级为1.2，C等级为1，D等级为0.5。

最后，该企业将员工原有绩效系数与强制分布得到的加权系数相乘，得到员工最后的绩效系数。

假设赵四是该企业生产部的员工。在此次绩效考核中，赵四表现出色，目标完成率达到135%，即目标完成率系数为1.35，实现了冲刺目标。企业通过三阶目标法计算出赵四的绩效系数为1.35＋0.1＝1.45。

然后，利用强制分布法为该部门60名员工进行排序，得出赵四的排序结果为第三名，属于A等级，加权系数为1.4。

最后，该企业将赵四的原有绩效系数和加权系数相乘，得到赵四的加权绩效系数为1.45×1.4＝2.03。

这种方法的本质是对绩效系数的再一次加权计算。在这种模式下，越是优秀的员工，其绩效系数会越高；越是靠后的员工，其绩效系数会越低。显然，这种方法的目的在于一方面强化对优秀者的激励效果，另一方面对后进者起到一定的鞭策作用，使他们要么加倍努力、迎头赶上，要么就此屈服、调离岗位。

至此，我们已经了解了从绘制战略地图到形成绩效系数的全过程：首先，从企业的愿景使命中明确阶段性发展战略，再通过平衡计分卡从财务、客户、内部流程、学习与成长四个维度绘制企业战略地图，进而得到企业的整体绩效目标。

然后，通过目标管理对企业的整体绩效目标进行分解，得到各个部门的绩效目标，并进一步细化分解，得到员工（个人）绩效目标。

接着，在部门和员工的绩效目标基础上，我们可以借此制定部门和员工的绩效指标，也就是KPI和KPA。

最终，企业通过绩效考核，对照相应的KPI和KPA即可得到员工的考核结果。考核结果通常以分值的形式呈现，通过一定的方法就能转化成绩效系数。

在现实中，除了从战略目标中获取绩效指标，很多企业也会参考岗位说明书、能力评估结果及过往的员工绩效考核情况，做一个综合性考量。这样得出来的绩效考核成绩和绩效系数也更贴近企业的现实情况。

绩效系数是我们计算绩效薪酬的关键因素。一方面，绩效系数衔接着绩效管理和绩效薪酬，是它们之间的重要纽带。绩效系数一旦出现问题，企业的绩效管理和绩效薪酬往往会面临困境。

另一方面，绩效系数直接作用于绩效薪酬，对员工的收入有着直接的影响，关乎企业内部的公平感知。如果绩效系数出现差池，员工的薪酬收入也会问题不断，最终影响企业的内部和谐。这也是很多企业的员工一听到"绩效"二字就闻之色变的重要原因。

当然，合理、有效的绩效系数必然是从科学、完善的绩效管理中获取的。我们一再强调，没有绩效管理，企业不可能建立一套有效的薪酬体系。

多年前，有一位老板朋友曾向我抱怨，绩效薪酬在他的公司只实行了两年就失效了。像这样的情况我见过很多。失效的不是绩效薪酬，而是企业的绩效管理。绩效管理一旦失效，绩效薪酬自然没有效力了。

实际上，很多企业在制定绩效薪酬之初都抱有宏大志向，想要把绩效管理搞好。可是，大多数企业坚持了一两年就问题重重，步履维艰，问题出在了哪里呢？

或许是企业的绩效管理缺乏有营养的土壤。这个土壤，就是我们常说的绩效文化。

第四节　绩效根植于企业的文化土壤

长期以来，绩效是最让企业爱恨交织的事务。在其诞生的短短百年时间里，绩效使无数企业走向成功，也使无数企业跌落神坛。

索尼前常务董事长天外伺朗在一篇名为《绩效主义毁了索尼》的署名文章中，就将索尼"走下坡路"的原因归咎于绩效，认为是绩效毁掉了索尼。在他的鼓吹下，"绩效无用论"一时间炒得沸沸扬扬，

"绩效已死"也成为许多人热议的话题。

但是仔细一分析，我们不难发现，那些把企业的问题全部归咎于绩效，大喊"绩效已死"，高谈阔论要"去绩效化"的企业，它们的真正问题其实并不在于绩效本身。毁掉索尼的真的是绩效吗？

索尼公司成立已久，有着辉煌的历史。它们的产品扬名天下，靠的是创新，无止境的创新。

为了鼓励员工创新，从第二代总裁井深大化开始，公司就积极鼓励员工去尝试、去冒险、去试错，公司极度容忍员工在创新上的错误。为此，索尼专门设计了自己的终身雇佣制和年功制，为的就是鼓励、培养员工的"匠心精神"。在这种文化和薪酬模式下，员工不必为了"涨工资"担忧，可以长期坚持在研发一线，勇敢去犯错。

可是到了20世纪90年代中期，遭遇日本经济大萧条的索尼无力再用高薪养员工，终身雇佣制和年功制已经不能适应发展的要求。于是，索尼从美国引进了严苛的绩效考核管理办法。

但是，这一"舶来品"并不为公司的员工所接受，大家还沉浸在终身雇佣制那种"不为工资烦恼"的氛围中，无法忍受月月考绩效、季季有排名、薪酬跟考核直接挂钩的模式。并且，原本从事长期研发、敢于试错的员工，对这种新模式无所适从：一犯错，绩效就不达标；研发时间一长，绩效就直线下滑。

在传统的终身雇佣制养成的企业文化中，索尼的绩效管理遭遇层层阻碍。到头来，员工在旧的企业文化和新的管理制度中陷入挣扎，变得迷失。员工失去方向，索尼这座商业大厦又岂有不倾覆的道理？

天外伺朗所说的"绩效毁了索尼"，其实质正是绩效管理和企业文化的矛盾，是其"工匠精神"的文化内核和绩效管理方法的矛盾导致的失败。

归根结底，索尼在绩效改革中遭遇的挫折是在推行绩效薪酬和绩效管理时没有形成配套的绩效文化。缺乏绩效文化这一土壤，企业是无法让绩效管理开花结果的。

一、绩效文化：绩效管理的土壤

对于经验丰富的农民来说，只需要抓一把土壤，仔细瞧一瞧，就能知道这块土地适不适合种植。土壤是影响农作物生产的关键性因素。如果一块土地的酸碱度不合适，再优良的种子撒上去也很难长出粮食来。

对于企业来说，绩效管理也需要一块合适的土壤，那就是绩效文化。绩效文化是指企业追求优秀绩效、渴望胜利的文化。

缺乏绩效文化的企业，无论在绩效管理上下多少功夫，做多少努力，绩效制度设计得多么完美，都会遭遇来自员工的阻力。而一旦形成了绩效文化，绩效管理往往就变成水到渠成、自然而然的事情了。

所以，对于企业来说，想要做好绩效管理，首先需要在企业中培养相应的绩效文化，为企业的绩效管理培育合适的土壤。至于如何打造绩效文化，需要从以下三个要点展开。

从一把手做起是重点

一家企业的人力资源部总监向我吐槽，说公司要推行绩效管理，人力资源部制定好了制度和办法，设计了一系列的流程，得到了老板的同意，开始颁布执行。

可是过了没多久，老板突然把他叫了过去，狠狠地批评了一顿。

他挨骂的原因竟然是绩效管理引起了很多人的不满，这些人站出来反对。看到绩效管理遭遇的阻力这么大，老板一时间也傻了眼，就拖他出来当"替罪羔羊"。

这位人力资源部总监莫名其妙地挨了一顿骂不要紧，公司的绩效管理也泡汤了。

其实，对于大多数企业来说，绩效改革都会遇到阻力。一旦遭遇阻力，老板就拉出 HR 来"替罪"，这是毫无意义的。

正确的做法是，老板以身作则，身体力行地执行绩效管理的制度和要求，关注绩效的导向。只有老板这样做了，高管们才会遵照执行，中层干部们也才会随之跟进，最后才能落实到每个员工的身上。

一些老板搞反了这个顺序，一上来先把自己"高高挂起"，然后高喊口号，让员工们去遵守和执行，员工们自然会有怨言。

即便员工们按照要求执行了，也不会从心底里认可老板的绩效管理，他们会想：凌驾于我们之上的各层管理者还"逍遥法外"，他们原本可是标杆和榜样啊。

管理层的高管们呢？此时正紧紧盯着老板呢！

除了老板的因素，很多 HR 在设计公司的制度时也存在问题。

他们不但不敢把老板放进自己设计的制度里来，还会特意给老板"开小灶"。这样导致的后果往往是：辛辛苦苦做出的管理制度，不仅无法获得员工们的支持，反而会惹怒员工，使他们对老板颇有微词。

其实，在员工的心中，老板就是最佳的"形象代言人"。所以，想要培育良好的绩效文化，让员工们积极参与绩效管理，最好的办法就是从老板做起。

让老板成为绩效管理的代言人、传播者，公司就有了绩效管理的土壤，就容易形成绩效文化，绩效管理自然也就成功了一半。

直线经理是关键

在实践中我发现，绩效管理推行的最大阻力往往不是员工，而是直线经理。

直线经理是各部门的老板，是员工的直接管理者，同时也是高层和基层的衔接者，是政策推行、上传下达的关键节点。但是，在绩效管理中，他们的作用往往很有限，甚至是副作用。

究其原因，很多直线经理的心态出现了严重的问题。这些人当中，有的不愿管，有的不敢管，有的不会管。

所谓不愿管，是指直线经理不愿意参与绩效管理。他们认为，做绩效考核就是给人力资源部打工，是没事找事。不敢管，往往是由于直线经理怕得罪人，毕竟绩效管理的本质是金钱的再分配！不会管，是因为直线经理缺乏管理方法，不知道该怎么做，缺乏绩效管理的执行手段。

针对不愿管和不敢管的直线经理，我们可以通过政策宣传和思想引导，对他们进行鼓励、鞭策和指引。针对不会管的直线经理，解决的方法最简单，就是教他们怎么做，这项工作通常需要人力资源部的绩效管理专家主导执行，进行绩效管理专项培训。

绩效文化要塑造

澳新银行是澳大利亚四大银行之一。

十几年前，为了提高银行效率，澳新银行针对绩效进行了一系列改革。最初，改革的措施停留在制度和技术层面，员工们并不买账，只有不足两成的人产生了认同感，对企业的帮助十分有限。

随后，银行提出"以效率和盈利为目的，重塑企业文化"的计划。这项计划其实就是重塑绩效文化。

计划实施两年后，成效显现出来。员工的认同感升到八成，收入提升近九成。十年过去了，银行已经具备了可持续盈利能力，其税后收益平均增长率超过15%，远胜其他同行。更重要的是，银行推崇的"公开诚信"和"我能做到"的绩效文化早已深入每位员工的内心，成为他们工作的习惯和法则。

澳新银行之所以在绩效文化的塑造上取得成功，与其使用的方法有着密不可分的关系。

首先，绩效文化需要营造良好的氛围。

严格意义上来说，无论是让老板做榜样，还是严抓直线经理，都是希望以榜样的力量使企业的所有员工达成共识，从而打造一个绩效文化需要的氛围。

氛围既抽象又玄妙。在危险的氛围中，人会变得紧张不安；在安全的氛围中，人会变得放松自在；在勤劳的氛围中，懒惰的人会被影响，变得勤劳；而在懒散的氛围中，勤劳的人也会怠慢，不想干活儿。

这就是氛围的力量。

在绩效文化中，我们要尽可能地培养员工对优秀绩效和胜利的渴望。制定指标、实施奖励自然是不错的方法，但更重要的是，让员工形成统一的整合能力、良好的执行能力和较好的更新能力，规范他们的行为，通过这种方式，形成一个健康的组织。

其次，将目光聚焦在重要的转折点上。

绩效文化绝非一蹴而就，而是一个逐步改善的过程。在这个过程中，我们需要将有限的精力投入到最为重要的转折点上。

澳新银行在改革时就将重点设定在有限的范围内，成立了高级管理团队，建立了一套工作目标，旨在将改革重心放在"提升市场份额""建立公开诚信的文化氛围"，以及"塑造员工'能做到'的责任心"上。

抓住了这三个重点，澳新银行仿佛打通了"任督二脉"，改革工作一下子顺畅起来。18个月后，澳新银行的管理者发现企业文化有了"奇妙"的改变。

随后一年半时间里，管理团队又在此基础上新增了"建立创新型文化""进行人力资源开发""以客户为中心"三个新重点。逐步塑造起澳新银行的绩效文化，使银行的文化风貌焕然一新，彻底激活了银行的所有员工。

如果澳新银行不采用这种步步为营、稳扎稳打的方法，一上来就设置大量的目标，大规模推行绩效考核，恐怕只会让员工倍感压力，削弱组织工作的成效，很难取得如今的效果。

最后，将文化和方法进行整合。

正所谓思行合一，体用结合。绩效文化的核心是唤醒员工内心对胜利的渴望，让每位员工在工作中展现出更优秀的一面。

说到底，绩效文化是为我们的绩效管理服务的，最终还是要落实到具体的实践和行动中去。如果单纯将绩效文化的塑造视为一项独立的工作项目，对于企业的绩效管理来说无异于缘木求鱼。

大量的实际案例告诉我们，那些真正塑造出绩效文化并在绩效管理中收获成功的企业，往往都很好地整合了文化和方法。他们在塑造绩效文化的同时，也很好地将企业的业务目标和具体方法整合了进来。

澳新银行在绩效文化塑造的第二年就引进了销售激励项目和训练项目等，形成了"以文化促方法，以方法育文化"思想，将银行的绩效管理和绩效文化有机结合。

澳新银行的管理者还以身作则，确保自己在一天的工作结束前做好每一件事情，并组织员工召开"数字"会议，讲述每个人的故事，分享自己的工作成果。显然，这既是一个绩效文化培养的过程，也是绩效管理的手段。

除此之外，澳新银行还规定，员工激励奖金的多少不仅与业绩有关，还与每位员工的企业文化表现挂钩。

正是通过文化与方法的结合，澳新银行只用了短短两年时间就在银行内部塑造了良好的绩效文化，并且达到了绩效管理的目的，使银行的利润持续攀升，澳新银行成为澳洲银行业的翘楚。

哲学家莱布尼茨曾说过，世界上没有两片完全相同的叶子。同样，世界上也没有哪两家公司的企业文化是完全相同的，绩效文化也是如此。简单借鉴别人的方法往往是难以成功的。正所谓"法无定法，式无定式。因势利导，兆于变化"。只有从企业的实际出发，找到合适的方式，才能为企业塑造出良好的绩效文化。

二、抓住绩效文化的三个基本点

绩效是需要人来实现的，员工是实施绩效的根基。所有的绩效管理最终都会落实在员工的身上。绩效文化就是想办法让员工主动接受企业的绩效管理，让他们在绩效管理中全力以赴，拼搏进取。

很多老板和HR忽视了这一点，推行的绩效管理忽略了员工的感受，也不符合企业的实际。结果，绩效管理一推行就遭到员工的反对。没有员工配合，再科学合理的绩效管理也只能变成一纸空谈。

所以，我们在推行绩效管理之前，一定要有"群众基础"。而获得"群众基础"的关键就是回到人的身上，重视人性，尤其需要考虑员工的意愿、能力和企业的机制三大基本点。

意愿：员工愿不愿意做

如果一个员工对工作的意愿不强烈，甚至产生反感，那么，他就不会把这件工作放在心上，绩效自然无法提高。绩效文化就是培养员工的意愿度，让员工发自内心地积极配合企业的绩效管理。

日本一位名叫横山宁夫的社会学家提出了一条著名的管理法则，叫"横山法则"：最有效并持续不断的控制，不是强制性的，而是激励员工自发控制自己的行为，也就是员工的自我管理，即意愿度。

过去，老板们很少考虑员工的意愿，企业喜欢用粗暴的惩罚手段来约束和压制员工。但研究表明，这样的方法非但不能提高员工的效率，反而规矩越多、约束约大、员工的效率越低，企业的收益也越小。

原因很简单，员工打心底里是抗拒的，是反对的，是憎恶的，是不情愿的。他不愿意去做，你用什么方法强迫他，效果都很有限。

最好的办法就是从根本上解决问题，调动他的意愿，让他从心底里愿意去做。通常来说，影响一个员工意愿的因素主要有价值观、兴趣度和内驱力。

1. 价值观

价值观一般可以分为社会层面的价值观、企业层面的价值观和职业层面的价值观。

社会层面的价值观即一个人在社会层面的立场和态度。比如，敬业、责任、诚信、担当、协作等品质。一名员工在这些方面充满正能量，是工作的基础条件。

企业层面的价值观即和企业发展阶段有密切的关系的观念。比如，企业在创业初期，员工可能"拿得少干得多"。这种时候，我们就不得不考虑员工是否具备同舟共济、吃苦耐劳和积极奉献的精神了。

职业层面的价值观即员工对职业的态度和追求向往。比如，一个拥有绩效文化的企业与一名随遇而安、不求上进的员工就无法兼容。

这三个层面的价值观形成员工整体的价值取向。只有大家的价值观统一，心才能往一处想，劲才能往一处使，企业也才不会偏离大的方向。

2. 兴趣度

兴趣度不仅会影响员工努力的程度，还会决定他们对完成任务的渴望程度，更会在他们遭遇困难问题时成为他们是否有决心解决问题的关键因素。

耶鲁大学终身教授陈志武讲过这样一个观点："如果一家企业的员工对自己的定位很清楚，职业兴趣的方向很明了，而另一家企业的大部分员工对自己的定位不清楚，对自己的职业兴趣是模糊的。那么，后者一定无法和前者竞争。"

一个人为自己的兴趣而工作，是一种奋斗，他的内心是快乐的。快乐的人和茫然、不快乐的人相比，投入工作的时间和精力是不一样的。

快乐的人，每天工作8、9个小时，还可能乐此不疲，津津有味。而不快乐的人，每天工作4、5个小时，就已经叫苦连天，开始抱怨和指责了。这两种人谁更能创造更高绩效呢？答案显而易见。

3. 内驱力

内驱力其实就是人的内在动力，是诱发人做出行为的刺激因素。它以个体的需求为基础，寻求满足需求的条件。

简单来说，满足一个人的需求就能很好地刺激他的内驱力，从而调动他的意愿。所以，在我们做绩效管理时，能否刺激员工内驱力的敏感点、挑动他的需求欲，往往是影响我们绩效管理能否成功、结果是否满意的关键因素。

推行绩效文化，需要抓住的第一个基本点就是员工的意愿度，从员工的内驱力着手，从根源上为员工提供动力，让他们心甘情愿地参与企业的绩效管理，这才是上策。

能力：员工能不能做好

光有意愿，只能算是一厢情愿。绩效管理最终还是要看员工的工作完成情况，考虑员工的投入产出比。也就是说，我们还需要看员工的能力。

想要取得好的绩效结果，员工就必须具备相应的知识和技能，这是毋庸置疑的。财务人员要有财务知识，营销人员要有营销技巧，HR要有人力资源管理的技能。知识和技能的欠缺会直接表现在员工的工作中，呈现在绩效考核的结果里，降低他们的工作完成的质量和效率，最终不仅会影响员工个人绩效，还会延误公司薪酬改革的进度，引发一系列问题。

所以，企业的绩效文化建设应该将员工的能力考虑其中，激励员工在追求高业绩的同时不断提升自身的知识与技能以及潜在的胜任能力。

机制：员工可不可以做

格力董事长董明珠曾说："格力最强大的是机制。因此，我们可以让三流的人才创造一流的业绩。"

完善的机制也是企业文化的重要组成部分。她可以强化员工的意愿，敦促员工提升能力，并鼓励员工参与企业的绩效管理，不断追求更高的绩效表现。

如果一个员工有意愿做事，也具备足够的能力去做出成绩，但是企业没有相应的机制去保障他、激励他，那么，再优秀的人才也会离开企业。

所以，在塑造绩效文化时，企业必须有完善的机制，让员工清楚他们在绩效管理中扮演的角色、创造的价值、拥有的资源、执行的方法及最终收获的成果。

完善的机制不仅是对这些话题的解答，更可以使企业内的所有员工无论在什么岗位都能依据相应的制度标准、流程规范履行各自的职责，真正做到"岗位明责任、做事遵规范、结果有标准"。

一个完善的机制要能够公正、客观、准确地区分"谁干得好，谁干得多；谁干得差，谁干得少"等问题，绝不能让乐于奉献者吃亏，也绝不允许滥竽充数、以次充好者存在，更不能容忍钻制度空子的人，要从制度上为绩效文化提供保障。

从意愿、能力及机制三大基本点来看，持续提升员工的意愿度、不断强化员工的能力、设计出相应的绩效机制作为保障，以此形成的绩效文化是企业推行绩效管理的重要保障。

对于企业来说，绩效文化是土壤，绩效管理是核心，绩效薪酬是关键，三者共同构成了企业绩效的整体内涵。在四维薪酬体系中，绩效薪酬是最为普及、激励性最强的模块。它之所以能够激励员工、激活企业，与配套的绩效文化和完善的绩效管理是分不开的。因此，企业想要在绩效薪酬中有所收获，必须在绩效文化和绩效管理上下功夫。

第五章

提升：战略薪酬

华为："至暗"之时，让"天才少年"点亮明灯

2018年12月1日，华为首席财务官孟晚舟乘坐的飞机刚一落地，几名加拿大警察就迎了上来。

不久后，"在美国政府的授意下，加拿大警方扣押孟晚舟"的消息震惊了世界。不过，大多数人还不知道，这仅仅只是一场惊天阴谋的序幕。之后，美国政府针对华为进行了一系列的打压。

2019年开始，美国联合其"友好国家"共同打压华为5G，进行舆论战。欧洲多国在美国的影响下纷纷撕毁与华为的合约，终止了已经动工的华为5G建设项目，迫使华为撤出。

不久后，美国又禁止其国内企业与华为合作，不允许为华为代工、供货、提供技术支持。随后，美国将华为列入"实体清单"，要求使用美国技术的外国企业都不得给华为提供技术和产品服务。尤其是在芯片技术上，美国似乎一下子掐住了华为的脖子。

许多国内媒体一度认为，华为已经被逼上了绝路，国外媒体更是言之凿凿地说，华为已是"将死之人"。20世纪80年代，日本东芝公司盛极一时，但是在美国的制裁下险些消亡，最终只得向美国妥协，

拱手送出核心技术，才得以保全自身。法国阿尔斯通公司被称为"法国工业的明珠"，但是在美国的"长臂管辖"之下却惨遭肢解，最终被迫"卖身"美国公司。

如此艰难的情况不仅没有使华为放弃，反倒激起了华为人的斗志。

2021年1月2日，华为创始人任正非在内部讲话中发表了一篇题为《星光不问赶路人》的讲话，激励员工道："沉默不是懦弱，忍耐不是麻木，善败者不亡。面对艰难险阻，华为要像海燕一般，迎接雷电，面对暴风雨，嘶叫着飞翔，朝着一丝光亮，迎接真正的战斗。"

在这次讲话中，任正非认真分析了华为目前的情况。他认为，华为真正的困境不是美国人的打压和制裁，而是华为目前的能力和战略目标不匹配。华为之所以被人"掐脖子"，正是因为科技上的积累不够，技术上受制于人。根本的解决之道只有一个，就是想方设法挖掘更多的人才，实现技术的突破，为华为之后几年、十几年甚至几十年的发展探索道路。

事实上，华为从创立之初就将人才视为公司的根基，对于人才的重视也远超其他企业。美国"制裁"开始后，任正非更加意识到人才的巨大价值，于2019年提出了一项"天才少年"计划。

该计划面向全球，招募那些还没有走出大学校门但天赋异禀的天才、奇才和怪才，让他们加入华为大家庭，共创价值。

对于"天才少年"的选拔，华为建立了一套完善的机制。

首先，华为不仅开通了"毛遂自荐"的网络通道，还设置了专门的招聘顾问团队，双管齐下地寻觅人才；并且，任正非还亲自带领团队拜访国内的985大学，与许多高校建立起人才合作机制，登门求贤。

然后，公司会把搜集的"天才少年"的信息交给相应的部门负责人，并就选拔人才的标准和要求与负责人进行交流，保证他们对人才的选拔不会出现偏差。

接着，负责人会针对这些人才的情况与公司的项目和要求进行比对和评估，将情况反馈给顾问团队。

最后，顾问团队将这些"天才少年"的情况和负责人的反馈结果交由专家团队进行审核评估。如果通过专家团队的审核，这些"天才少年"就很有机会来到华为，见到部门的最高负责人。

这一系列流程看似平淡无奇，实则严苛之极。在不计其数的"应聘者"中，通过审核的"天才少年"只有区区几人。他们大多是来自各个高校的博士生，在相关的科技研发领域有着非凡的理解和天才的见地。

确定了"天才少年"名单，华为还会对这些入选者进行定级，并根据定级情况制定相应的薪酬标准。这其中，最低的年薪达到90万元，最高的则超过200万元。

这样的薪酬不仅远超行业标准，即便在华为内部的研发人员中也是很高的，甚至比一些资深老员工还要高。

这也引起了外界的质疑，对于初出茅庐，甚至还没有走出校门的学生，就给予百万年薪，这样真的合理吗？

面对质疑，任正非讲了一个有趣的故事。

20世纪90年代，刚刚起步不久的华为公司在技术研发领域还面临相当大的困难，技术团队求贤若渴。有一天，他们在国外网站上看到一篇有关应用数学技术研究的论文，发现其中涉及的3G技术理论和公司未来的发展方向十分契合。

任正非欣喜若狂，当即让HR无论如何也要把论文作者请到公司来。

HR几经打听，终于查明论文的作者是一位俄罗斯天才少年数学家。此人天赋极高，可惜脾气古怪，不通情理。和HR见过几面，总是一副无拘无束，不修边幅的模样。HR很失望，回来告诉任正非。

任正非听完，只撂下一句"他不来，你也不用来了"。

HR还是头一次看到任总这么愤怒，赶紧负荆请罪，再次拜访这位"天才少年"，并提出年薪200万美元的薪酬，邀请他加入华为。

俄罗斯天才被华为的诚意打动，决定加入华为。不过，他提出要求，想在家里办公。华为二话不说，专门在俄罗斯为其设立了研究所。

之后，这位俄罗斯天才一直"在家"办公。

可是十几年过去了，这位天才却像销声匿迹了一般，一点儿工作成绩也没有。公司里冒出了质疑的声音，甚至就连任正非也不知道他到底在干些什么。

直到2008年前后，这位天才突然找到任正非，告诉他，自己已经突破了3G技术。简简单单一句话，却把任正非高兴坏了，要知道这一突破可以让华为实现"3G领先"，让华为一夜之间跻身全球知名科技公司行列。此后，华为一发不可收拾，在4G、5G的研发上一直领先世界。

任正非说："这些天才会像'泥鳅'一样钻活华为的组织，激活华为的队伍。从战略来看，他们将是一股新流，让我们的血管流淌新鲜澎湃的血。"

华为要成为世界上最伟大的科技公司，就必须拥有最厉害的"天才型员工"。这些员工不仅要能力出众，还要与华为的战略牢牢挂钩，"天才少年"计划的初衷正是如此。未来，华为还将进一步扩大"天才少年"计划的规模，在全球范围内构建一支200至300人的天才团队，为华为实现长远战略做准备。

对于这些"天才少年"，华为毫不吝啬，不仅为他们提供很高的薪酬，还为他们设置了独特的薪酬模式。

华为的这种面向"天才少年"的独特的薪酬模式，正是战略薪酬的典范。

第一节 "VUCA时代"下，企业如何解决自己的"薪愁"

2018年，我曾为长江三角洲地区的一家消费品企业做管理咨询服务。在此之前，这家企业旗下的自营店做得很火，短时间内开了许多新店。不过，短期内的迅速扩张也给老板带来了烦恼。新店招募的员工大多是新人，没有足够的经验，经营业绩远不如老店好。

老板想出一个解决办法，将老店的员工派去新店，借助他们的经验和能力为新店员工做指导。然而，这个计划一提出就遭到一部分老员工的反对。理由很简单，老店生意那么好，新店生意却一直起不来，要是去了新店，不但要多干很多的活儿，花费更多的劲儿，而且绩效收入还有可能变少。这样吃力不讨好的事情，谁愿意干呢？

老板强顶着阻力，还是让老员工去了新店。可是，到了新店的老员工非但不配合新店的工作，没有起到指导和帮助作用，反而"倚老卖老"，妨碍了新店的工作。

得知这种情况，可把这位老板气坏了。一气之下，这位老板开除了好几位经验丰富的老员工。

其实，这种"老人带新店"的模式是非常好的商业策略。老员工之所以抗拒，并不是策略本身的问题，而是这位老板没有顾及老员工的疑虑就将他们从盈利较好的老店调往刚刚成立的新店，对于老员工而言，就是在让他们做吃力不讨好的事情，会让他们产生"被发配"的感觉。

受邀来到这家企业后不久，我就意识到企业的问题所在，于是向老板提议：跳出"一门一店"的狭小思维，从整个企业的长远发展思考，考虑这次任务的特殊性和重要性，将"老人带新店"视为企业的战略任务，给予这些老员工相应的"特殊薪酬"，也就是战略薪酬。

所谓战略薪酬，就是通过战略事件将员工的薪酬与企业的战略直接关联起来，剔除了烦琐而复杂的中间环节（比如岗位价值评估、绩效考核等），让符合要求的员工直接参与企业的战略执行，从而获得相应的薪酬激励。

果然，在为老员工设计了战略薪酬，制定了相应的战略奖金之后，老员工的抵触情绪一下子缓和了下来，开始在新店卖力工作。这家企业也很快恢复了活力。

一、我们身处"VUCA 时代"

十几年前,英特尔还是芯片领域的"龙头老大"。鼎盛时期几乎垄断着芯片行业。然而,"无敌的寂寞"却把英特尔麻痹了。

当英特尔自恃天下无敌,可以高枕无忧、坐享其成时,出乎意料的事情发生了。几乎在一夜之间,移动设备端迅速崛起,席卷整个世界,手机芯片最终挤占了大部分芯片市场,成为芯片领域的"新宠"。

这一趋势完全超乎英特尔的预料。正是这一战略疏忽,致使英特尔在手机芯片领域的投入远不及对手,在战略人才的抢夺方面也全面落后,短短几年光景,英特尔便在芯片市场上"名落孙山"了。

英特尔在芯片工艺制程领域的对手台积电和三星却成为"后起之秀"。早期,这两家企业在手机芯片上的战略布局让它们及早地储备了一大批手机芯片的研发人才,建立了庞大的研发团队,积蓄了巨大的研发力量。

2011 年,这两家企业在芯片工艺制程领域还远远落后于英特尔。可是 2015 年,由于战略得当,这两家企业在芯片工艺制程领域已经迎头赶上,并在 2017 年实现了对英特尔的彻底超越。

反观英特尔,一步赶不上,步步赶不上,现如今已经被台积电和三星远远甩在身后。真可谓"一着不慎,满盘皆输"。

英特尔之所以会如此和它的战略失误脱不了干系。它之所以会犯如此严重的战略失误,是因为它错估了芯片领域的发展,错误地理解了我们这个时代。

关于我们这个时代,人们众说纷纭。

网络空间有这样一句话,"我们这个时代,唯一不变的就是变化本身"。细品这句话,你会发现很有道理。的确,我们生活在一个高速、易变,充满未知和不确定的时代,这个时代叫"VUCA 时代"。

"VUCA"一词,由 V(Volatility)、U(Uncertainty)、C(Complexity)、

A（Ambiguity）四个字母组合，分别代表：易变性、不确定性、复杂性、模糊性。这个词最早出现于 20 世纪末，原本用来形容冷战之后多边多极的世界格局。如今，使用它来形容我们这个多变的时代再合适不过了。

在既往的数千年人类文明发展历史中，没有任何一个时代是像我们现在这样，变化如此之迅速，趋势如此之难以捉摸，前景如此之扑朔迷离的。

当今时代，知识飞速更迭，技术不断推陈出新，概念日新月异。21 世纪初，互联网、信息化、机械生产等还是新名词，还是前景光明的新行业；转眼二十年，它们却已经开始"变老"。大数据、人工智能、虚拟现实、区块链、计算神经学、智适应将成为下一个二十年企业角逐的"名利场"，也将成为搅动时代变局的新力量。

"VUCA 时代"的本质就是剧烈的变化。

变化带来焦虑，焦虑产生不安。变化得越快，人们的不安也会越发严重。特别是对企业来说，市场角逐、客户竞争、人才抢夺等，不再以年月来计算，而是分秒必争。以往的时代，一家企业研发一台电报机，能卖 30 年；发明一部大哥大，能卖 10 年；制造一台 BB 机，能卖 5 年；生产一部手机，能卖 3 年。

可是现如今呢？半年没有新产品，你的市场份额可能就会被瓜分；一年没有新产品，顾客可能就会将你遗忘，转头奔向其他品牌。

所以，强大的企业，如苹果公司，也要保证自己每年更新一款主力机型，不定期地进行软件和服务升级；华为会每年推出两款旗舰机型和不胜枚举的新鲜品种；小米、OPPO、vivo 等手机厂商也不甘落后，不断推陈出新。无论是谁，无论在哪行哪业，无论曾经多么辉煌，只要一着不慎，就有可能在这个时代的"竞速游戏"中落败，难逃被抛弃的命运。当变化成为时代的新常态，唯一不变的就是变化本身。

二、"VUCA 时代"下，战略思维很重要

高速变化且充满未知的未来是我们这个时代的特色，但是对于企

业来说，却无疑是一种挑战。

企业必须面对瞬息万变的市场环境、不断出现的竞争对手、不断推陈的技术革新、不断产生的全新概念，以及由它们相互交织而形成的不断变化的发展环境。

快速变化的时代对每家企业提出了全新的要求。以往"一招鲜吃遍天"的情况几乎不会发生了。特别是在一些竞争激烈的行业，在市场、技术和人才等方面发生停滞就意味着灭亡。企业不仅面临着来自外界的挑战，更面临着行业自身的诸多问题。

比如，芯片领域有一个"死神"，名叫"摩尔定律"。它是高悬在所有芯片研发企业头顶上的"达摩克利斯之剑"，是硅基芯片永远逃不了的"技术梦魇"。硅基芯片发展到一定程度后就再也无法实现技术上的突破，只能原地踏步。如果不及早想出应对措施，那么"达摩克利斯之剑"就会落下，等待芯片研发企业的只能是灭亡。

这是基础科学的技术问题，同时也是关乎企业存亡的战略问题。台积电、三星等企业早已预见这个问题，一方面减缓芯片的性能改进速度，另一方面早早组建攻坚团队，从基础科学着手，研究全新的芯片代替方案。

在基础研究领域，华为也不甘落后。华为每年用于技术研发的资金投入占到营收的15%以上，其中1/3用于基础研究。

实际上，基础研究是很多企业不愿触及的领域。因为这个领域的研发成本高、周期长，往往很难收获成果。很多企业同样不乐意将资金用于市场的研究、新技术的引进和高新人才的积累。

然而，真正有战略眼光的企业家们却不吝惜这些基础研究的投入。他们清楚"人无远虑，必有近忧"，他们更清楚"前人栽树后人乘凉"的道理。当自己的企业遭遇发展瓶颈时，只有这些前瞻性的战略投入才能拯救企业。否则，企业一旦遭遇发展困境或者阶段问题，再思考问题的解决之道，很多时候为时已晚。这样的企业缺乏可持续发展的能力。

在"VUCA时代"下，这并非危言耸听、贩卖焦虑，而是每位老板、企业家和管理者必须意识到的问题：没有战略性的思维，我们很难在复杂、易变的时代"拨云见日"，更难在震荡剧变的岁月中"破浪前行"。

"低头看道，不问前路"的时代一去不返。这个时代，奖励的永远是那些目光如炬，眺望远方，拥有战略思维的"领袖"。

三、战略思维下的薪酬模式

拥有战略思维，指的不只是管理者单纯地从"战略角度"思考问题，而是要拥有一种思维格局和逻辑定式，要拥有对企业发展的清晰洞见，要拥有对阶段性问题的深刻解析，要拥有对企业未来的严谨预判。

然而，纵观"战略管理"诞生的100多年时间里，从工业革命的"科学管理"，到彼得·德鲁克提出的"战略从目标开始"，再到战略管理之父安索夫正式提出的"战略管理"概念，大多数企业对战略的应对真的充分吗？

答案或许是否定的！借用管理学大师亨利·茨伯格在《战略历程》（*STRATEGY SAFARI*）一书中的话："人们对于战略的管理，如同盲人摸象一般。"

众所周知，战略是公司的核心，是管理者最关注的问题。然而，在大多数人的思维里，企业战略仍然停留在抽象的逻辑层面和美好的愿景之中。对于企业要创造什么价值？实现什么主张？形成什么优势？要走什么路？走多远？途中遭遇重重困难，困难如何解决？多数企业的认知往往是模糊的，甚至是缺失的。

某种意义上来讲，战略就是一种假设。这种假设基于企业的愿景，根据企业对未来形势的某种预判而决定自己的发展方向。在 VUCA 时代，面对不断变化的内部和外部环境，企业的战略往往也需要做相应的调整和改变。

在传统的薪酬模式下，薪酬体系往往无法及时表现企业的这种调整。传统薪酬对战略的承接往往需要进行大量的分解，形成相应的组织体系和管理网络，在此基础上构建起人力资源管理系统，设计薪酬模式。

比如，岗位薪酬需要根据企业的战略形成相应的组织架构，再按照组织架构的要求设置部门和岗位，按照岗位标准设置薪酬水平。

同样，绩效薪酬需要根据企业战略制定目标，形成指标，再设置员工 KPI 和 KPA，并形成相应的绩效管理体系和复杂的考核过程。

这些薪酬体系往往有层层套叠的复杂关系，使得薪酬与战略之间的联系变得松散和不可靠。在这些松散的、庞大的组织关系中，如何确定员工的薪酬和企业的战略是紧密相关的？怎么确定企业的战略在一层层的分解之后，还能准确地传达给员工？如何确定员工们能真正理解公司的战略意图和发展方向？又如何对企业迫在眉睫的战略诉求做出及时的反应？

在"VUCA 时代"，想要面对快速且剧烈的变化，我们需要一种更灵活的薪酬方式来处理企业战略与员工薪酬的关系，来引导我们的员工在激荡的变化中主动寻找未来道路和方向。这就是战略薪酬。战略薪酬是在战略思维下，企业适应"VUCA 时代"的一种全新薪酬模式。

第二节　时间越是明确，员工越能准确执行

战略不只是薪酬制度的出发点，也是薪酬设计的引导员，指引着薪酬朝着什么方向调整。但是，对于很多企业来说，战略在薪酬方案中是缺席的，或者隐匿在其后，是难以发掘的。

很多管理者或许已经发现，越是规模庞大、员工众多、组织关系复杂的企业，薪酬与战略之间的关系越是疏远。庞杂的组织体系及繁杂的考核体系会不断削弱薪酬对战略的承接效果。尤其是在一些紧急的战略事态中，我们的薪酬设计往往是迟缓的、滞后的，有时甚至是失效的。

2015 年前后，广东有一家母婴用品企业希望开拓新的市场，于是

将目光锁定在海南地区。他们组织专门的开发团队，抽调精干力量，希望在短期内做好在海南的布局。可是，在区域经理的人选上，这家企业却遇到了难题。

原来，由于新区域缺乏品牌基础、没有渠道资源，一切都要从零开始，而区域经理的收入来源主要靠销售额和利润的提成，新区域的销售必然比不上成熟区域，这样吃力不讨好的事务，人们都避之不及，没有人愿意去做。

后来，我给这家企业想了一个办法，将开拓海南市场设置成一项战略事件，并设置丰厚的战略奖金。这个政策出来后不久，区域经理们就按捺不住了，纷纷在私底下找到老板，希望可以委派自己去海南地区。

这就是战略薪酬的优点。它让战略与薪酬之间的关系变得简单、直接且奏效，让企业可以直接针对战略来对薪酬进行调整和改变。尤其是在应对企业战略事件或者处理紧急战略事态之时，战略薪酬往往会起到意想不到的效果。

它的设计逻辑很清晰：首先，找出企业战略，将其变成具体的、可执行的战略事件；然后，寻找合适的人才去完成战略事件；最后，对这些完成战略事件的人才进行专项奖励。

设计战略薪酬的关键是搞清楚企业战略到底是什么，如何运用薪酬去支撑企业战略。在这个过程中，我们需要运用 SWOT 分析法对企业战略进行分析，然后根据分析结果制定企业的战略事件，并利用人才盘点工具分析实现战略事件的人才。最后，根据这些人才在战略事件中完成的特殊贡献和突出任务，对他们进行相应的奖励，形成战略薪酬。

一、如何应用 SWOT 分析法分析企业战略

SWOT 分析法最早由海因茨·韦里克于 20 世纪 80 年代提出，用于分析企业的战略规划。所谓 SWOT，是由 Strengths、Weaknesses、Opportunities、Threats 四个英文的首字母组成，其含义分别是优势、劣

势、机会、威胁。

SWOT 分析法的核心就是从企业内部的优势、劣势及外部的机会和威胁四个角度对企业战略进行综合分析,从而让管理者对企业所处的情景有一个全面的、系统的、准确的认知,进而针对性地制定企业发展的战略、计划和对策。SWOT 分析应对战略如图 5-1 所示。在进行 SWOT 分析时,企业一般需要回答以下四个核心问题。

(1) SO(优势—机会)——如何运用企业的内部优势最大限度地发掘外部机会?

(2) ST(优势—威胁)——如何运用企业的内部优势应对或规避外部威胁?

(3) WO(劣势—机会)——如何从企业内部的劣势中找到新的机会?

(4) WT(劣势—威胁)——企业处在何种劣势之中?企业该如何在这种劣势中应对来自外部的威胁?

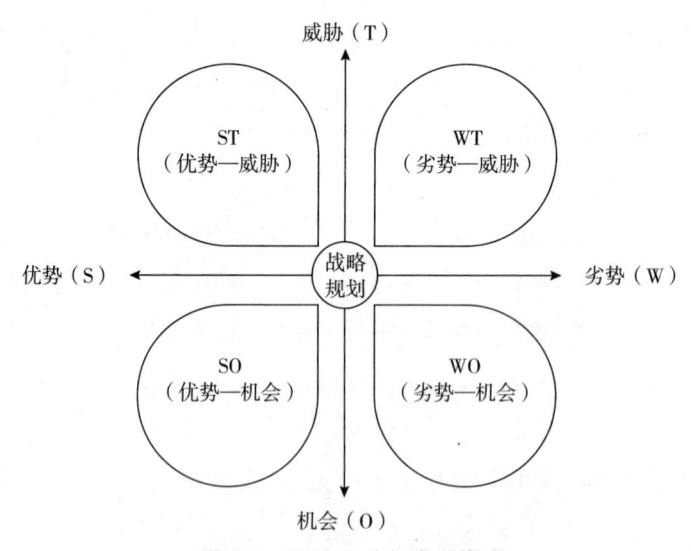

图 5-1 SWOT 分析应对战略

通常来说,企业若是能清晰解答这四个问题,就足以证明企业对自身战略有着较为明晰的认知和判断。但是,对于很多企业来说这往往是难点所在。

没有明晰的战略，企业就不可能设计出有效的战略薪酬。所以，设计战略薪酬，我们首先要做的就是搞清楚自己的战略，也就是搞清楚上面四个问题的答案。

搞清楚这四个问题的答案的过程就是 SWOT 分析的过程。简单来说，这个过程就像企业的"自我反思"：通过各种手段找到企业的内部优缺点（优势、劣势）和外部优缺点（机会、威胁），然后反思这些优点对企业有什么帮助？这些缺点会对企业带来哪些不良影响？想要找到自己的优缺点，企业往往需要做好以下三件事。

（1）对企业外部环境进行分析，找到企业存在的机会（O）和面临的威胁（T）。一般来说，外部环境的分析需要包含两个方面：一是宏观环境分析，二是微观环境分析。

对于宏观环境的分析，主要采用"PEST 分析法"。所谓 PEST 分析法，就是从政治（P）、经济（E）、社会（S）、技术（T）等方面对企业环境进行系统性分析。典型的 PEST 分析法如图 5-2 所示，具有很高的参考价值。

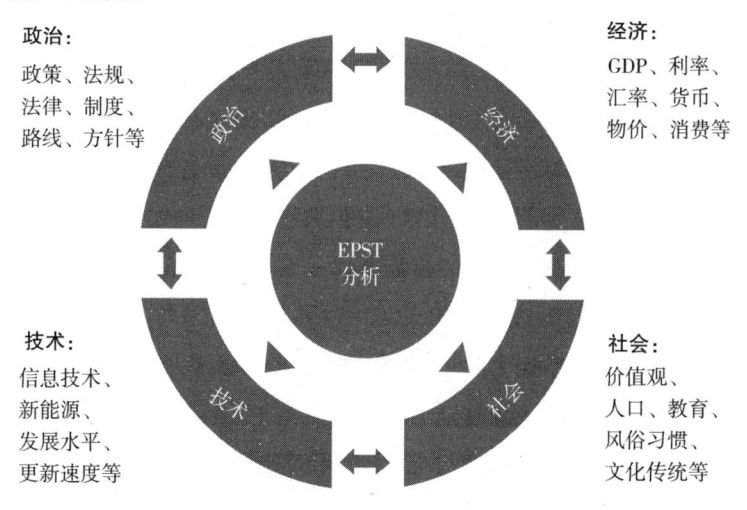

政治： 政策、法规、法律、制度、路线、方针等

经济： GDP、利率、汇率、货币、物价、消费等

技术： 信息技术、新能源、发展水平、更新速度等

社会： 价值观、人口、教育、风俗习惯、文化传统等

EPST 分析

图 5-2　PEST 分析法

比如，在政治因素中，企业可以对法律、法规、政界变动等因素进行分析；在经济因素中，可以对 GDP 增长率、消费动向、物价变动等因素进行分析；在社会因素中（含文化因素），可以对人口、劳动力、出生率、年龄结构、生活习惯、价值观、教育水平、消费模式等因素进行分析；在技术因素中，可以对信息变革、技术发展、能源变化等因素进行分析。

对于微观环境，主要是从市场因素、产业因素、区域因素、流通因素等方面进行分析。

比如，在市场因素中，企业可以对竞争对手的战略、替代品优劣、市场占有率、资源和能力构成等因素进行分析；在产业因素中，可以对市场规模、行业增长、行业周期等因素进行分析；在区域因素中，可以对政府的支持情况、地区的工业情况、当地居民和社区的情况、当地资源状况等因素进行分析；在流通因素中，可以对渠道、信息和通信、商圈范围等因素进行分析。

除此之外，在微观环境分析中，企业还可以运用"波特五力模型"。所谓波特五力模型，就是从供应商、客户、现有竞争者、替代品、潜在竞争者五个方面对企业所处的微观环境进行分析，如图 5-3 所示。

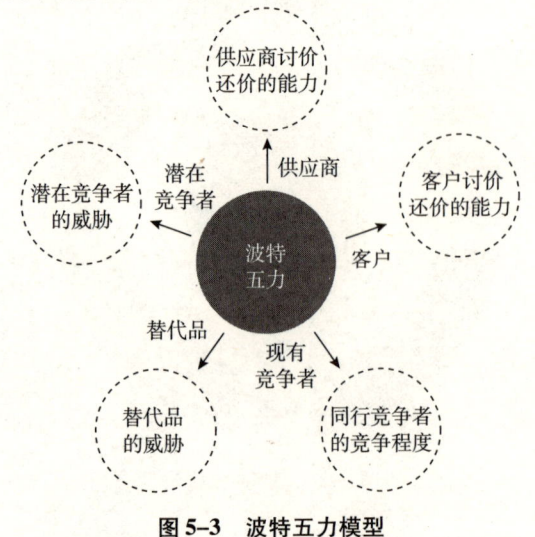

图 5-3 波特五力模型

比如，在供应商因素中，企业可以对核心供应商的性质、可代替程度、上下游产业的控制力等因素进行分析；在客户因素中，可以对客户数量、购买力、品牌依赖度等因素进行评估；在潜在竞争者因素中，可以对潜在竞争者的数量、竞争者参与竞争的成本、承担的风险、遭遇竞争对抗时对方的反击能力等因素进行分析；在现有竞争者因素中，可以对市场需求增长率、竞争者的品牌影响力、规模、竞争态势等因素进行分析；在替代品因素中，可以对替代品增长率、产能、厂家盈利状况等因素进行分析。

（2）需要对企业内部经营实力和经营状况进行分析，找到企业的优势（S）和劣势（W）所在。

企业的内部分析需要根据企业自身的发展状况和内部情况而定。通常来说，内部分析主要包括领导层、生产与技术实力、业务结构、人力资源、财务和资源组织、组织实力和经营管理、市场营销实力、商誉及无形资产等因素的分析。

（3）根据企业内部、外部的分析结果，提炼企业的优势（S）、劣势（W）、机会（O）和威胁（T），形成SWOT矩阵。

完成企业内部、外部的环境分析后，我们就可以从中总结出企业存在的机会、面临的威胁、拥有的优势以及明显的劣势了。

只需要将它们进行两两组合，就能形成企业的"优势—机会（SO）""劣势—机会（WO）""优势—威胁（ST）""劣势—威胁（WT）"四种战略选择。根据这四种不同层面的战略选择，企业可以针对性地提出核心战略。

这个核心战略既是我们制定一系列政策方针的纲领性指导，也是我们设置战略事件、制定战略薪酬的参考资料。

二、如何设置战略事件

SWOT分析法从诞生之初就备受重视，被广泛应用于社会生活的各个层面，它对战略的分析十分透彻，尤其是在对企业内外部环境的评估方面，受到广泛的赞誉。所以，上至经济活动、社会发展，下至企业公司、社会组织的处境分析，都会用到SWOT分析法。

它最大的优点是简单易操作，只要我们可以找到足够的资料，并从中分析出企业的优点和问题所在，它就基本可以帮助我们解决问题。

比如，将企业内部的优点（优势）和外部优点（机会）结合起来，就形成了"优势—机会（SO）"战略。

"优势—机会（SO）"战略是大多数企业梦寐以求的理想战略，它表示企业内部充满优势，外部充满机会。

在这种状态下，企业在市场中处于强有力的支配地位，只需要考虑如何扩大内部优势去寻找更多的机会，从而使企业内外部获得同步提升，促进企业快速发展，扩大自身优势。

俗话说，"完美不是常态，不完美才是！""优势—机会（SO）"战略不会一直存在，多数企业还需要思考在"不完美"状态下的企业战略。

在"不完美"状态下，企业存在两种情况：第一种是内部有缺点（劣势），但外部有优点（机会），这种情况很容易产生"劣势—机会（WO）"战略。

如果企业需要制定自己的"劣势—机会（WO）"战略，说明企业外部往往有较好的机会，但是内部存在一定问题，妨碍了企业对机会的利用。

面对这种情况，企业需要思考以下问题：能否找到并利用外部机会来弥补企业自身的劣势？或者企业内部的劣势是否阻碍了企业对外部机会的利用？

解决的办法往往来自外部伙伴的帮助，比如寻找一个"靠谱"的合作伙伴一同发展，利用其优势弥补企业自身的劣势，共同将"蛋糕"做大；企业也可以对内部进行坚决的改造和调整，大力招募和培养人才，合力攻坚，通过自身的努力尽可能弥补企业内部的劣势。

在"不完美"状态下,企业面临的第二种情况是:内部有优点(优势),但外部有缺点(威胁),这种情况下就会产生"优势—威胁(ST)"战略。

"优势—威胁(ST)"战略表明企业陷入一种盲目和无所适从的状态:明明自身有优势却发挥不出来,眼睁睁看着机会溜走,陷入被动,面临竞争者的威胁。

在这种情况下,企业需要认真思考以下问题:能否利用企业的内部优势来规避或减少外部的威胁?如何逆转这一不利局势呢?

一般来说,当我们存在优势但仍然感受到外部的明显威胁时,首先需要冷静下来,仔细思考威胁到底来自哪里?

有时候,这种威胁可能来自同行业竞争者,也可能来自客户和供应商,还有可能来自"跨界打击",甚至有可能来自新技术、新产品、新材料、新政策和其他方面。对于潜在的威胁,企业需要有敏锐的感知力,尽早觉察并防患于未然。一旦面临威胁,企业需要利用内部优势,竭力实现内外平衡,消除威胁。

当然,对于一些不可逆的威胁,比如政策的调整、市场环境的改变、新技术的出现等,企业则需要尽快做出调整,以适应此类改变,解除威胁。

比如,在2021年,K12教育行业政策缩紧,让不少企业措手不及,损失惨重,但是一些大企业,如新东方等,在明确这一改变后迅速进行了战略转移,从中小学课外教育转向成人教育、业余爱好培训等方向,在一定程度上稳住了阵脚。

如果对威胁应对不妥,企业很可能丧失自身的内在优势,甚至遭到毁灭性打击。所以,即便应对"威胁(T)"的战略不是企业的主要战略,但也需要引起企业的重视。

对于两种"不完美"的情况,企业一旦应对不当,就会陷入最糟糕的一种情况,就需要激活"劣势—威胁(WT)"战略。

没有比这更糟糕的情况了,它的出现意味着企业在内外部的优势尽失，彻底陷入被动。这时候，企业只能思考一个问题：能不能通过减少内部劣势来缓解外部威胁？

显然，如果企业只为弥补问题而制定战略，那么其未来的发展仍然堪忧。在这种情况下，企业倒不如果断一些，干脆从"当面战场"撤离，另外开辟一条"新战场"。

有的企业在战略选择上喜欢"扬长补短"，用优势资源去弥补"劣势"和"威胁"。这样往往是对企业优势资源的浪费。不过有时候，企业在遭遇发展瓶颈时，也需要投入一定的战略力量和资源去消除企业发展瓶颈，从而推动企业发展。

究竟采取何种战略，企业需要有自己的明断。在现实中，企业往往不会采取某种单方面的发展战略，而是希望多管齐下，力求企业的全面发展。在这种情况下，企业需要对以上四种战略处境做出综合评估和判断。

无论如何，当我们制定了企业战略后，就需要根据这些企业战略制定相应的战略事件。所谓战略事件，就是为了达成企业战略而直接设置的特殊事件和任务。它们与常规事件不同，是和企业战略直接关联的事件，有着很强的战略目的。

这是必不可少的环节，也是我们应用SWOT分析法对企业战略进行分析的重要目的。有了战略事件，我们就有明确的、可感知的、可执行的对象，有了这个对象，我们才能知道企业需要干什么，怎么干，让谁来干，以及为此我们需要付出多少资源、成本和薪酬代价。

以华南地区某快消品企业为例。这家企业自创业以来，十多年时间一直采取单品制胜的策略，其特色产品在区域内获得了不少的粉丝，积累了较好的口碑和一定的品牌知名度，业绩也在逐年上涨。

可是近年来，随着该行业的发展，消费者的需求变得越来越多样，市场上的替代性产品、同质性产品不断冲击该企业原有的市场份额。同时，传统的线下渠道成本越来越高，经销商对该企业的兴趣不断下降。这一系列问题导致该企业业绩出现大幅下滑。

为了提升销售业绩，该企业尝试了许多办法，如提高促销活动频次、扩大销售规模、增加广告费用投入、加强对经销商的支持等，可是业绩始终无法得到提升。最终，为了应对业绩下降的不利情况，该企业决定进行全面改革，调整企业发展方向。

这家企业首先对市场进行了全面调查，利用SWOT分析法对企业战略进行了全面的分析，充分梳理了企业的优势、劣势、机会和威胁，然后基于SWOT分析结果初步拟定战略事件。

1. 战略事件一：新品开发

这一战略事件是根据该企业"改单品制胜为多品决胜"的战略制定的。这家企业在改革中决定从过去的战略单品模式调整为多品类销售，基于多年积累的技术优势进行新产品的研发，以适应消费者口味的变化。为此，该企业为技术研发部设定了"新品开发"的战略事件。

2. 战略事件二：社群营销

在过往的发展中，这家企业对私域流量重视不够，缺乏粉丝黏性，客户复购率较低。为有效提升老客户的复购率，这家企业决定为营销部设置"社群营销"的战略事件，组建社群营销团队，积极开展社群营销，运营私域流量。

3. 战略事件三：区域扩张

此前，由于该企业生产的单品具有特殊的区域属性，导致产品在本区域之外的市场表现不佳。为了挖掘新的增长点，企业决定积极拓展新产品，研究新政策，不断发掘新兴市场，将产品推向全国。为此，该企业为销售部设置了"区域扩张"的战略事件。

但是，由于资源（主要为人力和财务）的局限性，这家企业无法在短时间内同步进行多项战略事件。经过战略委员会的探讨，该企业按照重要程度和紧急程度对战略事件进行了强制排序，确定各项战略事件的先后顺序为：社群营销＞新品开发＞区域扩张。

最终，该企业按照战略事件的排序，分阶段、分主次地对各项战略事件进行落地执行，并为各项战略事件匹配人才，强化激励。

这些战略事件实施两年来，该企业不仅扩大了市场，提升了口碑，增强了客户黏性，实现了预期的战略计划，而且还意外地收获了广大网络粉丝的喜爱，产生了品牌效应，将一个区域性品牌推向了全国。

第三节　不是所有人都适合你的战略事件，找到正确的人是关键

早年间，阿里巴巴的系统经常受到黑客攻击，这给阿里巴巴带来了巨大的损失。为了解决网络安全问题，马云操了不少心。

2005年，阿里巴巴想出了一个"以毒攻毒"的妙招。马云着手组建了一支自己的"黑客团队"，负责阿里的网络安全。马云非常重视此事，将其当作企业的核心安全战略。而这支"黑客团队"的任务也很简单：不断模仿真正的黑客进攻阿里系统，寻找系统漏洞并及时修补。

很快，这支"黑客团队"就组建起来，其队员大多是20多岁的超级黑客。最初，马云对这批年轻人还存有疑虑，可是当他们坐到电脑桌前，操作起键盘和鼠标的时候，马云的疑虑就一扫而光了。

结果，这批特招的"编外人员"不仅在很短的时间内圆满地完成了任务，还打造了一套近乎完美的系统，外界的黑客再也无法攻入阿里巴巴的系统。这令马云喜出望外，于是在这支"黑客团队"的基础上进行了扩编，组建了今天享誉中外的"阿里神盾局"。

当初若不是那批20多岁的年轻"黑客"，也不会有如今安全无比的阿里网络。实际上，企业战略能否达成，企业的意图能否实现，很大程度上取决于企业所用的人才。企业人才是执行企业战略、达成企业意图、实现企业价值的承载者。

因此，一旦形成战略事件，我们还必须思考一个问题，那就是我们制定的战略事件到底该由谁来完成才最合适？

由于战略事件的特殊性,企业在选择完成战略事件的员工时,一般会考虑员工所具备的战略价值,即员工是否有能力、有潜力帮助企业实现战略目标。这个选拔员工完成战略事件的过程,我们称之为"战略人才盘点"。

在很多企业,人才盘点是一种十分常见的管理工具,即对企业内员工的能力、潜力、绩效等影响工作完成情况的要素进行摸底调查和综合评估,从而得到员工的综合竞争力。

战略人才盘点,就是在普通的人才盘点工具的基础上对能够完成企业战略事件的员工进行评估和盘点,最终选拔出能够完成企业战略的相关人才。

对于企业来说,需要什么样的战略人才一般会根据企业的战略目标和梳理的战略事件而定。比如,企业需要开拓一个新的市场,为此设定"市场开拓"的战略事件,企业在挑选战略人才时就可以着重考察员工的市场开拓方面的能力和员工在新环境中的适应力、调整能力、创新能力等。

企业的战略人才盘点完全是基于企业实现战略事件的实际需求出发的。不过,对于多数企业来说,战略人才往往也具备某些普遍特质。企业在遴选时,也可以根据这些普遍特质进行针对性的选择。

比如,常规的战略人才往往会在绩效、能力、潜力三个方面表现出某些超乎寻常的特质,我们将这类人才称为"三高"人才。

"三高"人才往往是企业战略的最佳选择对象。所以,很多企业的战略人才盘点都会把重点放在对"三高"人才的盘点和选拔上。

一、如何盘点"三高"人才

卓越的能力永远是完成任务的重要保障。同样,"三高"人才也是我们完成战略事件的第一选择。

"三高"人才的盘点并不难,只需要根据企业的能力素质评估结果,结合相关的战略事件,形成"高能力"评估指标,再按照指标进行选拔即可。

在这个过程中,我们最常用的方法是"360度能力评估法",该方法又称"360度考核法"或"全方位考核法",是指从自己、上司、直接部属、同人同事以及客户等角度对被盘点人进行全方位、无死角、360度的评估。

以2021年华东地区某品牌企业的战略人才盘点为例。该企业使用SWOT分析法梳理了企业的发展战略,确定了自身的紧急战略事件为:大力拓展全国市场。

在这一战略下,这家企业认真分析,认为它们急需一批销售型战略人才,以帮助企业实现拓展全国市场的发展战略。于是,这家企业对内部的销售人才进行了战略人才盘点,提拔了一批销售人才开疆拓土。

首先,企业对战略事件所需的销售型战略人才进行了调研和访谈,进而制定了这类人才所需的能力素质指标,其中主要包括影响能力、客户导向、成就动机、坚持不懈、交际能力、自信心、分析思维能力等。

然后,该企业根据制定的能力素质指标制定了"销售类战略人才360度盘点评分表"。这张表不仅涵盖了以上的所有指标,还对每个指标进行了详细的定义、说明和分值等级划分。

比如,在"影响能力"指标中,该企业将其定义为:运用数据、事实等直接影响手段,或通过人际关系、个人魅力等间接策略来影响客户,使其接受产品推荐并可能产生购买行为的能力。并且,这一指标还被分为如下五个得分等级。

"1分级"——直接说服:采用单一、直接的方法或论据说服客户进行购买,通常强调产品本身的优势。

"2分级"——简单多元法:采用两种以上的方法,或准备多种论据对客户进行说服,但仍然没有针对客户的特点进行产品推荐。

"3分级"——对症下药:善于换位思考,能够抓住客户的兴趣点和关注点(如爱好、利益、顾虑等),并通过满足其要求来显示对客户的重视和理解，从而获得客户的持续信任。预先考虑到不同客户的可能反应，提前做出应对预案。

"4分级"——巧借力法：寻找支持自己观点并能对客户真正产生影响的人物，使用连环套的方式对客户施加影响，如借助专家说法游说客户中的关键决策人物，利用人际关系网络进行间接影响等。

"5分级"——利益联盟：能够根据销售现场的情况设计复杂的影响策略，与关键人物结成利益联盟，通过私下沟通获取对方的支持，共同对客户施加影响。

在这张表中，只需要从自我、同级、上级、客户四个角度对被盘点人的各项指标进行打分，最终能够得到员工的"高能力"盘点结果。

通过这种方式，企业可以按照员工的能力将他们划分成三个等级，即引领者、推动者、执行者。

引领者是指能力很强，能完全胜任企业战略，有充分的能力引领战略事件的顺利实现的员工；推动者是指能力较强，能够胜任企业的一般性战略，在完成战略事件中起到一定推动作用的员工；执行者是指能力一般，无法充分适应企业战略发展需要，在达成战略事件过程中往往只能执行一些常规性任务，无法承接企业的战略事件的员工。

二、如何盘点"高潜力"人才

潜力，是未兑现的能力，是员工可以成长的空间，是未来的可能性。我们知道，战略是对未来的规划，面向的是企业未来的发展。因此，员工的潜力、成长性和未来的发展前景对战略事件也有着重要的影响。尤其是在一些中长期战略事件中，企业对"高潜力"人才的重视程度有时甚至会超过对"高能力"人才的重视程度。毕竟，"高潜力"意味着员工的将来拥有无限可能，也意味着无限的价值，谁不希望自己的企业里拥有和企业战略契合的潜力股呢？

不过，由于潜力因素的评估不好把握，所以企业在进行"高潜力"人才盘点时，难度往往要大过进行"高能力"人才评估。这也是很多企业在进行"高潜力"人才盘点时都会邀请外部专家进行专业指导的原因。

对于没有聘请外部专家进行专业指导的企业，我建议可以应用这两种方法对"高潜力"人才进行盘点：第一种方法是对人才潜质的行为化评估，第二种方法是从变革敏锐力、结果敏锐力、人际敏锐力和思维敏锐力四个方面来识别。

对人才潜质的行为化评估主要关注员工的以下五个方面：
①在学习任务和发展行动方面表现积极；
②习惯于主动寻求反馈并采取相应行动；
③经常从经验中汲取经验教训，杜绝错误的再次发生；
④能够迅速领会，并掌握新概念、新信息；
⑤主动学习岗位职责之外的知识和技能。

对于第二种方法，我们只需要对人才的四种"敏锐力"进行识别和判断即可，具备这几项"敏锐力"的员工在工作中往往具有更好的发展潜力，是值得我们信任的。比如，变革敏锐力高的人往往能够积极引入新的观点，喜欢创新，喜欢开拓；结果敏锐力高的人的目标导向和成就导向很强，对标准要求高；人际敏锐力高的人能及时高效地与团队交流，并反馈信息，能出色地帮助团队完成任务；思维敏锐度高的人在工作中比较追求卓越，会产生很多灵动性的方法。

这两种方法可以帮助企业识别员工的不同潜力，并将员工划分为三个等级：茁壮成长、有限成长、艰难成长。

茁壮成长，是指员工拥有较高的潜力，匹配企业的战略发展，其潜力支持其完成企业主要的战略事件；有限成长，是指员工拥有一般性潜力，勉强适应企业的战略需求，可完成一定的战略事件；艰难成长，是指员工潜力较差，无法适应企业战略发展的需求，最好不要承接企业的战略事件。

三、如何盘点"高绩效"人才

绩效是评价一名员工最直接、最简单也是最高效的指标。通常来说，绩效的好坏不仅在一定程度上可以体现员工的能力高低，也能够体现员工对工作的适应和匹配程度。在战略人才盘点中，高绩效也是一项重要的评判标准。

在第四章中，我们对绩效做了一定的介绍。对"高绩效"人才的盘点也可以借用第四章绩效管理与绩效考核的方法，对员工在近期内的绩效进行评估。根据绩效评估的结果，企业可以将员工划分为三类：功勋者、贡献者、达标者。

功勋者是企业绩效的主要创造者；贡献者是指对企业绩效达成有较大贡献的人；达标者是指完成绩效标准，在绩效考核中合格的人。

值得一提的是，企业对战略人才的盘点主要是针对绩效达标者进行的。对于绩效未达标者，企业往往不予考虑。

对于那些在常规绩效中表现较差，但是在战略盘点中表现出极佳的能力和潜力的人才，可能是"人岗不匹配"。在进行战略人才选择时，企业需要认真研判和审慎应对。

四、如何设计战略人才九宫格

对高能力、高潜力、高绩效人才的盘点是企业战略人才盘点的核心。完成了这三项盘点之后，企业可以根据盘点结果设计专门的"战略人才九宫格"。

所谓战略人才九宫格，是指以能力及绩效作为两轴，或以潜力及绩效作为两轴，每一轴根据不同能力或不同潜力展现的程度，再细分为三个等级，交叉发展出九个不同的格子，然后将人才按照相应的标准分别划入这九个格子中，从而反映出人才在各项指标上的优劣区别，进而选拔出优秀人才的方法，如图5-4所示。

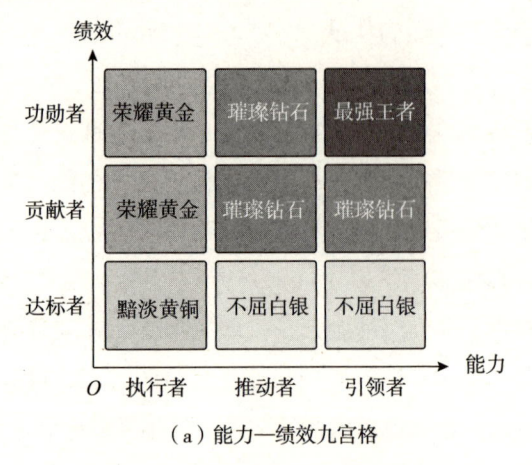

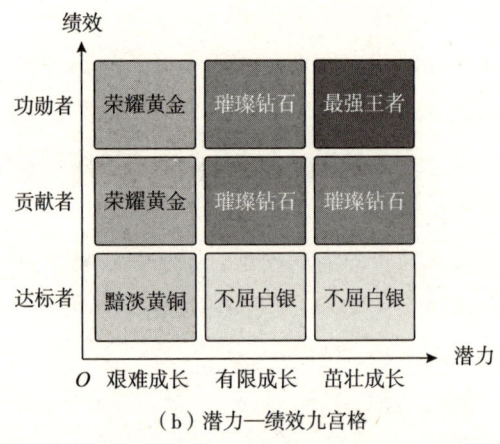

```
绩效
功勋者 | 荣耀黄金 | 璀璨钻石 | 最强王者
贡献者 | 荣耀黄金 | 璀璨钻石 | 璀璨钻石
达标者 | 黯淡黄铜 | 不屈白银 | 不屈白银
         执行者    推动者    引领者     能力
```
（a）能力—绩效九宫格

```
绩效
功勋者 | 荣耀黄金 | 璀璨钻石 | 最强王者
贡献者 | 荣耀黄金 | 璀璨钻石 | 璀璨钻石
达标者 | 黯淡黄铜 | 不屈白银 | 不屈白银
         艰难成长  有限成长  茁壮成长    潜力
```
（b）潜力—绩效九宫格

图5-4 某企业战略人才九宫格

从图5-4的某企业战略人才九宫格中我们不难看出，在战略人才九宫格的模型中，企业可以按照标准将员工划分到九个格子中，并将九个格子划分成五个不同的区域，如某企业就将这五个不同的区域分别形象地表示为：最强王者、璀璨钻石、荣耀黄金、不屈白银、黯淡黄铜，最终形成企业的"人才地图"。

不同区域的员工对战略事件的承接和执行各不相同，我们也需要报以不同的态度。比如，"能力—绩效九宫格"反映的是员工能力和绩效之间的关系。其中位于九宫格右上角的"最强王者"是在绩效和能力的评估中表现都极为优秀的人才，他们是九宫格中的明星，是企业关注的核心，也是承接企业战略事件的重点对象。

"璀璨钻石"位于九宫格的中上部，属于能力和绩效都比较优秀的人才，是仅次于"最强王者"的次一级人才，可以承接一部分难度较小、较为常规的战略事件。

处于"荣耀黄金"区域的员工是绩效不错，但能力待提升的人才。对于这部分的员工来说，重点是做好手中现有的工作，安排他们承担企业的战略事件可能存在较大的难度。企业所要做的是想办法维护好他们目前工作的积极性和斗志，并让他们在常规工作中保持高产出，而非考虑让他们完成战略事件。

处于"不屈白银"区域的员工，表现出一定的工作能力，但是绩效欠佳。这个群体值得企业认真分析：为什么他们能力不差，但是绩效却不好呢？是因为外界因素，需要企业下一步给他们创造条件，匹配资源激发他们的能力呢？还是因为企业没把这些人放对位置，以至于他们的能力在目前的岗位上无法发挥出来？这类员工在能力得到充分确认和开发之前，也不宜承接相关的战略事件。

最后是位于九宫格左下角的"黯淡黄铜"区域，处于该区域的员工在能力和绩效上都存在明显问题，不仅不宜承接战略事件，而且还要审慎使用。对于长期处于"黯淡黄铜"区域的员工，企业往往需要对其进行强化培训或调岗，如果通过培训或调岗仍不符合企业的要求，可能需要采取一些强硬的措施。

再比如，"潜力—绩效九宫格"反映的是人才潜力和绩效之间的关系。

九宫格右上角的"最强王者"表示绩效与潜力俱佳的人才，我们将这部分人称为"高潜人才"，他们往往是企业未来一段时间培养的核心，是战略事件的重要承接者，也是企业未来发展的关键。

九宫格中央的"璀璨钻石"表示在潜力和绩效上表现都较好、值得培养的人才，可以承接一定量的战略事件。

处于"荣耀黄金"区域的员工,绩效不错,但潜力有限。显然,这类人的能力在工作中已经达到极限,未来可能缺乏进步空间。对于他们,可以安排其承接少量短期的战略事件,但企业不宜将重点放在这些人身上。

处于"不屈白银"区域的员工,虽然绩效欠佳,但是潜力巨大。针对这类员工,企业也需要进行一定的分析,找出业绩不佳的原因,然后及时加以调整,辅导其进行业绩改进。鉴于其优秀的潜力,他们很有希望成为企业的高潜人才,只要他们在辅导和培训中得到提升,就可以承担起企业的战略事件。

对于处于"黯淡黄铜"区域的员工来说,其在绩效和潜力上表现都不佳,需要企业进行岗位调换,或者采取其他处理措施。

通过"能力—绩效"和"潜力—绩效"两套战略人才九宫格的盘点,我们会对企业现有人才形成一个初步的认知和判断。

在此基础上,只需要将两套战略人才九宫格盘点的人才进行相应的排序,并最终形成一套综合绩效、能力和潜力的排名,就能得出企业所需的"三高"人才。

"三高"人才是承接我们战略事件的核心和关键,是实现企业战略的主要承载。我们的战略薪酬也主要是针对这一类人才的激励而设计的。

第四节　如何进行战略薪酬设计

战略薪酬是对完成战略事件的人才的一种专项激励。一般来说,战略薪酬的激励有两种:一种是针对员工达成的特殊任务进行激励,另一种是针对员工所做的突出贡献进行激励。

所谓特殊任务,就是员工为了执行企业战略规划范围内的战略事件而进行的临时性的、突然性的工作任务,这些工作由于在短期内难以量化,无法通过传统薪酬模式衡量其价值贡献,所以需要用战略薪酬对其战略价值进行衡量和激励。

比如，某大型集团企业为了开拓新市场，将成熟市场的华南区销售总经理调往完全待开发的西北区，在该区从零开始建设销售团队和开拓市场。

类似这种跨区域的人员调动，由于可短期衡量的绩效相差太大，根据企业薪酬体系，个人绩效薪酬会受到很大影响，而其事件性质是战略性的，且一般具有突发性、临时性等特征，所以属于特殊任务。

对于这种特殊任务，企业往往采用里程碑式激励。也就是说，企业需要根据战略事件的重要程度、完成难度、完成周期、人员投入、资源配置，以及企业其他情况，对战略事件的价值进行评估，并设置相应的薪酬包（这里是指战略薪酬的预算总额）。

当员工达成或按阶段达成战略任务时，企业就可以按照事件的里程碑或阶段性任务给员工分配相应的薪酬（或奖金）。比如，某企业为研发总监制定的特殊任务是"自研数字化体系"，达成第一阶段任务，获得战略奖金6万元；达成第二阶段任务，获得战略奖金10万元；达成第三阶段任务，获得战略奖金18万元。

所谓突出贡献，是指员工在促进企业战略发展、达成战略事件等方面起到巨大的推动作用，或者对企业攻克战略难题做出重要贡献。

比如，某企业销售员工将个人的某些特殊资源提供给公司，为公司带来巨大商业价值；某研发人员通过不懈努力，终于攻坚克难，完成重点技术研发，帮助企业攻克技术难关，实现跨越发展。

显然，这些贡献对企业具有巨大价值，已经远远超过了本岗位及其绩效核算的标准，且在大多数薪酬模式下都无法真正衡量其潜在的战略价值。因此，我们也可以采用战略薪酬对这类员工进行专项激励。

对于这种突出贡献，企业最好采取即时性激励。所谓即时性激励，是指员工一旦完成战略事件，企业确认其贡献价值后，立即对员工进行激励。这样做可以很好地强化激励效果。比如，某企业营销总监在"线上渠道开拓"中做出突出贡献，开拓了两条全新的线上渠道，企业一次性奖励其3万元的战略奖金。

需要注意的是，无论是里程碑式激励，还是即时性激励，战略薪酬的激励都只能是一次性的。

比如，一些企业规定：在特殊任务中，只要员工按照事先制定的标准达到或完成某一阶段的任务，就对其进行相应的激励；或者在整个战略事件完成之后，按照整个战略事件的标准进行一次性激励。

和特殊任务的薪酬激励一样，对员工的突出贡献也只能进行一次性激励。一些企业在对员工突出贡献进行激励时，由于员工贡献价值持续时间长，因此会在未来很长一段时间里对其进行反复激励，这也是不合理的。

比如，某企业为了鼓励研发人员的技术创新，规定研发人员只要研发出新产品或新技术，在未来就可以不受时限地享受永久提成。这一方案看似有很强的激励性，但是对研发人员来说，很容易导致他们之后"坐享其成"，不再追求技术创新和产品改进，最终沦为企业的"闲人"。对于企业来说，这很容易形成"养闲人"的氛围，最终滋生不良企业文化。

我们再通过一个真实的案例来了解战略薪酬的具体设计。这是一家华东地区的消费品企业，自20世纪早期创立以来已有百年历史。在这百年里，这家企业披荆斩棘，经历过无数波折，成为该地区家喻户晓的"百年老店"。

不过，进入21世纪以来，尤其是进入数字化经济时期以来，由于互联网的巨大冲击，行业发生翻天覆地的变化，这家企业在传统竞争中建立起来的优势逐渐丧失，面临前所未有的巨大挑战。

为了扭转这一不利趋势，这家企业决定调整战略，重新规划发展路线。为此，企业对内部进行了调整和改革，梳理了企业的发展战略方向，制定了企业新的发展战略方案。为了应对一些极为紧迫的重点战略规划，这家企业规划了战略事件，设置了战略薪酬，希望以此为抓手，在互联网时代获得新的发展契机。

在这个过程中,这家企业首先运用 SWOT 分析法对企业战略进行梳理,然后制定了战略事件,并进行战略人才盘点,最终建立起相应的战略薪酬。其具体操作如下。

一、战略分析

运用 SWOT 分析法进行战略分析

1. 企业自身的优势与劣势

1)优势(S)

①百年老店,品牌知名度较高,消费者认可度高;

②市场(渠道)相对稳定,团队相对稳定,传统市场操盘经验丰富;

③立足本土市场多年,了解本土消费者的消费习惯和地区文化。

2)劣势(W)

①市场稳定带来了相对固化的思维模式,难以突破现有的业务模式;

②在互联网时代下,缺乏与市场创新相对应的战略性人才,整体创新能力相对欠缺;

③对数字化营销存在盲区,如本土文化营销相对欠佳,营销与文化结合不到位。

2. 行业呈现出新的特点带来的机会与威胁

1)机会(O)

①中国城镇居民收入的持续增长意味着消费品市场的巨大潜力;

②中国文化元素日益受到青睐,越来越多的本土企业快速崛起;

③中国消费屡创新高,消费升级已是大势所趋,从线下到线上的趋势愈加明显。

2)威胁(T)

①行业整体增速放缓,爆发式增长难以再现;

②行业竞争日趋激烈,包括国外巨头与国内新兴企业带来的挑战;

③互联网时代的到来极大地改变了消费者的购物习惯，传统的大型零售实体渠道经营承受了巨大的压力。

确定业务战略发展方向和战略目标

基于SWOT分析法，这家企业规划出新的业务战略发展方向和战略目标，并制定了战略事件。

1. SO 战略

通过优势与机会的组合分析，找到最大限度的发展模式。可以采取的战略是：中国文化体系的建设，从价值与取向、技术与物质文化、审美与艺术、语言与文字风格等多维度打造最适合中国消费者的产品。

2. WO 战略

通过劣势与机会的组合分析，利用机会，回避劣势。可以采取的战略是：建立快速的市场反应机制，挖掘、培养和招募战略性人才，创建中国文化元素产品经理和数字化营销团队。

3. ST 战略

通过优势与威胁的组合分析，利用优势，减少威胁。可以采取的战略是：加强对渠道的覆盖和掌控能力，在深耕现有渠道优势的同时不断开拓包括线上渠道在内的新兴渠道并加大投入。

4. WT 战略

通过劣势与威胁的组合分析，减少威胁，回避劣势。可以采取的战略是：利用数字化营销平台与消费者进行高质量、高频次的直接互动，深度打通线上和线下渠道，在全国试点新商业模式。

基于SWOT分析法，这家企业提出了自己的战略目标，即五年实现营业收入150亿元，并制定了相应的战略事件。比如，在市场营销方面，其战略事件是开发高度创意性的品牌活动；在市场渠道方面，其战略事件是开拓全新的战略渠道；在技术研发领域，其战略事件是构建高度自主化的数字化体系……

根据企业的现有资源情况和战略事件的紧急程度，企业对各类战略事件进行了排序，确定了执行的先后顺序和资源投入量。

与此同时，针对这些战略事件，这家企业对现有人才做了战略人才盘点，选拔了一批优秀的战略性人才承担战略事件重任。

二、人才盘点

基于企业战略目标进行的架构调整

由于这家企业在战略上的调整幅度较大，为了适应这种战略变化，这家企业首先对企业的组织架构进行了调整和改革，新增了零售事业部，增设了中国文化元素产品经理、内容营销经理、数字化营销平台总监等岗位。

基于企业战略目标进行的人才盘点

为实现五年营业收入 150 亿元的战略目标及相应的战略事件，这家企业按照能力、潜力、绩效等因素对企业内人才进行了盘点，形成战略人才九宫格，并对其进行排序，最终得到企业所需的战略人才，如图 5-5 所示。

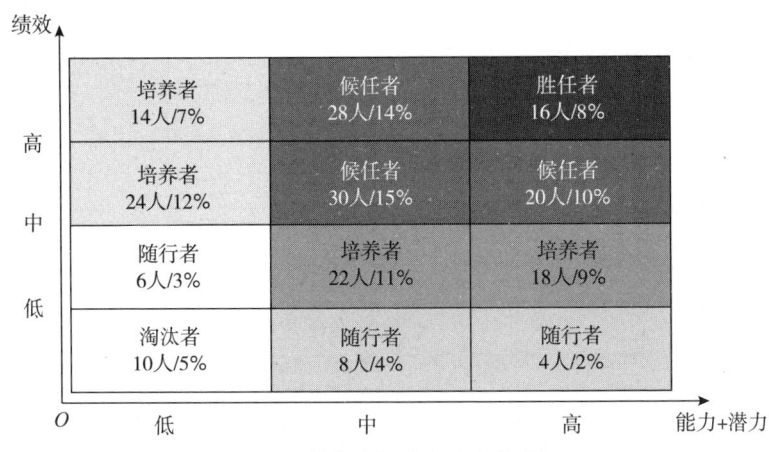

绩效	低	中	高
高	培养者 14人/7%	候任者 28人/14%	胜任者 16人/8%
中	培养者 24人/12%	候任者 30人/15%	候任者 20人/10%
低（中段）	随行者 6人/3%	培养者 22人/11%	培养者 18人/9%
低	淘汰者 10人/5%	随行者 8人/4%	随行者 4人/2%

能力+潜力

图 5-5　某企业战略人才盘点成果

基于战略需求对外进行人员招募

对于内部尚未挖掘或未发现胜任者的情况,这家企业根据人才需求对外进行战略人才招募。

三、战略薪酬设计

通过以上步骤,这家企业完成了战略事件设置和战略人才盘点,得到了负责具体战略事件的战略人才。最后,针对线上渠道开拓、高度创意性品牌活动开发、高度自主化数字化体系的构建等战略事件,这家企业制定了对应的战略薪酬,具体如表 5-1 所示。

表 5-1 某企业战略薪酬对应简表

战略事件负责人	战略事件类别	事件完成度	战略薪酬/万元
王发达	线上渠道开拓	完成合格的渠道开发 5 个	3
		完成合格的渠道开发 8 个	5
		完成合格的渠道开发 15 个	12
赵精明	高度创意性品牌活动开发	创意性品牌活动开发 2 个,并达成销额提升目标量	3
		创意性品牌活动开发 4 个,并达成销额提升目标量	6
		创意性品牌活动开发 6 个,并达成销额提升目标量	12
钱兴旺	高度自主化数字化体系的构建	完成体系构建的第一阶段	6
		完成体系构建的第二阶段	10
		完成体系构建的第三阶段	18

对战略的定义,每个企业都有自己的考量,也都有自己的方向和答案,所以,战略薪酬的设置也并非千篇一律地要遵循从确定战略事

件到战略人才盘点，再到战略薪酬设计的流程，这种流程是适合大多数企业的一种模式，也是相对流程化操作的一种模式。我曾经服务过一个企业就采用了一种完全不同的模式，他们选择直接设立"核心竞争力薪酬"（即战略薪酬），因为他们十分明确自己的核心竞争力就在于他们的技术，需要依靠技术突破去冲击更广大的未来。因此，他们增设这一薪酬的首要目的就是吸引行业的高精尖技术人才，去突破技术桎梏。我还记得十分清楚，该企业原本设定的原则是：对技术人才加入这一薪酬，达到行业的75分位。但是老板强调了一句："这是未来！"最终，技术人才的薪酬飙升到了行业90分位以上的水平，而且老板要求把这一部分薪酬纳入固定薪酬中，而非浮动薪酬。当然，为此我们为该企业专门设计了针对性的人才招聘和考核等方案，否则，高薪发出去了，价值没有创造到位，薪酬就失效了。而且，除了企业的战略认知，相比于岗位薪酬、能力薪酬和绩效薪酬的系统性和完整性，战略薪酬其实还在持续不断地发展和丰富，因此，在应用过程中，企业需要以更加务实的心态、更加细致的研究、更加灵活的方法建立企业的战略薪酬。

关于战略薪酬更多更具体的内容和工具，读者可以通过扫描本书"结束语"后面的微信二维码，向作者索取相关资料。

第五节　运用好"四维薪酬"，让你的薪酬更有竞争力

或许，你已经对自己的薪酬体系有了新的了解，或者脑海中逐渐显现了清晰的轮廓。现在，让我们回顾四维薪酬体系的每一个部分。

在回顾整个四维薪酬体系之前，我们试着回想，薪酬对于企业和员工的价值分别是什么？换言之，企业和员工在薪酬问题上的根本动机是什么？

企业希望通过薪酬体系激活员工，创造更多的价值，实现企业的发展目的，也就是企业的战略诉求。

员工希望通过薪酬体系获得收入，满足自己的需求。员工的需求是多样的，但按照马斯洛需求层级理论，基本可以分为生理需求、安全需求、爱与归属的需求、尊重需求和自我实现的需求。

事实上，我们一直都在围绕这两点运作。从企业和员工的潜在动机出发，我们提出"上联战略、下接策略、对内公平、对外吸引、远能发展、近能激励、动可挑战、静有保障"（上、下、内、外、远、近、动、静）的"八字方针"。

不妨花一些时间，仔细审视你的薪酬体系，看看它是否真正符合了这八个字的要求。

如果符合，那么恭喜你，这是一件美妙的事情，你会发现：你的薪酬体系正在帮助企业变得更好、更健康、更团结，也更容易实现自己的战略意图和经营目的，也让你的员工变得更有活力、更主动、更有责任和担当，同时也更愿意和企业"同呼吸，共命运"。

如果不符合，你会很容易发现你的薪酬体系存在各类"病灶"，会遭遇各种拦路虎。它们有的像洪水猛兽，会在某个关键时刻突然跳出来，给你"致命一击"；有的像蚂蚁跳蚤，会时不时地在企业管理中冒出来，冷不丁地咬你一口，让你始终不在状态。这时候，你或许需要想一想，是不是到了改变的时候了？是不是需要对薪酬体系进行调整和改变了？

一、让你的薪酬朝着四维薪酬体系转变

事实上，很多企业的薪酬设计跟企业和员工的潜在动机的关系是不紧密的，部分企业是缺失的，少数企业则是违背的。

出现这种情况，首先是企业薪酬理念上的问题，其次则是单一化薪酬带来的一系列问题。

很多企业不愿意承认自己的薪酬体系过于单一，尤其是部分中小企业，在他们的薪酬设计中，你会发现岗位薪酬、绩效薪酬，甚至是能力薪酬的身影，这是很不错的。可问题是，它们之间的结合不够稳固，自成体系，无法统一于一套完善的体系和结构之下，无法形成统一的系统。

这样导致的一系列后果就是，企业的薪酬体系看似有模有样，体系庞大，可是实际作用却是有限的，甚至是失败的。所以，本书系统性地提出了"四维薪酬体系"，就是希望企业可以借此对自身的薪酬有一个更全面的了解。

所谓四维薪酬，就是从岗位、能力、绩效和战略四个维度对企业薪酬进行全面的设计，以适应企业对薪酬的多样化需求。

在四维薪酬体系中，岗位薪酬是起点，岗位是企业战略的最小承载单元，是员工完成工作的依托。没有岗位，企业的战略难以启动，经营难以开始，工作难以执行。所以，薪酬设计理当从岗位薪酬开始。

岗位薪酬是在衡量岗位价值的基础上对岗位设置的薪酬。因此，岗位薪酬评估往往从价值评估开始，通过一定的评估方法，构建企业的职级薪级体系，从而形成岗位薪酬。

在岗位薪酬基础上，为了避免薪酬单一化给企业带来诸多问题，我们又增加了一个评估项，那就是员工能力。

能力是员工完成工作的前提保障。能力优异的员工往往能较好地完成上级下达的任务；能力有限的员工在工作中的表现往往不尽如人意。所以，员工能力作为薪酬设计的依据之一无可厚非。

能力薪酬的设计需要从能力评估开始。对员工能力的评估，需要企业构建能力素质模型，然后对薪级体系进行拓展，构建薪档体系。结合岗位薪酬和能力薪酬，形成"薪级+薪档"的双维度薪酬体系。

由岗位薪酬和能力薪酬构成的这部分薪酬被大多数企业视为固定薪酬。这部分薪酬浮动性小，相对比较稳定，一旦确定，短期内不会发生大幅度的变化。

岗位薪酬回答了一个核心问题：企业到底需要什么能力的员工来完成战略任务？能力薪酬回答了另一个核心问题：我的员工是否具备这样的能力？

另一个问题摆在我们眼前：员工处于某个岗位，拥有某些能力，但是能否真正将能力转化为业绩，为企业创造价值呢？

岗位薪酬和能力薪酬对这个问题束手无策。这就需要绩效薪酬来帮助企业解决问题了。绩效对员工表现和结果有着很好的衡量作用。通过它，企业可以很好地判断员工是否在按照岗位和能力的要求工作，是否能够满足我们的预期。

绩效薪酬是很多企业的"心头痛"，因为绩效薪酬往往需要一套完善的管理体系，需要实时、动态的管理，这无疑增加了它的难度。不过，它带来的价值也是显而易见的，对于企业的帮助更是不言而喻。

对于企业中的大多数岗位来说，其薪酬主要由岗位、能力和绩效三个核心内容构成。不过，这样的薪酬设计较为常规，主要用于应对一些常规人才和岗位，在处理特殊的战略性事件时会显得不够灵活和缺乏针对性。所以在此基础上，我们还要引入战略薪酬，最终形成"岗位+能力+绩效+战略"的四维薪酬体系。

在这里，岗位薪酬和能力薪酬是基于岗位价值和员工能力形成的薪酬，通常属于入职者的必得部分，即固定薪酬；绩效薪酬和战略薪酬往往需要根据员工的实际表现和完成情况而定，具有很强的浮动性，所以被视为浮动薪酬。

由此，我们的四维薪酬被划分为固定薪酬和浮动薪酬两部分。这两部分的关系是企业薪酬设计的重点。

一般来说，企业需要先确定固定薪酬，再根据固定薪酬，结合自身情况，设置对应的固浮比，从而得到浮动薪酬。

值得一提的是，由于战略薪酬是根据战略事件而定的，往往具有很强的独立性，需要单独列出，单独激励。所以，大多数企业的浮动薪酬（即固浮比关系）针对的往往是绩效薪酬。

二、如何使四维薪酬体系更有竞争力

在多年的管理咨询服务过程中,我发现一个有意思的现象:在一些薪酬体系看似很完备,甚至薪酬收入明显高于同行的企业中,很多员工却好像并不积极。即便手里拿着高于常人的薪酬,他们还是照样会离开,甚至连头也不回。这是为什么呢?难道这些人对金钱不感兴趣吗?

2019年的一个晚上,浙江一名交警在例行的巡逻检查中拦下一位违规骑行的青年。这位青年下车后,情绪突然崩溃,放声大哭,并跪在地上,乞求交警快点处罚他,好尽早让他过去。

交警看他情绪异常,于是安抚他,问他到底发生了什么。这时候,这个青年才控制住情绪,对交警讲:女朋友下班回家,忘记带钥匙。他急匆匆赶回去,是给女朋友送钥匙。

给女朋友送钥匙,耗费几分钟,想来也是可以谅解的,为什么会让他情绪崩溃呢?原来,这位青年是某互联网公司的程序员,最近几个月来他一直在加班,尤其是这个月以来,他更是天天加班到凌晨。有时候加班太晚,他甚至会忘记和女朋友的约会。两人的关系因此受到影响。这次,女朋友又在电话里催促他,他因此而情绪崩溃了。

这件事情看似和薪酬没有关系,但是却值得我们深思。当日常的工作已经侵入员工的正常生活,甚至影响人生发展、破坏伴侣关系,对员工造成不良影响时,试想一下他们对工作和企业的态度会是怎样?

一个让员工连续加班一个月,致使其和女朋友关系恶化、濒临崩溃的企业,员工会忍受多久呢?

在大部分高压企业里,员工都无法坚持太久。他们的想法是,赚到了足够的钱就会跳槽离开。同样,糟糕的工作环境、恶劣的内部关系、缺乏凝聚力的团体等因素都可能影响员工对企业的看法,从而转变员工的心意。

20世纪70年代初,埃德·劳勒发现很多企业有类似的情况。在这些企业中，员工们拿着高工资，享受着高收入，可还是一扭头就离开公司，甚至连头也不回。于是，他认为影响员工态度的绝对不只是金钱这么简单。在一番研究后，他提出了"全面薪酬"。

就像它的名字一样，全面薪酬试图找到对员工带来影响的所有因素，其中包括显性薪酬和隐性薪酬两部分。

显性薪酬是指薪酬中的物质性奖励，最直观的就是每个月到手的工资，由于它是肉眼可见的，所以被称作显性薪酬。隐性薪酬是相对于显性薪酬而言的非物质性的奖励，由于这部分薪酬并非肉眼可见，所以被称作隐性薪酬。将显性薪酬和隐性薪酬结合在一起，就形成了企业的全面薪酬。

在人们的传统观念里，薪酬主要是指物质性激励，也就是俗称的"钱"，包括工资、奖金、津贴、经济性福利等。但是，全面薪酬则认为，非物质性激励和物质性激励一样重要，两者构成了薪酬的全部内涵。

在这种观点下，企业想要让薪酬更有竞争力，除了需要一套完善的薪酬体系，往往还需要考虑更多的因素，比如组织环境、工作环境、员工心理满足、自我价值达成、组织感、参与感、归属感、成就感、其他心理收益和一定限度的决策权等。

很多企业已经意识到这个问题。这些企业不仅在薪酬体系上下功夫，也在努力丰富薪酬的定义，并付诸实践，他们着力改善办公条件，优化工作环境，为员工营造更舒适、平和、安静的工作氛围，同时通过一系列措施来展现企业与员工的"共赢"关系，比如丰富员工福利、保障员工权利、下放部分决策权等。

不过，有的企业似乎做得有些"过火"了。有一则新闻令我记忆犹新：某家大型互联网企业根据内部员工职级为员工提供了不同的"如厕等级"，比如总监可以享受独立的"豪华级厕所"，而普通员工则只能忍受"100人3个坑位"的普通厕所。

在全面薪酬系统中，谁又能说"如厕条件"不是其中一项呢？不过，将如厕条件与职级挂钩，纳入薪酬体系中的确很少见。其中的优劣好坏，也很难评说。

但是，单纯就方法而言，将隐性薪酬与显性薪酬对等，在企业实行差异化的隐性激励，的确是一个好办法。比如在工作中，随着员工等级的提升，其办公室、办公桌等常见的办公设备也会有明显的优化，这其实也是一种差异性的隐性激励。

差异性的隐性薪酬激励在潜移默化中可以暗示员工可实现的未来期待是什么，可以为员工铺陈一个潜在的诱人意象和可能的成功结局，让他们清晰地看到自己努力的结果是什么以及在企业中可以获得的收益是什么。

总之，一套富有竞争力的薪酬体系，显性的物质性激励绝对是核心，是不可或缺的重点。可是，隐性的非物质性激励也同样重要。企业需要兼顾两者，既要从四维薪酬体系着手，完善企业的物质性激励的构建，也要借鉴全面薪酬理念，推进非物质性激励的落实。只有这样，才能真正实现我们在《第一部分　八字方针篇》中提出的"上联战略、下接策略、对内公平、对外吸引、远能发展、近能激励、动可挑战、静有保障"的"上、下、内、外、远、近、动、静"的"八字方针"薪酬设计理念。四维薪酬体系设计全景图如图5-6所示。

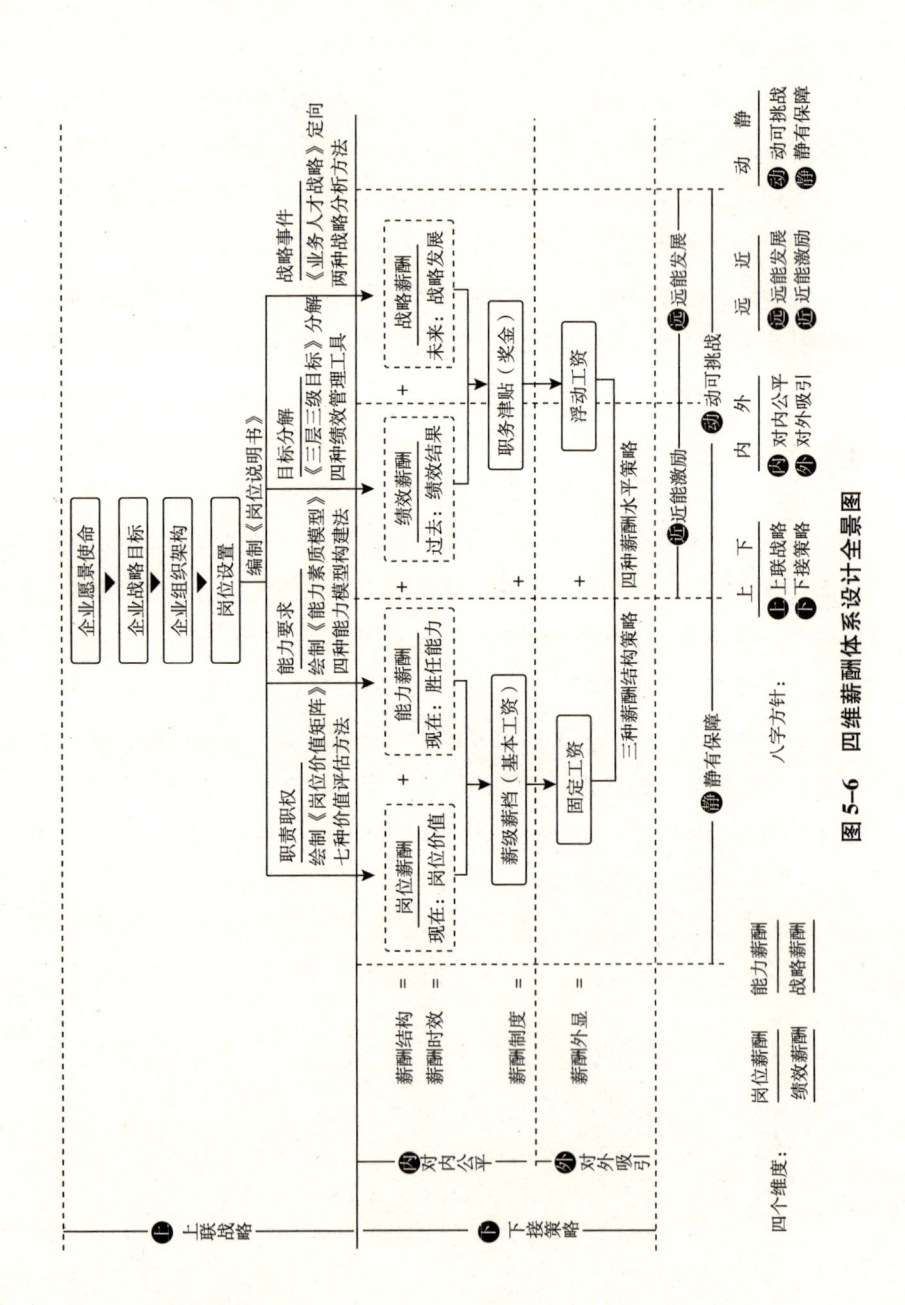

图 5-6 四维薪酬体系设计全景图

第三部分

薪酬管理篇

事实上，我几乎在每个关于薪酬的管理咨询项目中都会提醒老板：薪酬是一个持续的、动态的、调整的系统性工程。

可是，这句话的收效好像并不大，很多老板会对这句话报以礼貌的微笑，然后置之不理；很多老板根本没有意识到这句话的重要性完全不亚于一套薪酬方案的价值，因为它是薪酬制度和薪酬管理的精髓。

很多企业的薪酬设计还不错，可问题却出在了没有配套的薪酬管理体系，或者薪酬管理体系过于固定、僵化，最终拖累了薪酬设计的实施。

完善的薪酬管理体系是企业实施薪酬设计的重要保障，是不可或缺的重要组成部分。它主要包括薪酬诊断、薪酬预算和薪酬管理制度。

第六章
保障：薪酬管理

第一节　薪酬诊断：要想薪酬健康，就给你的薪酬做一次体检

现代人越来越重视健康了。每隔一段时间，人们便会去做一次体检，检查身体状况。现代医学研究表明，大多数疾病都有一个相对长期的潜伏过程。通过体检可以排查危险因子，实行有效干预，阻断疾病扩散。对于一些慢性病，或者处于潜伏期的疾病来说，体检是投入最少、效果最佳的预防措施。体检是为了尽早发现疾病，将之扼杀在摇篮中，尽可能避免疾病对人体造成伤害。

很多企业将"体检"的概念引入日常管理，运用在企业的薪酬管理中，每隔一段时间，便会对自己的薪酬体系进行一次大检查。

不过，也有一些企业本着"不检查就没有病"的心态，抗拒这种"薪酬体检"。曾经有一位老板对我讲："管理嘛，总会有点小毛病，特别是对我们这种中小企业来说。这也查，那也查，到头来没病也得看出病。"

很多中小企业的管理者都抱有这位老板一样的心态，心里想着

"不查不病，小查小病，大查大病"。

实际上，改革开放以来，中国经济飞速发展，许多企业经历了跨阶段的跳跃式发展。狂飙突进式的发展中，许多企业的体量和规模急剧扩大，管理却迟迟跟不上，大量弊端被隐藏和遗留了下来。尤其是人力资源管理上的问题过去更是被许多企业所忽视，成为潜藏在企业内部的重大危机之一。

据相关调查显示，我国中小型企业的平均寿命只有短短2.4年。也就是说，大量企业还没有跨过第一个发展阶段就惨遭夭折；很多企业在跨入下一阶段后便会如履薄冰，很难再往下发展。

解决这类问题的最好办法就是对企业进行定期的"体检"，了解企业的运营状况，及早发现问题，将威胁扼杀于摇篮。在薪酬问题上，八字方针诊断法就是一种很好的薪酬诊断方式。

八字方针诊断法是从我独创的"八字方针"薪酬设计理念基础上蜕变而来的，它的目的是推动企业从薪酬政策、薪酬水平、薪酬动力、薪酬结构四个层次，以及战略、策略、公平、竞争、发展、激励、挑战、保障八个方面，对薪酬进行全方位的诊断，从而帮助企业回答薪酬体系中最核心的三个问题：

（1）企业是否有明确的付薪理念？是否清楚自己为什么而付薪？（即薪酬价值）

（2）企业是否有明确的付薪政策？是否清楚自己如何付薪？（即薪酬体系）

（3）企业是否有明确的付薪预期？是否清楚自己想要的效果？（即薪酬效用）

一、薪酬政策诊断

薪酬政策是指企业内和薪酬相关的一系列方针政策。薪酬政策的影响往往是根本性的，对企业薪酬有着决定性作用。所以，薪酬政策诊断也是八字方针诊断法首要关注的层面。

薪酬政策包括企业的战略和策略，对应八字方针中的"上联战略，下接策略"。其中，战略是薪酬的出发点，更是企业关注的核心和焦点。

对战略层面的诊断，需要企业站在一个较为宏观的层面去思考企业的愿景使命、文化理念、发展周期、战略目标，以及具体形成的诸多战略事件，从而回答企业发展的核心问题：

（1）你的薪酬体系是否源于企业的愿景和使命？

（2）你的薪酬体系是否体现了企业的文化理念？

（3）你的薪酬体系是否匹配企业的发展周期？

（4）你的薪酬体系是否联动了企业的战略目标？

（5）你的薪酬体系是否涵盖了企业的战略事件？

如果说战略是薪酬的出发点，那么策略就是薪酬的着力点。战略是对企业未来的发展方向的关注，策略则是对企业当下发展的把握。策略的作用在于，让我们的薪酬更好地服务于企业的战略目标。

对策略层面的诊断，需要企业思考的是，如何通过薪酬将企业的宏观战略真正地落实到企业的发展中去？它需要回答的核心问题是：

（1）你的薪酬体系是否契合企业的组织架构？

（2）你的薪酬体系是否基于岗位价值进行设计？

（3）你的薪酬体系是否对企业目标进行了分解？

（4）你的薪酬体系是否区别了员工的责权能绩？

（5）你的薪酬体系是否体现出岗位和个人的差异？

二、薪酬水平诊断

薪酬水平是指企业支付薪酬数额的高低状况。企业的薪酬水平一方面与企业内部的公平性正相关，另一方面对外部人才吸引也有着重要的影响。薪酬水平诊断对应八字方针中的"对内公平，对外吸引"。

公平问题既是绝大多数企业都头疼的问题，也是最容易引发员工不满的问题。员工对公平的感受往往源于自身感知。这种感知首先是对薪酬绝对价值的感知，也就是他能赚多少钱？这些钱是否和他的工作付出成正比？其次，这种感觉来自和他人的比较，和同事比，他的薪酬是否合理？他是不是比同事干得更多却赚得更少？最后，和企业外部的同行比，他是否和大部分同行赚到了一样多的钱？

对公平问题的诊断，企业需要从价值评估逻辑、衡量标准和内外部的比较中回答以下几个核心问题：

（1）你的薪酬体系是否建立在明确的评估逻辑上？

（2）你的薪酬体系是否有明确的衡量标准？

（3）你的薪酬体系能否让员工有明确的对比感知？

（4）你的薪酬体系在内部进行比较是公平合理的吗？

（5）你的薪酬体系和外部进行比较会更有吸引力吗？

对外吸引往往建立在企业薪酬水平在市场上有足够竞争力的条件上。一般来说，50分位可以留住人才，75分位可以吸引人才，90分位可以从竞争者手中"挖"人才。

想要让企业的薪酬更有吸引力，企业往往需要从行业、区域、岗位等方面分析市场薪酬态势，从而回答以下几个核心问题：

（1）你的薪酬体系在同行业中有优势吗？

（2）你的薪酬体系在所在区域中有优势吗？

（3）你的薪酬体系在岗位上有竞争优势吗？

（4）你的薪酬体系在结构上是否更有吸引力？

（5）你的薪酬体系是否有足够的调整空间？

三、薪酬动力诊断

薪酬动力是指企业的薪酬体系具备的激励效果，薪酬动力越高，越能够有效地激活员工,让员工为企业创造更大的价值。

员工的动力一般来自两个方面:首先是外部的激励唤醒,这种动力来自外部的刺激,是企业通过一定物质激励可以唤醒的动力;其次是内部的自我驱动,这是由员工内在的自我意识形成的动力。

所谓薪酬动力诊断,就是去检验企业的薪酬能否真正唤醒员工的这两个动力。薪酬动力诊断对应八字方针中的"远能发展,近能激励"。

每个人都渴望在工作中获得更好的机会,取得更大的进步,创造更大的价值,实现更高的成就。对于员工来说,发展前景的好坏关系着他们的前途,也决定着他们的命运。好的薪酬体系会充分考虑员工的发展诉求,为员工提供更好的发展可能。

对发展问题的诊断,企业需要从成长阶梯、发展空间、发展通道、加薪频次等问题入手,回答以下几个核心问题:

(1)你的薪酬体系是否呈现了个人成长阶梯?
(2)你的薪酬体系是否能够满足可持续的加薪?
(3)你的薪酬体系是否满足个人的发展需求?
(4)你的薪酬体系是否构建了横向发展通道?
(5)你的薪酬体系是否形成了纵向发展通道?

在思考以上几个问题的同时,企业还需要明白,发展是双向的、共赢的。对于企业来说,需要通过薪酬体系满足员工的长远发展;对于员工来说,也需要通过自身的工作回馈企业,为企业的长期发展贡献力量。在这一问题上,薪酬是否具备表现力也是我们诊断发展问题的重要内容。

除了要有长远的发展,短期内的激励也是必不可少的环节。短期内的激励主要是看我们的薪酬是否可以使员工保持持续的、亢奋的激情状态?是否可以使员工积极地投入工作中?而使员工保持激情的最佳方式,往往是通过浮动的、差异化的薪酬设计来使员工持续地追求薪酬收入的增长。在这方面,企业需要从薪酬的浮动差幅、弹性变量、增长矩阵、奖惩措施等方面回答以下几个核心问题：

（1）你的薪酬体系是否有充分的浮动差幅？

（2）你的薪酬体系是否有足够的弹性变量？

（3）你的薪酬体系是否是良性的增长矩阵？

（4）你的薪酬体系是否设置了具体的奖惩措施？

（5）你的薪酬体系是否设置了多样化的奖酬形式？

四、薪酬结构诊断

薪酬结构是指组成薪酬各部分之间的结构关系，比如固浮比结构就是典型的薪酬结构，它表现的是固定薪酬和浮动薪酬的比例关系。

薪酬结构关系着薪酬各部分的占比情况。各部分占比不同往往会影响薪酬的激励性和保障性，最终影响员工对薪酬的公平感知和企业对外部人才的吸引力，间接地影响企业的战略执行情况。

所以，对薪酬结构的诊断是不可或缺的。薪酬结构诊断主要针对薪酬的挑战性和保障性，对应八字方针里的"动可挑战，静有保障"。

动可挑战针对的是薪酬挑战性，看重的是与薪酬相匹配的员工目标是否可以敦促员工不断追求更高的价值创造，从而帮助企业实现更好的经营目标。在这一方面，企业关注的重点是：是否为员工设置了明确的里程碑目标？这个目标是否可以帮助员工挑战更高的绩效？企业需要回答以下几个核心问题：

（1）你的薪酬体系有清晰的绩效指标吗？

（2）你的薪酬体系有呈现出目标阶梯吗？

（3）你的薪酬体系有设计达标比值吗？

（4）你的薪酬体系有构建不同的支付方式吗？

（5）你的薪酬体系有明确的奖金机制吗？

保障性是指企业需要向员工提供最基本的保障机制。心理学家赫茨伯格提醒我们，一旦员工的基本需求无法得到保障，再强的激励性也会失效。当员工还在为自己的生计担忧，无法全身心投入工作中时，他们就不可能有出色的工作效率，也不可能创造更高的价值。

对保障问题的诊断，就是企业从固浮比、人效比、成本控制、制度体系、法规风险等一系列问题入手去思考薪酬对员工的保障作用。它需要回答以下几个核心问题：

（1）你的薪酬体系设计的固浮比合理吗？

（2）你的薪酬体系有提高企业的人效吗？

（3）你的薪酬体系能够控制好人力成本吗？

（4）你的薪酬体系能够有效防范法规风险吗？

（5）你的薪酬体系有建立起规范的薪酬制度吗？

对以上战略、策略、公平、竞争、发展、激励、挑战、保障八个方面进行整合，就形成了一套完整的"八字方针诊断模型"，具体如表6-1所示。

八字方针诊断法通过对企业薪酬政策、薪酬水平、薪酬动力、薪酬结构四个方面进行诊断以及对40个核心问题的思考和回答，可以帮助企业进行高效的薪酬诊断，对企业薪酬来一次全方位的检查，让企业及早发现问题，及早解决问题。

同时，通过薪酬诊断还能有效提高企业薪酬的战略承接能力和策略执行能力，强化内部公平感知和外部吸引力，让薪酬设计得以兼顾长期发展和短期激励，实现挑战性和保障性并重。

并且，通过八字方针诊断法，企业还可以对自身的薪酬理念进行梳理、调整和改进，使之适应企业和市场的发展需求，真正激活员工，提高人效，创造更多的价值。

对于薪酬方案的八字方针诊断模型更多更具体的内容和工具，以及针对诊断结果进行分析及相应的对策，读者可以通过扫描本书"结束语"后面的微信二维码，向作者索取相关资料。

表6-1 薪酬方案"八字方针诊断模型"示意简表

三个思考	四项诊断	八个维度	16句话	40个关键词	薪酬自诊40问
1. 薪酬价值（为何发薪）	薪酬政策诊断	上联战略	有支持到战略事件吗？ 能分解战略目标吗	愿景使命	你的薪酬体系是否源于企业愿景和使命
				文化理念	你的薪酬体系是否体现了企业的文化理念
				发展周期	你的薪酬体系是否匹配企业的发展周期
				战略目标	你的薪酬体系是否联动了企业的战略目标
				战略事件	你的薪酬体系是否涵盖了企业的战略事件
		下接策略	有明确理念策略吗？ 能应对发展变化吗	组织结构	你的薪酬体系是否契合企业的组织架构
				岗位设置	你的薪酬体系是否基于岗位价值进行设计
				目标分解	你的薪酬体系是否对企业目标进行了分解
				责权能绩	你的薪酬体系是否区别了员工的责权能绩
				差别幅度	你的薪酬体系是否体现出岗位和个人的差异
2. 薪酬体系（怎么发薪）		对内公平	有统一衡量标准吗？ 能感知对公平合理吗	评估逻辑	你的薪酬体系是否建立在明确的评估逻辑上
				衡量标准	你的薪酬体系是否有明确的衡量标准
				对比感知	你的薪酬体系是否让员工有明确的对比感知
				内部比较	你的薪酬体系在内部进行比较是公平合理吗
				外部比较	你的薪酬体系和外部进行比较会更有吸引力吗
3. 薪酬效用（有效果吗）	薪酬水平诊断	对外吸引	有行业竞争优势吗？ 能吸引外部人才吗	行业优势	你的薪酬体系在同行业中有优势吗
				区域优势	你的薪酬体系在所在区域中有优势吗
				岗位优势	你的薪酬体系在所在岗位上有竞争优势吗
				结构优势	你的薪酬体系在结构上是否会更有吸引力
				空间优势	你的薪酬结构是否有足够的调整空间

第六章 保障：薪酬管理 | 289

续表

三个思考	四项诊断	八个维度	16句话	40个关键词	薪酬自诊40问
1. 薪酬价值（为何发薪）	薪酬动力诊断	远能发展	有多元发展通道吗？能引导员工成长吗	成长阶梯	你的薪酬体系是否呈现了个人成长阶梯
				加薪频次	你的薪酬体系是否能够满足可持续的加薪需求
				发展空间	你的薪酬体系是否满足个人的发展需求
				横向通道	你的薪酬体系是否构建了横向发展通道
				纵向通道	你的薪酬体系是否形成了纵向发展通道
		近能激励	有即时奖励机制吗？能持续保持激情吗	浮动差幅	你的薪酬体系是否有充分的浮动差幅
				弹性变量	你的薪酬体系是否有足够的弹性变量
				增长矩阵	你的薪酬体系是否设置了良性的增长矩阵
				奖惩措施	你的薪酬体系是否设置了具体化的奖惩措施
				奖酬形式	你的薪酬体系是否设置了多样化的奖酬形式
2. 薪酬体系（怎么发薪）	薪酬结构诊断	动可挑战	有里程碑式目标吗？能挑战更高绩效吗	绩效指标	你的薪酬体系是否有清晰的绩效指标吗
				目标阶梯	你的薪酬体系是否呈现出目标阶梯吗
				达标比值	你的薪酬体系有设计达标比值吗
				支付方式	你的薪酬体系有构建不同的支付方式吗
				奖金机制	你的薪酬体系有明确的奖金机制吗
3. 薪酬效用（有效果吗）		静有保障	有基本保障机制吗？能防控成本风险吗	固浮比值	你的薪酬体系有设计好的固定浮比合理吗
				人效比值	你的薪酬体系能够提高企业的人效吗
				成本管控	你的薪酬体系能够控制好人力成本吗
				法规风险	你的薪酬体系能够有效防范法规风险吗
				制度体系	你的薪酬体系有建立起规范的薪酬制度吗

第二节　薪酬预算：薪酬出问题，往往是从预算开始的

在一些中小型企业，总会出现类似的情况：薪酬设计做得还不错，刚开始实施时效果也不错。可是时间一长，薪酬改革就陷入了迷失，抓不住重点，没有了方向，薪酬体系变得乱七八糟。原本应该进行重点激励的岗位，薪酬的分配却严重不足；原本不应该进行重点激励的岗位，员工却拿着高工资。

这样的事情令很多老板头疼。前几年，一位瀚霆研习会的企业家学员曾非常无奈地向我说："我真的很想给手底下的员工涨工资，可是到底要怎么涨，给谁涨，涨多少，这些都是问题。一个处理不好，企业成本就会大增，更要命的是，要是不小心涨错了人、涨的数额不合理，还会打击团队士气，甚至让员工负气离职。"

抱有同样问题的老板绝不在少数，很多老板迫切地想要激励员工，却找不到具体的方向。一些企业在给员工涨工资之后，猛然发现企业的人力成本陡增，给企业带来了相当大的风险；还有的老板没有找到涨薪的方向，结果导致薪酬改革变得无序，最终连累薪酬体系，让企业内部变得混乱。

这一系列问题最终的矛头都指向一点：企业的薪酬预算没有做好。

所谓薪酬预算，是指企业在薪酬管理过程中的一系列成本开支方面的计划、平衡和取舍的管控行为。

薪酬预算需要规定预算期内可以用于支出的薪酬金额。这是企业进行人力配置、薪酬调整、人力成本控制等措施的依据，是薪酬管控的重要环节，也是我们薪酬体系得以有序运转的前提。

一般来说，企业想要做好薪酬预算，需要经历以下三个步骤：企业环境分析、总体薪酬预算、总体薪酬分解。

一、企业环境分析

在进行薪酬预算之前，老板需要对企业的情况有一个全方面的了解。只有这样，企业的薪酬预算才能抓住重点，有的放矢。对企业环境的分析主要分为对内环境分析和对外环境分析。

对内环境分析的重点是对内部状况的诊断。

首先，需要对未来一个财年企业的总体发展战略做出评估。即企业在将来一年会有怎样的发展？是快速增长、平稳增长，还是规模萎缩？这将决定企业在接下来的薪酬预算到底应该增加、保持不变，还是减少？

其次，分析企业的薪酬水平。分析企业各个岗位的薪酬水平在市场中的竞争态势，并结合企业的战略方向来决定企业的薪酬策略到底是领先型、跟随型、滞后型还是混合型？

再次，分析企业的薪酬结构，分析员工的薪酬构成情况。比如分析根据企业的岗位薪酬和能力薪酬设置的薪级薪档分布情况，分析根据企业的职务类别和职务序列设置的固浮比情况，分析根据企业发展的不同阶段设置的战略薪酬情况，分析员工的各自占比情况等。

从次，分析企业的支付能力。这部分主要分析企业的企业劳动分配率、薪酬费用率和薪酬利润率三大指标。一般来说，企业可以选用行业平均水平或主要竞争对手的相关指标来作为参考或进行比较，从而评估企业在薪酬方面的支付能力。

最后，对人员结构、人员变动、招聘离职、员工薪酬满意度等情况进行调查分析，并对上一财年的薪酬进行调整和改进。

对外环境分析的重点是对外部薪酬情况的调查。

首先，需要对外部市场的变化趋势有所了解，预判它在未来一段时期的发展状况。比如，在未来一年，外部市场和本行业是会快速增长、稳定增长，还是会萎缩呢？这种外部变化会对本企业带来哪种影响？会对我们的薪酬预算有什么影响？

其次，分析市场的薪酬水平状况。这部分主要分析企业内基准职位的市场薪酬水平和分布情况，比如某基准岗位的薪酬水平在市场中是 25 分位、50 分位、75 分位，还是 90 分位？

再次，我们还要考察各个关键岗位的薪酬水平在市场上的平均水平、最高水平和最低水平到底是什么情况？各类岗位薪酬水平分布最主要的集中区间是什么？对比岗位的薪酬一般由什么比例构成（特别要注意不同企业的薪酬结构及其比例是不一样的）？等等。

最后，分析主要竞争对手的薪酬状况。这部分企业要把重点放在同行业、同地区、同等规模、对人才有类似需求的企业或者与本企业有竞争关系的对手身上，判断企业在未来一年的相互竞争态势，进而拟定相应的薪酬策略，以此作为薪酬预算的依据。

二、总体薪酬预算

对企业内外部环境进行分析后，企业会对接下来的发展有一个基本的预期和判断。在此基础上，企业就能对薪酬做一个较为贴合的总体预算。

总体薪酬预算就是站在企业总体的高度，对一个财年内企业所需支出的所有薪酬费用进行预算。简单来说，就是评估企业在接下来一年内到底要发多少钱给员工。企业想要对这个数字进行精准把握，就需要一个准确的薪酬预算模型。

构建薪酬预算模型的方法主要有以下几种：薪酬费用比率法、劳动分配率法、盈亏平衡点法、人员编制法等。

薪酬费用比率法

薪酬费用比率法就是先对企业当年的销售总收入进行一个总体的预估，然后结合薪酬费用比率，得到企业当年的薪酬预算总额。用公式表示就是：

$$薪酬预算总额 = 销售总收入 \times 薪酬费用比率$$

在理想状态下，销售总收入是可以根据企业的战略目标分解得到的。但是在现实中，战略目标分解得到的数据往往与现实存在差距。所以，很多企业还会参考上一财年的销售数据，结合企业内外部状况，判断销售变化或变动幅度，从而做一个综合的预估。

薪酬费用比率反映的是企业薪酬支出和销售额的关系，它的含义是：企业在一定销售额下所应支付的薪酬数额，或是支付一定薪酬应达到多少目标销售额。在一些经营较为稳定的企业，薪酬费用比率可以由管理者根据企业过去的销售总额推导得出。它的推导公式是：

$$上一年度薪酬费用比率 = \frac{上一年度薪酬总额}{上一年度销售总额} \times 100\%$$

我们举一个例子。某企业上一年度销售收入为5亿元，发放的薪酬总额为7500万元，并且，在当年年初预算中，这家企业对本年度的销售总额预算为6.2亿元，那么，这家企业的薪酬预算总额应该是多少呢？

按照薪酬费用比率法来计算，我们的思路是，先根据上一年度的薪酬总额和销售总额，得出该企业的薪酬费用比率；再用这个薪酬费用比率，结合本年度销售预算总额，得出本年度的薪酬预算总额，具体如下：

$$薪酬费用比率 = \frac{7500\ 万元}{50\ 000\ 万元} \times 100\% = 15\%$$

$$本年度薪酬预算总额 = 62\ 000\ 万元 \times 15\% = 9300\ 万元$$

劳动分配率法

劳动分配率法就是将企业的额外附加价值，按照一定的比率分配给员工，当作企业的薪酬预算。它的计算公式是：

$$薪酬预算总额 = 附加价值 \times 劳动分配率$$

在这里，企业本年度的劳动分配率可以参考上一年度的劳动分配率，上一年度的劳动分配率的计算公式为：

$$上一年度劳动分配率 = \frac{上一年度人工成本总支出}{上一年度附加价值} \times 100\%$$

附加价值是指企业本身所创造的价值，它是企业生产价值中扣除从外部购买材料和委托加工的费用之后企业创造的附加价值。

附加价值的计算方法有两种，一种是扣减法，即从销售总额中减去原材料等由其他企业购入的且由其他企业创造的价值之后获得的价值，其计算公式为：

$$附加价值 = 销售收入 - 各项成本$$

另一种是相加法，即将形成企业附加价值的各项因素独立相加，得出附加价值，其计算公式为：

$$附加价值 = 利润 + 人事费用 + 财务费用 + 租金 + 折旧 + 税收 + 其他形成附加价值的费用$$

我们举一个例子。某企业去年的人力成本总支出为6000万元，附加价值为15 000万元。该企业通过相加法将各项附加价值因素的预算相加，得到今年的年度附加价值预算为20 000万元，那么该企业今年的薪酬预算总额是多少？

按照劳动分配率法计算，我们的思路是，先根据上一年度的人力成本总支出和附加价值得出该企业的劳动分配率；再用这个劳动分配率，结合本年度的附加价值预算，得出本年度的薪酬预算总额，具体如下：

$$劳动分配率 = \frac{6000\ 万元}{15\ 000\ 万元} \times 100\% = 40\%$$

$$本年度薪酬预算总额 = 20\ 000\ 万元 \times 40\% = 8000\ 万元$$

盈亏平衡点法

盈亏平衡点，又称零利润点、保本点，通常是指企业利润为零（全部销售收入等于全部成本）时的销售额或销售量。

盈亏平衡点法就是企业处在销售产品和服务所获得的收益恰好能弥补其总成本（含固定成本和浮动成本）而没有额外的盈利，也就是

企业处于不盈不亏但尚可维持经营的状态时,企业对所需薪酬做出预算。它的计算公式如下:

$$薪酬预算总额 = 销售总收入 \times 薪酬费用比率$$

从这个公式中我们可以看出,盈亏平衡点法的基本思路和薪酬费用比率法相似。两者的真正区别在于对薪酬费用比率的确认方式不同。薪酬费用比率法一般采用上一年度的薪酬费用比率作为当年的参考依据。盈亏平衡点法则在此基础上设置了一定的浮动区间,其具体做法如下。

(1)先根据上一年度企业情况,找到企业的盈亏平衡点和安全盈利点。这里所说的安全盈利点是指企业在确保股东权益以及可以安全处理可能遭遇的风险和危机的情况下,企业所要达到的销售收入。

(2)再根据盈亏平衡点和安全盈利点计算出企业的最高薪酬费用比率和最低薪酬费用比率。其计算公式为:

$$最高薪酬费用比率 = \frac{上一年度薪酬总额}{盈亏平衡点} \times 100\%$$

$$最低薪酬费用比率 = \frac{上一年度薪酬总额}{安全盈利点} \times 100\%$$

(3)确定本年度的薪酬费用比率区间;再按照企业的实际情况和需求,在区间内取合适的值,作为企业的薪酬费用比率。企业可选择的薪酬费用比率区间一般为:

$$最低薪酬费用比率 \leq 企业可选择的薪酬费用比率 \leq 最高薪酬费用比率$$

我们举一个例子。某企业上一年度的销售总额为 40 000 万元,薪酬发放总额为 8000 万元。该企业经过计算,得到其盈亏平衡点为 32 000 万元,安全盈利点为 45 000 万元。该企业预计今年的销售收入为 48 000 万元,那么该企业今年的薪酬预算总额是多少?

按照盈亏平衡点法来计算,我们的思路是,先根据上一年度的薪酬总额、盈亏平衡点和安全盈利点计算出企业本年度的薪酬费用比率区间,然后按照企业自身情况选择合适的薪酬费用比率,最后计算出当年的薪酬预算总额。具体如下:

$$最高薪酬费用比率 = \frac{8000\ 万元}{32\ 000\ 万元} \times 100\% = 25\%$$

$$最低薪酬费用比率 = \frac{8000\ 万元}{45\ 000\ 万元} \times 100\% \approx 17.7\%$$

综上,该企业本年度的薪酬费用比率区间为 17.7% ≤ X ≤ 25%。该企业按照实际情况在区间内选择当年的薪酬费用比率为 22%,于是该企业当年的薪酬预算总额为:

薪酬预算总额 = 48 000 万元 × 22% = 10 560 万元

人员编制法

人员编制法就是根据企业的人员编制情况来编制薪酬预算的方法。在人员编制法中,只需要统计各薪级的平均薪酬基数,再结合该薪级的在职人数,就能计算出企业相应的薪酬预算总额。具体如下列公式所示:

薪酬预算总额 = Σ(各薪级平均薪酬基数 × 各薪级人数)

采用人员编制法计算薪酬预算总额的一般步骤是:首先,统计企业各薪级平均薪酬基数,预测下一年度行业薪酬增幅,确定下一年度企业整体薪酬增幅及各薪级的薪酬增幅;然后,确定下一年度各薪级员工人数;最后,预算下一年度企业薪酬预算总额。

对下一年度企业薪酬预算总额的预算可以采取如下的公式:

薪酬预算总额 = Σ【各薪级平均薪酬基数 × 该薪级员工人数 × (1 + 薪酬增幅)】

我们举一个例子。某企业采用人员编制法,根据上一年度各薪级平均薪酬基数计算该年度企业薪酬预算总额。其中,各薪级的平均薪酬基数统计表如表 6-2 所示。

表 6-2 各薪级的平均薪酬基数统计表

薪级	第一薪级	第二薪级	第三薪级	第四薪级	第五薪级	第六薪级	第七薪级	第八薪级
平均薪酬基数(元/月)	4000	5400	6400	7500	9800	11 600	15 200	21 500
在职人数	6	5	5	7	6	4	2	1
增幅	5%	5%	5%	5%	7%	7%	9%	12%

根据表6-2，结合人员编制法的薪酬预算总额公式，我们可以计算出该企业的单月薪酬预算总额为 4000×6×（1+5%）+5400×5×（1+5%）+6400×5×（1+5%）+7500×7×（1+5%）+9800×6×（1+7%）+11 600×4×（1+7%）+15 200×2×（1+9%）+21 500×1×（1+12%）=312 055（元）。

由于这里计算的是单月的平均薪酬预算总额，所以还需要乘以12，得到本年度的企业薪酬预算总额为 312 055×12=3 744 660（元）。

三、总体薪酬分解

薪酬预算模型可以帮助我们得到企业的总体预算，也就是我们俗称的"薪酬包"。

广义的薪酬包包括企业全部的物质性激励和非物质性激励等；狭义的薪酬包则主要以企业的物质性激励为主。

有了总体的薪酬包后，企业还需要将薪酬包分解，得到部门和员工的薪酬预算。一般来说，薪酬包的分解主要分为以下两个环节。

第一步，将企业薪酬包分解到各部门或团队，得到部门或团队的薪酬包。这一步被称为"一次分配预算"。

第二步，将部门或团队薪酬包分解到个人，得到个人薪酬预算。这一步被称为"二次分配预算"。

在一次分配预算中，最常用的方法有两种：第一种是部门系数法，第二种是人员编制法。

部门系数法，顾名思义，就是按照各部门对企业的贡献程度设置相应的部门系数，通过部门系数来计算各部门的薪酬预算。

比如，某企业通过薪酬预算得到本年度企业的薪酬预算总额为3500万元。这家企业采用部门系数法，将薪酬预算总额进行分解，得出各部门的薪酬预算总额。其中，在对营销部进行薪酬包分解时，具体操作步骤如下。

首先,该企业采用部门系数法,根据各部门的贡献程度,综合评估得到各部门的部门系数。其中,营销部的部门系数为27%。

然后,根据部门系数,这家企业计算出营销部的年度薪酬预算总额为3500万元×27%=945万元。

人员编制法,就是按照部门的人员编制情况,根据部门员工所在薪级的平均薪酬基数和相对应的人数,计算出部门所有员工的薪酬预算总额,以此作为该部门的薪酬预算总额。其计算公式如下:

部门薪酬预算总额 = ∑（该部门各薪级平均薪酬基数×各薪级人数）

对下一年度部门薪酬总额的预算可以采取如下公式:

部门薪酬预算总额 = ∑【该部门各薪级平均薪酬基数×薪级员工人数×（1 + 薪酬增幅)】

比如,某企业采用人员编制法对营销部进行一次预算分配。首先,这家企业先对营销部员工的薪级进行调查,得到该部门处于第三薪级的员工有30人,第四薪级的员工有4人,第六薪级的员工有2人。

然后,这家企业又对该部门上一年度各薪级平均薪酬基数和员工数量进行统计,得到第三薪级的平均薪酬水平为6400元/月,第四薪级为7500元/月,第六薪级为11 600元/月。

接着,这家企业根据内外部环境分析,得出当年企业的增长情况,并据此拟定薪酬增幅分别为:第三、第四薪级为5%,第六薪级为7%。

最后,这家企业根据公式计算出营销部的薪酬预算总额为【6400×30×（1 + 5%）+ 7500×5×（1 + 5%）+ 11 600×2×（1 + 7%）】×12 = 3 189 588（元）。

通过绩效系数法和人员编制法,企业可以得到各部门或团队的薪酬预算总额。在此基础上,部门或团队还需要将薪酬预算总额进行再次分配,最终形成个人的薪酬预算。

在个人的薪酬预算分配过程中,企业需要根据岗位价值评估结果和能力素质评估结果,综合考量员工的固定薪酬预算。同时,还要结合绩效薪酬基数和考核结果,对绩效薪酬做一个基础预算。对于一些核心岗位,或者承接了战略事件的岗位,企业还需要针对性地进行战略薪酬预算。

不过在现实中，考虑到战略薪酬的特殊性，很多企业会根据战略事件单独设立一个战略薪酬奖金包，将它和其他薪酬包区分开来。

第三节　薪酬管理制度：没有管理制度，再好的薪酬也驶不出港湾

2021年年初，华中地区一家快消品企业找到我，让我帮他们做顾问咨询。当我第一次踏入这家企业时，糟糕的氛围让我暗自惊讶：这家企业的员工就像刚刚遭遇挫败的士兵，一个个垂头丧气，毫无斗志。即便在高层管理者的眼中，我也看到不到任何希望的光芒。

一段时间后，我才了解到发生在这家企业的故事。这家企业在当地颇有名气，以往的发展也很不错，员工们有着不错的待遇。企业在薪酬设计上也颇有想法，树立了一条"以价值创造者为本"的付薪理念，并据此设计了一套完整的薪酬方案。

不过，由于薪酬方案落实不到位，"以价值创造者为本"的理念也没有真正贯彻到基层员工中，致使企业高层与基层的价值认同脱节。并且，由于没有完善的管理制度规范，企业对于"价值创造者"的定位也十分模糊。久而久之，"价值创造者"被默认为职务等级高的人，这导致企业出现了官僚主义的苗头。

更为致命的是，新冠肺炎疫情爆发后，这家企业受到极为严重的冲击，市场规模大幅萎缩，过往良好发展势头下隐藏的矛盾在接下来的半年时间里相继爆发。到了2020年年底，由于年终奖的问题，这一矛盾更是达到顶峰。

这家企业有一项规定：企业里每名员工的年终奖都和企业的经营业绩直接挂钩。换言之，企业经营效益好，员工的年终奖就多一些；企业效益差，员工的年终奖就少一点。

这条规定，原本是希望将企业和员工的利益绑定在一起，实现"命运共同体"。可是，由于平日里薪酬制度的不完善，员工对企业的薪酬管理缺乏价值认同，根本不认可"命运共同体"。

往年，企业效益好，大家得到的年终奖都不少，怨言自然少。可是新冠肺炎疫情期间，企业效益下降，老板想要缩减员工的年终奖，问题则一下子爆发了。不仅基层的员工抱怨连天，就连高管层也出现了矛盾。为此，一大批员工跳槽离开，导致企业人心浮动，员工惶惶不安。

导致这家企业陷入困境的是薪酬问题。可是有意思的是，当我仔细检查这家企业的薪酬设计后，却发现他们的薪酬方案并没有什么大的毛病，问题到底出在哪里呢？

答案是薪酬管理制度。

这家企业有着完整的薪酬设计，但是在实际管理中却无法真正将企业的薪酬设计落到实处，致使"以价值创造者为本"的薪酬理念成为一纸空谈，无法在员工中落实，也就无法获得群众基础，最终导致基层和高层的价值分裂，一系列问题随之产生。

正所谓"没有规矩，不成方圆"。对于企业来说，薪酬管理制度是落实薪酬设计的"规矩"，是企业的一系列通识性准则；对于员工来说，它是理解企业薪酬设计的重要资料，是了解自己薪酬来源及构成的凭据。它是企业薪酬体系得以落实的关键性保障，是企业日常经营中进行薪酬管理的依据、凭证和准则，关系着企业和员工的双向利益，需要在企业内进行高度的普及。

薪酬管理制度主要涵盖企业的薪酬文化、付薪理念、薪酬体系、支付方式、执行标准、组织管理，以及其他在薪酬管理中可能遭遇的问题。按照形式的不同，薪酬管理制度可以分为两类：一类是"纲领式"，一类是"细则式"。

一、"纲领式"薪酬管理制度

"纲领式"薪酬管理制度由一个核心的制度和 N 个管理模块组成。

核心的制度部分阐释整体的薪酬目的、原则、定义、结构等框架；在其他管理模块中，通过参考文件的形式对具体的薪酬内容进行详细描述。

比如，在薪酬管理制度中经常出现"参照《实习生管理规范》执行""依据公司统一发布的《职级薪级薪档表》确定职级、薪级和薪档""按照《考勤与休假管理制度》《劳动纪律管理制度》以及《劳动合同》执行"等，这一类引述相关管理规定或制度模块的形式，就属于"纲领式"。

我们以某企业的"纲领式"薪酬管理制度为例。这家企业将薪酬管理制度分为总则、薪酬结构、考勤与薪假、作业流程、薪酬支付、组织管理、争议解决、其他共八个章节。

在第一章，这家企业首先明确了薪酬管理制度出台的目的。然后制定了管理原则，主要包括公平性原则、竞争性原则、激励性原则、合法性原则、实用性原则、保密性原则六项。

接着，这家企业明确了制度拟定的依据，即企业的发展战略、发展阶段、所处环境、岗位价值评估结果、能力素质评估结果、绩效目标制定、战略事件规划等。

最后，明确了管理制度的适用范围是全体员工。

第二章重点阐述了薪酬的构成以及设置的目的。主要包括基本薪酬、绩效薪酬和战略薪酬。并且，这家企业还进一步对各部分薪酬的设计来源进行了阐述，讲明了员工薪酬的设计思路。

第三章对员工的考勤和薪假进行了规定。

第四章对员工的招聘、录用、入职、转正，职位的升降、调整，以及薪酬的调整等一系列作业流程进行了描述。

第五章对薪酬核算和薪酬支付的一系列内容进行了讲解。

第六章对薪酬管理组织进行了介绍。首先，这家企业规定薪酬管理组织主要由薪酬委员会和各级职能管理部门构成；然后，企业划定了薪酬委员会的具体成员，主要包括总经理、副总经理，以及财务部、人力资源部、行政部等相关高管人员；最后，对每个成员的主要职责进行界定和明确。

第七章对薪酬的核算争议和调整争议进行明确。

第八章对其他薪酬管理中可能出现的问题进行整理和描述，比如薪酬制度的有效期限、制度的权限范围、附件和补充意见的效力等。

由于该企业采用了"纲领式"的薪酬管理制度，在每一条的细则中都没有进行过于细致的阐述，而是通过相关文件进行引述。

比如在第二章中，关于绩效薪酬的详细构成内容，需要详见《公司管理人员绩效薪酬规定》《公司专业技术人员绩效薪酬规定》和《公司销售人员绩效薪酬管理规定》；在第三章中，关于考勤与薪酬，需要详见《公司考勤制度》；在第四章中，关于基本薪酬的核算，需要详见《公司基本薪酬核算标准》。

显然，通过这种方式，可以给我们的薪酬管理制度进行瘦身，避免了它的臃肿和庞杂，使得企业的薪酬管理更加灵活、机动，能够随机应变。但是，这样一来也会造成薪酬管理制度的精细化程度不足，查阅资料过多，增加了了解难度。很多企业为了提高薪酬管理的精细程度，也会采用"细则式"薪酬管理制度。

二、"细则式"薪酬管理制度

"细则式"薪酬管理制度通常是由 1 个制度 + M 个分项制度 + N 个配套模板或表格组成。也就是说，"细则式"薪酬管理制度将所有关于薪酬管理的内容全都归纳到一起。

与"纲领式"薪酬管理制度相比，"细则式"薪酬管理制度更注重制度的精细程度。比如在"纲领式"薪酬管理制度中，经常出现的"年终奖管理规定""福利管理规定""绩效考核管理制度"等内容，大多数企业主要参考外部的相关制度，所以在管理制度中常常直接借用，不予描述。

但是，在"细则式"薪酬管理制度中，则需要把所有涉及薪酬的规定、制度等内容囊括在内，精细化地描述出来。因此，这种薪酬管理制度非常精细，通常可以覆盖企业遇到的所有情况、类别、条款细则等。

我们以某企业试行的"细则式"薪酬管理制度为例。这家企业将薪酬管理制度分为总则、薪酬结构、基本工资、绩效工资、战略工资、福利津贴、工资的计算与支付、工资的确定与调整、薪酬保密、附则附件共十个章节。

在第一章，这家企业首先明确了薪酬管理制度出台的目的：一方面，为了增强员工的积极性、敬业精神，以及团队凝聚力和荣誉感，同时保障薪酬的公平公正；另一方面，为了形成对内公平、对外吸引、上联战略、下接策略的机制与氛围，实现个人和企业的可持续发展。

然后，制定了涵盖混合导向原则、贡献导向原则、能力导向原则、绩效导向原则、可持续发展原则、公平公正原则、激励导向原则、经济性原则、保密原则在内的九项管理原则，并对每项原则进行了详细的阐述。比如，混合导向原则是指员工的薪酬设计为混合薪酬模式，员工的个人薪酬将由基本工资、绩效工资、战略工资和相关福利津贴构成。

接着，这家企业明确制度拟定的依据，并将依据分为管理依据和分配依据。在管理依据上，重点强调通过薪酬体系来优化企业管理，促进企业和个人的目标达成，实现双赢。在分配依据上，主要强调按能力、绩效和价值创造的原则来分配。

最后，还对管理制度的适用范围、管理机构进行了明确，并对管理制度出现的专业名词进行了解释，以避免员工理解的分歧。比如，这家企业对"基本工资"的定义为：基本工资即劳动者所得工资额的基本组成部分，用于保障员工基本生活；按月发放，是员工工作稳定性的基础，也是员工安全感的保证，较之工资的其他组成部分具有相对稳定性。具体来说，在公司中，基本工资是根据员工所在岗位的价值和岗位履职能力来核定的。

在第二章，首先对薪酬设计的基本思路进行明确，详细地梳理了薪酬与岗位、能力、绩效和战略的关联性，比如在梳理薪酬与绩效的关系时，明确写明："绩效代表着过去的业绩，是基于对过往成绩的激励设计的绩效工资。本制度规定，员工绩效工资的系数根据岗位类别来确定，绩效考核的结果将作为员工绩效工资的核心依据，每一职级及其对应的薪级都设置了不同的绩效工资系数，绩效薪酬的获得与绩效考核的结果直接挂钩，绩效薪酬的设计让公司每一个员工都能够在本岗位的工作中获得激励。"

然后，阐述了薪酬的构成情况，讲明员工的薪酬主要由基本工资、绩效工资、战略工资、福利津贴等部分构成。

最后，这部分还阐述了企业的岗位体系与薪酬体系的关联性，并公布了企业的岗位体系与职级薪级体系分布图。

在第三章，通过内容简述、明确释义、职级薪级、基本工资体系说明等内容，对"基本工资"进行了详细的内容描述。

比如，在"基本工资体系说明"的描述中，这家企业明确了具体的划分标准，特殊情况处理，基本工资体系的修改、调整与优化的具体操作细节。比如针对特殊情况处理，该企业规定需要由总经理办公室（总经办）评估，并知会总经理，如有质疑，可由员工提出申请，由总经办的评估组进行裁决，并知会总经理。

在第四章，通过内容简述、设计原则、绩效考核制度等内容，对"绩效工资"进行了详细的内容描述。

比如，在"绩效考核制度"的描述中，这家企业明确规定了绩效考核的处理办法：连续三个月或一年内累计四个月绩效考核不合格，以绩效考核不合格作辞退处理；连续两个季度或一年内累计三个季度绩效考核不合格，以绩效考核不合格作辞退处理。

在第五章，通过内容简述、特殊任务、突出贡献等内容，对"战略工资"进行了详细的内容描述。

比如，在"特殊任务"的描述中，这家企业首先明确了特殊任务的定义：需由总经办和企业高层决议，通过企业战略方向的调整、探索与思考,当任务被授予人顺利完成了企业赋予的特殊任务,达到或超过预期结果时,即获得特殊任务薪酬。

然后,对"特殊任务"的特性进行分析:特殊任务薪酬富有强激励机制,通常属于项目制任务,具有临时性、阶段性、单一项目属性和一次性发放等特点。

最后,通过案例的形式,让员工对"特殊任务"有更直观的了解:经总经办和企业高层研究决定,企业需要拓展一个新渠道,并交由员工A负责,员工A即获得特殊任务;待员工A完成后提报总经办,经总经办审核通过后,员工A获得此次特殊任务的项目薪酬。

在第六章,通过内容简述、福利体系、津贴体系等内容,对"福利津贴"进行了详细的内容描述。

比如,在"福利体系"中,这家企业明确了福利体系的内容涵盖基础福利、节假日、带薪年假、其他有薪休假,并对每项内容进行了详细的描述;在"津贴体系"中,明确了津贴体系的内容涵盖节日津贴、特殊岗位津贴、其他津贴等。

第七章主要明确了员工工资的计算方式以及支付方式。其中,关于工资的计算,该企业明确了相应的日薪、月薪、年薪、请假期间工资处理的相关标准;在支付方式上,明确了各部分工资的支付形式、支付范围、支付时间、支付周期、支付流程、代扣款项等内容。

第八章首先说明了企业薪酬制定和调整的根据,其中包括基本工资和绩效工资的具体确认方式。比如,关于"基本工资"的确认,需要通过岗位价值评估得到岗位的类别、职级和薪级,通过能力素质评估得到薪档,再基于薪级薪档最终形成员工的基本工资。

然后,对工资的具体调整事项进行详细说明,比如调整的原则为:需要按员工的贡献和价值创造进行,薪随岗动,易岗易薪。工资的调整需要先由员工提报薪酬异动申请表,直接上级审批,人力资源部审核,并知会总经理。

调整的形式主要包括根据国家政策和物价水平等宏观因素的变化、

行业及地区竞争状况、公司发展战略变化及整体效益情况而进行的调整，包括薪酬水平调整和薪酬结构调整，调整幅度及规模由薪酬委员会根据公司经营状况决定。个别特殊情况的调整需要根据薪级薪档进行定期或不定期的调整。

最后，这部分内容还对新员工的试用期进行了详细的阐述，对老员工的晋升、平调、降职、特殊调整等情况也进行了说明。

在第九章，企业对薪酬保密的相关事宜制定了详细的要求，比如规定公司人力资源部、财务部等所有经手薪酬信息的员工必须保守薪酬秘密，薪酬信息的传递渠道必须是正式的、正规的。

同时规定，员工具有了解本人所在岗位的薪酬情况及向主管领导询问本人薪酬问题的权利；如果员工对薪酬有疑义，需要主动联系人力资源部，会同财务部出纳调阅工资明细，进行薪酬复核，但应保证对自己的薪酬严格保密，信守不打听、不攀比的原则。

如果员工主动打听或泄露公司薪酬信息，造成负面影响的，一经核实，对当事人实行降薪或降级处理，影响严重者实行辞退处理。

在第十章，也就是管理制度的最后部分，企业明确了制度的附则和附件信息，以供员工查阅和参考。

对于员工来说，薪酬管理制度是一份纲领性指导，可以帮助他们明确企业的薪酬计划和实施目的。同时，也可以规范他们的行为，避免踩到企业的薪酬"雷区"。并且，管理制度中涉及的项目和条款可以给予员工充分的制度保障，一定程度上强化薪酬的激励性和保障性，从而鼓励员工不断提升个人业绩。

对于企业来说，薪酬管理制度是维护薪酬体系的重要手段，是企业战略意图的进一步延伸。有了完善的薪酬管理制度，企业才能真正让员工安心于工作，不至于对薪酬产生疑惑而离职，才能保证企业内部的稳定和发展。同时，有了制度的规范，企业在薪酬各环节的具体执行和操作上才能有法可依，才能按部就班，避免出现各种差错。

一套明确的、完善的薪酬管理制度不仅可以给企业和员工提供双向的保障，同时也可以避免企业在日常管理中遭遇大部分薪酬问题，让薪酬在企业的日常管理中真正发挥效能，提升人效，促进企业发展，创造更大的价值。

当然，再完美的制度也有其局限性，和薪酬诊断一样，薪酬管理也需要根据企业的发展变化不断进行修订和优化，才能更好地为企业发展保驾护航。

附录 A
薪酬背后的老板心智

所有企业的问题，都是人的问题；所有企业里人的问题，都是老板的问题；所有老板的问题，归根结底是心智模式的问题。

在我二十多年专注于企业经营管理咨询顾问的历程中，总有一些老板或高管向我抱怨员工的问题、市场的问题、销售的问题、顾客的问题、运营的问题、团队的问题、管理的问题、发展的问题、薪酬的问题……

我往往会反问：你有没有想过，这些问题都可能是你自己的问题呢？

在每个人的潜意识中，都有一种偏袒自己的心理，叫作"归因偏差"。"归因偏差"源自"归因理论"（Attribution theory），认为在无意识中，人们总是喜欢把成就和功劳归因于自己，这是"内归因"；而把问题和责任归咎于别人，这是"外归因"。这种心理由来已久，伴随人类的进化与发展，逐渐形成了我们的心理保护机制。一旦遇到问题，大多数人往往不是从自己身上找问题，反躬自省，而是想办法从别人身上挑毛病，吹毛求疵。

但是，作为一家企业的老板或者高管，企业的问题又能归咎于谁呢？

所以，企业的问题，终究是老板的问题，而老板的问题，归根结底是老板心智模式的问题。

什么是心智模式呢？

所谓心智模式，就是对待事情的惯性态度模式。一个常常推卸责任的老板，他遇到问题的态度就是"甩锅"，找别人的问题；一个敢于承担责任的老板，他遭遇问题的态度就是"揽责"，在自己身上找问题。当然，这两种截然不同的态度往往也会决定企业的命运。这就是心智模式的差别导致的行为差异和结果差异。

许多企业做不好薪酬改革，在薪酬改革上遭遇各种困难，归根结底是老板的心智模式里没有形成系统性的薪酬观，没有一个正确对待企业薪酬的态度。对于老板来说，想要做好薪酬，想要管理好公司，想要把企业做大做强，想要在生意场上收获成功，首先需要改变自己的心智，要塑造一套完善的心智模式。比如，如何定位"老板"的角色？如何成为团队领袖？如何处理与员工的关系？如何从行为与态度中体现你对企业和员工的支持？如何在与客户的相处中为企业带来最大的利益？诸如此类的问题，都可以从老板的心智入手，进行改变。

心智模式的形成一方面来自我们从小逐步形成的"三观"，也就是我们常说的世界观、人生观、价值观；另一方面也受到我们潜意识的影响，慢慢形成看待事情的固有看法和习惯性态度。反过来，一个人的心智模式又左右着我们的情绪模式，影响着我们每时每刻的心情与情绪；同时，它还操纵着我们的思维模式，控制着我们的言行举止、一举一动。可以说，心智力的高低不仅决定着企业未来的发展，还影响着我们生活和工作的方方面面，是不容忽视的力量。尤其是老板的心智模式，对于企业经营管理的各方面都有着极大的影响。

很早之前，在企业经营管理咨询服务的过程中，我就注意到这个问题，并开始持续地关注和研究。此后，我有幸和国际应用心理学大师李中莹老师合作，一起研究和探讨这个问题，并共同创作了《心智力——商业奇迹的底层思维》一书，希望将心理学和现代商业经营管理结合起来，专门为中小企业家提供这方面的支持。

《心智力——商业奇迹的底层思维》一书从心智模式、团队心智、运营心智、赚钱心智、发展心智、个人心智六个维度，全面详尽地讲述了心智模式在企业发展中的力量和价值，为企业管理者改变心智模式，突破成功路径上的依赖，解决企业困局，迈向商业成功提出了心智基点。

该书刚一出版就引起读者抢购，成为热门畅销读物，获得包括"畅销书"和"优秀出版物"在内的多个奖项。受樊登老师邀请，我们录制了樊登读书的作者光临节目，在网络上的播放量超过千万，广受读者朋友欢迎。

对于企业来说，薪酬的问题不只是薪酬本身的问题，往往还与企业的经营管理、老板的心智有着密切关系。所以在这里，我摘录了《心智力——商业奇迹的底层思维》一书中的部分内容，分享给你。希望能帮助你在企业管理的问题上追根溯源，找到影响企业发展的根源性问题，发现商业奇迹的底层逻辑。

A1　"心智模式"的内容分享

1. 所有企业里的问题都是人的问题，所有企业里人的问题都是老板的问题，所有老板的问题都是他们的心智模式的问题。

2. 心智模式就是对待事情的态度的惯性模式。心智模式是存在于一个人的潜意识中的对事物所抱持的固有看法。心智模式以一种不被察觉的方式决定着一个人面对或处理事情过程中的思维模式与情绪模式。

3. 心智模式决定一个人的思维模式、判断模式和动力模式。

4. 思维模式指的是一个人看待人、事、物的角度、维度与方式，它决定着个体的言行。

5. 判断模式，即一个人对其思考对象（如人、事、物等）所做出的肯定或否定的断定的习惯。判断往往基于信念，信念是所有判断模式的基础。

6. 当一个人本着某种信念时，他便会像被蒙蔽了双眼，做出可能不符合客观事实的判断。也就是说，信念具有局限性，或是限制性。

7. 限制性信念是轻松管理的头号敌人，它会使企业家在面对事情和问题时，内心做出的判断往往是"不（能/可能）""没（有办法）""难"。

8. 能够把主观信念和客观真理区分开来并且认为它们是两回事，便是一个人已经达到一定智慧水平的认证。

9. 但凡成就大事的人士，都是允许自己有梦想，认为自己"能""可以做到"，都是从思想上的突破开始的。

10. 动力模式，即人的内在驱动模式，指的是一个人习惯于受什么驱动。事实上，每个人都被自身的价值观所推动。

11. 人的需求是有两层的：表层需求与深层需求。表层需求主要表现为对环境的需求，如物质和金钱，以及行为上的需求，如技能提升、良好的感觉等；而深层需求有责任、原则、成功、快乐、信念（应该这样）、身份（我是一个怎样的人）、意义（我的人生为系统做出了什么贡献）等。

12. 想要推动一个人，须先了解他的价值观，即他在乎一些什么样的价值，并想办法在他要做的事情中增添这些价值。要推动一个人，必须搞清楚其表层需求与深层需求，找出他最注重的价值。

13. 不知道从何时起，社会上有了一个信念：有意义的事情、重要的事情，就必须做得很辛苦、做得很艰难。

14. 有些老板不愿意改变思维的方式、不允许自己考虑无须辛苦、可以更轻松、更有满足感的不同做法。一方面不甘平庸，另一方面却维持平庸，重复一个旧的、无效的模式。

15. 人生里的任何事都可以得到成功快乐，同时过程可以做得轻松满足，企业管理也可以。

16. 企业家心智模式可归结于三个问题，即在企业经营的过程中，你如何看待你自己？你如何看待有关的人、事、物？你如何看待问题？

17. 企业中的问题本身并不是问题，你看问题的态度才是问题；企业中的问题本身并不复杂，复杂是因为站错了位置。

18. 什么样的心智模式，就会产生什么样的行动和创造什么样的效果。

19. 三赢：企业好、员工好、社会好。

20. 新时代企业家的心智模式，必须是与系统动力相符合、具备"三赢"意识、十分关注系统的心智模式。

21. 这个世界是由无数的系统构成的。指两个或两个以上、相同或不同的个体，为了共同的意义与目的聚合在一起构成一个系统。每个系统里面会有无数个更小的系统在运作，同时，每个系统又在无数个更大的系统中运作，所有的系统都用同一套法则来运作，称为"系统动力"。

22. 企业同样是由"人、事、物"组成的一个系统，里面有无数个"人与人、人与事、人与物、事与事、事与物、物与物……"的系统，同时又隶属于无数个"人、事、物"的大系统。

23. 沟通的时候，你在内心里认定对方的身份是什么，决定了你对他的态度和说话的行为模式，同时决定了沟通效果。

24. 人不能单独存在，人必然存在于系统之中。

25. 系统动力认为，世界由三层构成，我把它称为"三层世界"，即物质世界、心理世界和系统世界。

26. 物质世界，即人的意识、理性所反映的世界，包括自然界与人类社会。心理世界，即人的潜意识、心理活动。系统世界，即人所在的系统，以及系统所赋予人的身份和角色。

27. 我们同时活在三层世界中，因此需要培养起用三层世界看待问题的心智模式，单看任何一层世界都不全面，都有欠缺。

28. 系统动力主要有三条基本法则：①恒动、恒变、恒前；②平衡、稳定、发展、壮大；③所有平衡稳定都是在不平衡不稳定中完成的。

29. 实际上我们的辛苦和艰难，往往来自"不要动"，期望所处的状态最好是维持在一个最好的状态中。

30. 我们现在这个时代真正需要的是结合理性、感性、系统的三层思考模式。

31. 当企业遇到问题或挑战时，用管理学不能解决，就用心理学解决，用心理学不能解决，就用系统动力学解决。

32. 在企业经营管理的过程中，管理学与心理学相互补充。不可能单纯使用心理学的理论和方法来管理现代企业，同样，也不可能不顾人的因素而只依靠科学理论与统计方法来解决新时代企业中的重大问题。

33. 世界上没有两个完全相同的企业！

34. 四大驱动模式，即市场驱动模式、产品驱动模式、用户驱动模式、品牌驱动模式。

35. 在四大驱动模式中，市场驱动模式是在市场不平衡的环境下走向平衡，产品驱动模式是在平衡之后进而走向稳定，用户驱动模式是在稳定之后进而谋求更大发展，品牌驱动模式是在发展到一定量级的时候而壮大的标志。

36. 四大驱动模式在企业经营管理实践中，是通过科学技术型创新、模式结构型创新、用户中心型创新和流程效率型创新四大创新实现的。

37. 新时代企业家要通过创新来实现"变在变化之前"，让企业不断地在新的环境中平衡、稳定、发展和壮大。要有科学技术型创新的情怀，要有模式结构型创新的豪迈，要有用户中心型创新的维度，要有流程效率型创新的实在。

A2 "团队心智"的内容分享

1. 管理其实包含"管事"与"管人"两个部分，并且这是不同的两件事，需要区别看待。总结为一句话就是：对事用理性，对人用感性。

2. 在企业里，管理（管事）主要以六种资源为对象：人、财、物（硬件）、技（软件）、讯（资讯）、时（时间）；管理的工作主要包括四个：策划、组织、督导、控制。管事其实就是通过对人、财、物、技、讯、时的策划、组织、督导、控制，来达到企业目标。

3. "时间"是最可靠的，但同时是最缺乏被尊重、最容易被忽略的一个资源。但凡企业有关时间的事情，没有时间不够，只有时间运用不够。

4. 如果你总是有紧急又重要的 A 类事情要做，说明你在时间管理上存在问题，设法减少它。尽可能地把时间花在重要但不紧急的 B 类事情上，这样才能减少 A 类事情的工作量。对于紧急但不重要的 C 类事情的处理原则是授权别人去做。不重要也不紧急的 D 类事情尽量少做。

5. 管人指的是在企业工作中以人为核心，通过推动人来达成对事的运作。

6. 管人归根结底是管心。

7. 面对当下很难做的决定，看未来，看更大的系统，以做出理性的决定；而决定之后用感性执行，这便是管事与管人需要具备的心智模式。

8. 管理者的权力不是来自老板的授权，而是来自所承担的责任。

9. 新时代正确的心智模式应该是老板将自己与员工当作彼此的"合作伙伴"，而非"敌对者"；管理的真谛在于老板与员工一起做些什么事情，而不是老板对员工做什么事情。

10. 要想使得利润最大化，最佳途径便是与团队成为"利益共同体"。

11. 老板是负责未来的，而团队是负责今天的。

12. 当下企业里的很多问题绝大部分源于两个方面：第一，身份定位错误，老板做了团队的事，而团队在替老板考虑他本人该做的事；第二，团队的能力与实现企业目标所需的能力不匹配。

13. 企业老板须把 80% 的时间放在未来，用 20% 的时间去做当下的运营与管理,并在这些管理工作中做好三件事:建篱笆、定方向和不断提升团队能力。

14. 建篱笆就是告诉员工:我们是什么,不是什么;我们做什么,不做什么;我们可以做什么,不可以做什么;我们应该怎样,不应该怎样。也就是明确企业的定位及规范,明确团队可以活动的空间。

15. 定方向就是指老板需要让团队知道:我们去哪里,我们有什么愿景,我们用什么方式达成愿景。

16. 作为老板,应该把不断提升团队能力视为其工作中最重要的一部分。

17. 企业老板"用猫做狗的事"的心智模式主要体现为以下三点:第一种,无法分辨"猫"与"狗";第二种,"猫当狗用"与"狗当猫用";第三种,"没有狗,就用猫吧"。

18. 团队能力包括:专业能力、软能力(沟通能力、人际关系、情绪压力管理等)、连接力和自生力。

19. 未来,连接比组织更重要,因此企业领导层必须鼓励连接力的发展,让团队自己完成并提升自身连接力,即"用系统的力量做系统的事,用系统的力量解决系统的问题。"

20. 不敢大胆地讲愿景、使命的老板,是没有号召力的。

21. "人才难得"往往并不是因为人才稀缺,而是源于企业家的心智模式问题:无法识别缺乏人才的真正原因。

22. 公司内部培养人才的十六字方针为:我说你听,你说我听,我做你看,你做我看。

23. 企业招不到人往往是由于企业并不清楚自己需要什么样的人才。

24. 说不出来拿不到,说不清楚做不好。

25. 对于企业来说,在选择人才之前,先要明确自己的战略目标。企业没有付不起的薪酬,关键要看企业对人才估值的方法。薪酬不等于价值;薪酬不要横向平衡;薪酬不要市场对标。人才估值 = 人才创造的价值 – 人才的成本。

26. 管理企业不是当员工的爸妈。

A3 "运营心智"的内容分享

1. 企业中所有运营活动都围绕着三个问题展开：顾客为什么要买？顾客为什么要向你买？顾客为什么要再次向你买？

2. 整个企业的运营模式事实上取决于老板的心智模式。

3. 在运营中做好两件事：第一，维持专业水平的质量；第二，实现非常高的客户满意度。

4. 运营闭环主要是指，以为客户创造价值为核心、以市场为导向、新时代企业家需要关注的运营过程及逻辑。运营闭环的流程是从定位、产品、渠道、推广、场景、促销、复购、关系等再回到市场定位和产品定位的闭环。

5. 定位决定地位，定位的核心是要回答"谁来买"的问题。中小企业由于资源的局限性，如果做不了第一，就做唯一，通过顺应消费者已有认知和逆向消费者已有的认知，迅速抢占消费者心智。新时代的中小企业家在市场定位及策略上，要把焦点放在超越消费者的预期和市场潜力上，而不是仅仅去看竞争对手与现有的市场份额。

6. 产品需要定义。"消产经济"即由消费者来定义产品，甚至参与设计研发、生产制造和推广营销等环节的经济。

7. 产品就是营销，产品源于消费者，产品的核心就是要回答消费者"凭什么要买"的问题，需要企业给消费者一个充分而现实的购买的理由，即企业的产品与消费者的需求之间的"匹配度"。

8. 渠道就是效率。无论渠道如何变革，以前渠道的宽度、长度、深度等单向思考或整合思考都已经越来越低效，必须做渠道融合。

9. 推广就是让潜在的消费者有兴趣关注，关注就是流量。急功近利的"标题党"透支了消费者的信任，其效果越来越差。推广之后就是体验推广。

10. 场景就是情景加情绪，分为虚拟场景和现实场景。虚拟场景是通过虚拟的情景，让消费者在体验后产生错觉或幻觉；现实场景则是通过构造的此情此景此物的现实环境，创造真实的体验，促使消费者产生企业期望的情绪。所有的营销都是情绪营销。

11. 促销就是利他式沟通，是站在消费者的立场，用消费者的语言与消费者进行高效沟通。短视的企业是为了提升销售额，智慧的企业是为了提升消费者的良好体验。

12. 复购就是还会"再来买"，是消费者对企业的定位、产品、渠道、推广、场景、促销等的最真实的综合检视。消费者的第一次购买仅仅只是销售的开始。

13. 关系就是系统。如何让消费者和企业之间构成一个系统？要从简单的交易性运营转型，在企业与消费者和其他利益相关者之间建立、保持并稳固一种长远的关系，进而实现信息及其他价值的相互交换。

14. 企业运营归纳为六个基本的心智模式或层次，分别是"运营市场心智模式""运营工厂心智模式""运营产品心智模式""运营用户心智模式""运营品牌心智模式""运营资本心智模式"。

15. 三个需求层次分为：满足需求、创造需求和发展需求。与顾客需求相关的运营工作，只要遵循了"三个需求层次"的规律，既能做好企业当下的经营效益，还能兼顾企业未来的可持续发展。

16. 精准定位目标顾客，就需要企业对顾客进行"客户画像"。当客户画像越精准、越明确时，寻找目标顾客的速度就越快，甚至这些目标顾客还会自己找上门来。

17. 想要成功，就必须聚焦，做到少而精，这是一条极容易被忽略但是极其重要的真理。

18. 企业在选择和定义"精准目标顾客"时最大的禁忌就是什么都想做、什么人都想要，这对于中小企业来说更是大忌中的大忌。

19. "客户画像"强调的是,将消费者当人看,先把消费者"还原成人",还原消费者真实的生活轨迹,尤其是在心理方面完成最真实的"客户画像"。方法主要是围绕客户的"看""听""想""说""感""时""空"这七个方面,逐一通过提问等方式了解和洞察,从中获取更多心理需求层次的、有血有肉有情感的反馈。

20. 建议中小型企业用下围棋的方法经营,这种方法要求老板总是需要看着整个盘,关注大局;相反,假如老板只是想走好一步棋,则有可能全盘皆输。总是维持一个大局的平衡,这是中小企业需要特别注意的。

21. 很多中小企业的失败归根结底是没有真正照顾好顾客需求,以及对长久沿用的模式的过于坚持。

22. 中小企业的运营定位概括为三个方面:第一,大的看不上,小的做不来;第二,如果做不了行业第一,就做行业唯一;第三,做不了冠军,就做英雄。

23. 大的看不上,小的做不来。对于中小企业家来说,第一步就一定要有远见卓识,要意识到自己未来想要做什么、想要得到什么、想要达到什么高度,知道如何从现在开始规划布局。

24. 要么做第一,要么做唯一。"第一"是时间熬出来的,而"唯一"则是可以通过智慧在短时间内创造出来的。做唯一,最常用的策略就是"细分"。难以继续细分时,可以考虑"跨界"。

25. 领袖品牌不是冠军品牌,领袖是英雄而不是冠军,有影响力的才是领袖!对于一家企业而言,最有意义的或者说最具社会价值的事,倒不是企业在行业中是单一的销量第一还是所谓的销售额第一,而是企业能影响一个行业、改变一个行业,能为社会提供价值、做出贡献。

26. 经营企业中的辛苦、无效,大概率是在企图维持一个旧的无效的模式。这些模式可能给企业带来过成功但也是后来导致企业毁灭的罪魁祸首。

A4 "赚钱心智"的内容分享

1. 新时代中小企业家要从心智模式上开始改变，需要意识到企业收入并非由销售部门创造，而是由企业战略规划、经营管理和财务预算等决定的。

2. 钱，是商品交易发展的产物，是价值交换的媒介。钱，归根结底是产品、服务和价值交换的媒介。

3. 对于企业而言，当其价值能在顾客身上得到呈现时，对方便会主动地把钱递过去。因此企业的重点不应放在"钱"上，而应放在如何让顾客对企业的产品有需求，并且让他们感觉企业的产品就是他们想要的，从而自然而然地愿意用手中的钱来换取企业的产品。

4. 做企业正确的做法是，让自身的价值在顾客身上得到呈现。因此赚钱不能是企业的目标，只能是结果。仅仅盯着钱的企业往往赚不到钱，因为利润是满足顾客的需求之后的顺带结果。

5. 用业绩论功行赏至少有三个不良后果：其一，埋没、错失了难得的人才；其二，做少的可能远高于做多的；其三，专注在达到目标所需的能力方法上，而忽略及错过远比目标更大的机会。

6. 绩效考评主要分为四个导向：效果导向、过程导向、能力导向和竞争导向。一个有效的绩效考评制度，必须是四个导向相结合思考的考评制度。企业不能仅采用单一的方法，而应根据不同岗位、不同阶段、不同环境、不同条件、不同目的选择不同的考核方法。

7. 销售，首先就是帮助顾客清楚了解他们真正需要的是什么。其次，销售是让顾客感觉企业的产品、服务最能满足他们的这份需要。

8. 首先，销售人员应具备良好的专业知识，卖的是自己的外在形象、气质、谈吐与礼仪，以及真实、多面的自己。其次，销售人员卖的是企业与品牌。最后，销售人员卖的是产品与服务。

9. 销售的三层境界，第一，物有所值：付出100，得到100；第二，喜出望外：付出100，得到120；第三，意外惊喜：付出100，得到120＋。

10. "交易不是销售的结束，而是销售的开始"，只要坚持这个原则，用心服务为客户创造价值，那么便不需要追着客户销售产品，而是会让客户主动地过来找销售人员购买。

11. 战略规划的意义并不在于报告，而在于让企业老板们形成战略规划的意识，即愿意对战略进行系统性思考的思维习惯，并逐渐转化形成企业的一种特征。

12. 战略规划是一家企业成功必须要做的事，其意义是：为企业找出一个最好的未来，为企业找出达到这个未来的最佳途径。

13. 战略规划就是让企业避免去做"有可能赚钱"的业务，而是通过综合考量、分析企业内外情况后，专注于做"一定能赚钱"的业务。

14. 预算管理就是把企业中的人、财、物、技、讯、时转化为金钱做统一核算，是为了确保在实施、完成公司战略与年度目标时，各部门是以成本、利润为核心执行工作计划的。

15. 预算管理有两个重要的关注点：开源，即增加收入；节流，即控制费用。

16. 企业里的部门可分为四类：创收类、预创类、服务类、支援类。

17. 战略规划的十项主要要素如下：战略目标、发展规划、商业模式、投融资规划、市场规划、产品规划、运营规划、人才规划、薪酬激励、盈利分配。

18. 年度预算分为三个方面：经营预算、投资预算、财务预算。

19. 顾客购买过程十二步为：顾客有需求、找到你、感兴趣、了解你、购买付款、交付收款、跟进、客服、回馈、再购买（重复购买）、分享创造新顾客、共享共创。

20. 购物路径的设计就是商家通过有意识地干预消费者的行走路线，以影响其最终的购买决策。

21. 线下购物路径设计的要点包括：路径的长度、停留率、注目率、适当促销信息的曝光。

22. 线上购物路径"艾德马法则"（AIDMAS）为：引起注意、产生兴趣、培养欲望、形成记忆、促成行动、达到满意。

23. 战略规划是判断一个企业与摊贩的区别的根本所在。战略规划帮助企业实现盈利，确保企业合理分配资源，在竞争中发挥优势。

24. 维持一个旧的模式，从未想过未来的企业就是下一个被淘汰的对象。

25. 衡量一个人到底是生意人还是真正的企业家的关键是看其是否只会赚钱。事实上，生意人就是摊贩，一心只为赚钱而做生意；企业家是指组织、管理企业并为企业风险承担责任的人。

26. 真正的企业家都是具有使命感的个人，是具备强烈意愿为他人创造价值而经营企业的个人。

27. 一个真正伟大的企业愿景应具备四个基本特征，即能给企业相关利益者带来的强烈的画面感：意愿的期许、未来的景象、更大的系统、归属的世界。

28. 一个真正伟大的企业使命应具备四个基本特征，即能给企业相关利益者带来的强大的力量感：特殊的贡献、价值的方式、重要的任务、行动的范畴。

A5 "发展心智"的内容分享

1. 关于企业的发展和未来，无外乎两点：一是产品或服务的未来，即企业为社会提供的价值；二是企业自身的未来，即企业该往何处去？这是关乎企业生死存亡的关键。

2. 研发不一定是指开发新产品，只要是针对现有的产品，不管是在产品销售、生产模式还是在顾客服务等环节进行改革，都属于研发的方向和目标。

3. 帮助挖掘顾客需求的有四类人：接触顾客的一线员工、终端使用者、神秘顾客、未来顾客。

4. 产品链基本分为替代性和添加性两种性质。

5. 对无法放在一起，即无法对同一顾客群产生吸引力的产品，可通过以下三种方法分别对待：一是根据形象、市场、价格定位的不同，考虑另设公司负责；二是同一公司，发展不同品牌；三是对不同产品，组织不同的团队负责。

6. 产品的真正问题是"企业的下一个产品将会是什么？"

7. 研发主要分为两类：第一类是指改善现有产品和服务；第二类是指发展全新产品、服务、交付模式。

8. 未来市场上出现的产品不再仅仅是为了迎合普罗大众，而是会出现一些专门提供某些阶层，或者某一特殊群体使用的产品。

9. 中小企业研发的四大创新，即科学技术型创新、模式结构型创新、用户中心型创新、流程效率型创新。

10. 大多数企业面临的最大问题是违背了"动、变、前"三个字，即它们在维持一个旧的无效的模式。

11. 找出未来的机会，就必须在三个方面做工作：往外面看，往内部看，再看自己。

12. 往外看主要有几个方向：大环境、行业、顾客群体和竞争对手。

13. 企业竞争优势主要分为核心竞争力、竞争优势和潜在优势。

14. 企业老板与企业家的本质区别在于，是否有清晰的愿景和使命，愿景和使命的确立标志着企业老板向企业家的转变。

15. 要找到企业的未来，就必须要有前瞻性战略思维。简单地说，前瞻性战略思维就是站在未来经营当下。新时代企业家的心智模式应该是：用未来决定现在。

16. 所谓战略思维，就是面对企业经营管理的实际问题，运用抽象思维所形成的若干个相关因素，连续地、动态地、全面地度量这些相关因素的数量变化程度，并找出这些相关因素在数量变化程度上相互影响、共同变化的规律性。

17. 只有站在未来经营当下，才有未来。一家优秀的企业应该要认识到自己想要做什么。当企业真正认识到时，就不会盲目跟从。新时代企业家的心智模式是要想找到企业的未来，就必须有"站在未来经营当下"的思维和高度。

18. 将前瞻性战略思维转化为商业规划项目的八个步骤：评估商机、测试商机、清晰愿景使命、整合资源、选定战略优势、明确未来核心竞争力、精确定位、确定营销模式。

19. 企业需要思考三个问题：第一个问题，你的企业是什么？第二个问题，你的企业将是什么？第三个问题，你的企业应该是什么？

20. 企业愿景需要回答三个问题：第一个问题，企业要到哪里去？第二个问题，企业未来是怎么样的？第三个问题，企业目标是什么？

A6 "个人心智"的内容分享

1. 老板决定企业的成败，企业所有老板的问题都源于老板的心智模式问题。

2. 所谓老板的心智模式，即一个老板的身心状态，也就是老板的定位、思想与行为，包括他如何看待他本人，如何看待其他的人、事、物，如何看待问题。老板的心智模式最终决定他的思维模式、情绪模式、言行模式及处事模式。

3. 老板的心智模式主要体现为五大方面：老板本人的身份和状态；老板面对问题的心智；老板的经营心智；老板的系统心智；老板的未来心智。

4. 不要带着问题来找老板，带着三个解决方案来找老板！

5. 企业老板要明白的是，绝不能做员工的"父母"，而是需要让员工意识到，每个人都需要照顾自己的人生，对自己的人生负起责任；人生中的成功快乐，也只有自己可以找到。你把员工当成什么，员工便会按照你给他的定位，来调整他的内心，做出符合身份定位的行为。

6. 身份定位问题主要体现在三个方面：一是身份定位模糊，即无法辨别遵从办事（如上述的老板做了员工的"父母"）；二是同时有两个身份定位；三是在 A 身份定位，做 B 身份定位的事。

7. 企业老板只有处理好自己在企业中的身份定位问题，才能在处理企业问题或是做企业决策时保持思路清晰，不受其他身份干扰，让其所做的事情真正有效果有意义。

8. 中小企业老板应提升资格感，有意识地让自己培养出健康的心理。提升资格感，也就是指提升认为"我"有资格做到接受生命的意义，并且与此有关的一切事物的意识。

9. 资格感重塑练习的四句话为：我有能力轻松地成功！我有资格轻松地成功！我爸爸允许我轻松地成功！我妈妈允许我轻松地成功！

10. 可以有不快乐的成功，不会有不成功的快乐！

11. 任何一个人的思想、情绪和行为，都受他内心的信念系统支配。而一些限制性的信念使得这个人在面对某些人、事、物的时候，不能做到"三赢"，也感受不到应有的成功快乐。

12. 要辛苦才能赚的钱就是不该赚的钱！这句话背后有两个信念：一定有更轻松的其他可能性；过去没有沿此方向思考和策划。

13. 解决问题的方法往往并不只有一种，人生也没有什么是"必须"的。

14. 通常老板是通过以下三种途径处理自己的情绪的：一是忍，隐藏在心里；二是发，发泄出来；三是逃，使自己忙碌，不去想有关的事情。

15. 情绪问题的四个治标技巧为：消除、淡化、运用、配合。

16. 情绪问题的三个治本技巧为：改变本人的信念、价值观和规条；处理涉及本人身份层次的问题；提升本人的思维处理能力。

17. "没有办法"的心态是导致无法突破的执着情绪。"办法"不是指一个方法，而是指一个人至今已知、已做之外的所有方法。

18. 世上的事没有难与不难，只有懂与不懂。你懂就不难，不懂就难。

19. 人是不愿意改变的，因为改变会带来陌生，因而宁愿在痛苦和无力感里挣扎。许多中小企业老板也一样，把太多的精力专注在过去——"解决问题"及现在——"维持旧模式"，而往往忽略了"未来"。

20. "坚持无效模式"的现象及衍生行为在中小企业很普遍。

21. 把错误定性为团队的学习机会，意识到"做错"的本质是行为未达到效果目标，是"学习提升"的需要呈现，而不是"惩罚"的需要呈现。

22. 惩罚是企业失败的体现，而学习提升则是企业成功的步伐。把焦点放在以后能够做得更好则更有意义，这个"做得更好"更能带来整个团队的进步，并促使"学习型文化"的产生。

23. 在企业经营过程中，许多老板习惯把焦点放在"对错"上，而忽略了做这件事情是为了达到什么样的效果，以及有何种意义。

24. 在企业所有的经营行为中，并没有对错之分，只看有没有效果，是不是达到了"三赢"。

25. 中小企业老板总是习惯长期维持一个旧的无效的模式。

26. 凡事总有至少三个解决方法。

27. 企业家们具备多线思维，是解决困难、未来策划以至统筹大局的先决条件。

28. 变"单线思维"为"多线思维"的第一步就是打破单线思维的规条框架。

29. 6 分的老板，只能吸引 5 分的人才，老板必须具备相当程度的能力与高度，才有可能吸引有能力的人才追随。

30. 企业管理者主要有五项权力，包括：任用权、奖赏权、惩罚权、能力权与感召权。

31. 只会使用奖赏权的管理者只能吸引因金钱利益而追随他的人，而这些人一遇到困难便可能会走。

32. 能力权指的是管理者解决问题的能力强，学识渊博，思维具有宽度与高度，有未来意识，能推动追随的人做出成就，能从系统角度看问题，能够让下属敬佩服从。

33. 感召权是指管理者心胸宽广，品德高尚，人格高超，令下属折服并愿意追随。通俗地说，感召权就是员工对管理者发自内心的感觉——"我就是服他"，是对管理者胸怀、格局的认可。

34. 言出必行，言出必准。"言出必行"是指说过的话一定要去做出来。自己答应过的事，别人尽可放心，因为自己一定会完成。要注意两点：第一，就算自己控制不了的，仍是自己的责任，因为那仍是自己人生的一部分；第二，没有把握的事不要做出承诺。"言出必准"指的是你说的完全跟你内心的认知感觉一致。

35. 所有成功的管理者，特别是那些成功而轻松的管理者，都是懂得善于运用能力权和感召权这两种权力的人。前三种权力是企业给予的，这也意味着企业亦能收回，只有后两种权力才是个人终身相随、终身受用的。

36. 现金流问题导致中小企业死亡的原因主要有几个方面：没有严格管理现金流；参与企业愿景路线以外的合作与投资；盲目投资业务以外的项目；订单快速增加而没有做好现金流预算。

37. 企业现金流没做好，还会导致一种"因成功而死亡"的现象。

38. 作为中小企业的老板，首先要对自身有清醒的认知。认清自己能做什么，不能做什么；自己的主业与竞争优势在哪里，自己的弱势又是什么，在市场竞争中处于何种地位，从而做"小而精"；当盈利达到目标或远超目标时，赚到想赚的钱却并不一定要做大，做大有时候并不是最好反而可能是负担，这才是中小企业的生存之道。

39. 要具备"从系统看个人，从未来看当下"的系统观，也就是说要注重整体平衡，强调"三赢"——企业好、员工好、社会好，即追求三方面都有良好的、满意的结果。

40. 新时代企业家应树立起系统观，看到系统的整体，先把自己搞好，得到家庭的支持，搞好团队，就能把事业搞好，让你的企业有成功的未来。

41. 经营企业必须有的信念为：老板需要相信企业有"活的资格"，能够做好与取得成功；老板需要改变旧的运营模式与思维模式。

42. 要改变企业一切无效的行为，唯一的途径是改变老板的思维，老板需要有全新的思维与心智才能得到成长，企业才有可能成功。

43. 要想成功，就必须坚持以下信念：终身学习，而不是依赖别人帮你寻求出路；必须改变，不要再坚持无效果的做法与模式。

44. 经营管理企业是很简单的，不简单是我们的能力不支持它简单。

45. 获得简单而又有效的心智需要老板关注自身的心智成长，扩大格局、视野；需要老板提升自己的情绪、压力管理能力和本人的人生策划能力；需要老板提高有效引导的能力，包括沟通、人际关系、教练等能力；需要老板把关注点放在市场变化、社会进步上，力求把握先机，为企业的未来发展创建空间，也为整个社会做出贡献。

46. 经营企业，说到底其实经营的是一种关系，这当中包括对外与顾客和供应商的关系，对内与员工的关系。

47. 优秀企业家的特质有：思考、谈论的焦点放在未来；用"战略单品"作为企业成长突破和企业转型的利器；受愿景和使命驱动，带动企业不断发展；乐于享受工作挑战带来的乐趣；能够结交志同道合的朋友。

《心智力——商业奇迹的底层思维》一书除了讲述了以上六个维度的观点和方法，还大量穿插了瀚霆研习会实践的真实案例，结合16种独创的瀚霆方法论，将管理学和心理学有机地结合在一起，构建起瀚霆独到的商业思维底层逻辑。这些我亲历的案例和方法曾经给予许多企业家和朋友深刻的启发。所以，我将此书推荐给你，希望你也能从中收获商业奇迹的秘诀！

结束语

一个有趣的问题是：企业的薪酬设计如何跟上我们这个时代的快节奏变化？

这是一位企业家朋友向我提出的问题。这个看似没有由来的问题，一时间颇让我摸不着头脑。

不过，从这个问题中我能深切地感受到，很多企业家在面对市场环境发生变化时内心产生的焦虑。俗话说，"计划赶不上变化"。老板们担心自己的薪酬跟不上时代的变化速度，担心在高速变化的市场环境中，自己的薪酬计划会失效。

计划赶不上变化，是因为你的计划里没有涵盖变化。过往的薪酬理论和方法之所以会失效，是因为薪酬结构过于单一、变化幅度小、灵活性匮乏，致使其在面对未知的变化时，无法充分展现薪酬的调整能力和适应性。

"八字方针"以人性和战略作为基点，为企业的薪酬构建良好的底层逻辑和顶层思维，可以从根源上为企业的薪酬设计提供理念指导；在"八字方针"的指导下，我们构建了四维薪酬体系。四维薪酬很好地将岗位价值、能力创造、价值贡献、战略驱动等核心元素纳入薪酬的价值评判中，实现了对企业的全方位评估，真正做到了包容性、灵活性和对复杂变化的适应性，尤其是将绩效成果和战略事件统筹于一个薪酬模式下，可以更好地实现企业和个人的联结，帮助企业应对"VUCA 时代"的快速变化。

实际上，薪酬自诞生以来就一直在跟随时代的变化而变化。从第一次工业革命时起，工厂主不重视薪酬，工人被当作工具，无法获得足够的工资，难以维持生活；到第二次工业革命，企业出现职业经理人，组织走向专业化，工人的工资变得相对稳定，出现了各种福利待遇；再到第三次工业革命，薪酬开始走向个性化、多样化、复杂化，各种薪酬模式不断出现，推陈出新。可以说，变化是薪酬的常态。如何掌握薪酬的变化往往是企业制胜的关键！

作为一名资深的企业经营管理顾问，我对这一点深有感触：最近十几年，随着国内企业的蓬勃发展，大量关于薪酬的理论和方法也如雨后春笋般冒了出来。其中很多如昙花一现、转瞬即逝，而那些得以保留，并持续"发光发热"的，一定是那些足以帮助企业在动荡、变化的市场环境中掌握制胜密码的薪酬理论和方法。

在 20 多年的咨询管理服务中，我和我的团队始终秉持谦逊的态度，对这些数百年薪酬发展逐渐累积起来的普世经验和基本方法进行辩证式地学习与吸收，继承与发扬，创新与发展，继而运用到企业的管理服务中，获得了大量实践经验。

关于这部分的核心内容，我放到了本套书籍的第二册，也就是《成也薪酬　败也薪酬——从入门到精通的四维薪酬设计全案》中，作为"术器"部分向大家进行详细的讲述。在第二册中，我还详细地阐述了四维薪酬体系的构建思路、方法、步骤和操作流程，以及 20 多年来从实践中不断积累的丰富案例，希望为薪酬工作者和企业管理者提供切实有效的方法指导和实践案例。

同时，我也意识到企业老板对于薪酬知识的热切渴求。他们想要了解关于薪酬的知识，想要知道企业在薪酬问题上到底应该何去何从。于是，我希望站在老板的角度，为他们创作一本直切薪酬痛点，正中薪酬要害的书籍，这就是我编写本书的初衷。

不过，正所谓"纸上得来终觉浅，绝知此事要躬行"。薪酬是一门面向个体性、不确定性和无限可能性的艺术。针对每一种特殊情况，往往需要企业在具体实践中根据自身情况进行大量专业的调查、分析、研究和设计，无法简单复制现成经验。所以，如果你在运用本书中的部分方法时，出现中止或无法具体执行的情况，请不要自我怀疑，欢迎联系我，与我沟通交流，共同探讨解决方案。

欢迎读者朋友们提供宝贵的意见，也期待与各行各业的老板、管理者、薪酬工作者和爱好者积极探讨，共同研究。

最后，对于薪酬，我还要在此强调以下内容。

薪酬是一个系统性工程。我的每一个案例以及解决办法往往是针对某个问题展开解读的，只是一个启发，供你参考，而非万能良药！

薪酬是一个个性化工程。每一个企业内部的愿景使命、企业文化、组织架构、岗位设置、职责权限、人才状况，外部的品牌影响、产品、市场、客户都不一样。所以，薪酬设计往往也大相径庭。"我之良药，你之砒霜"，你的薪酬设计不一定适合我，我的薪酬设计也未必适合你。简单的套用对于企业的薪酬设计来说，是危险的！

薪酬是一个战略性工程。仅仅把薪酬当作一类问题的解决、一项策略的应用、一个利益模式的分配，都是极为短视的行为，可能为企业将来的发展埋下祸根，为企业长远的发展带来麻烦。当然，对于完全为未来而设计的薪酬，因为缺少现实的激励效果，谁又会愿意跟着你一起干呢？

对于企业来说，真正成功的薪酬，应该是能够孕育出更加成功的企业，是可以帮助管理者实现"企业好、员工好、社会好"的"三赢"局面的薪酬。

读者可以通过扫描下面的微信二维码联系作者，获取本书中提到的相关资料。同时，作者正在撰写如何通过"一司一图、一部一表、一岗一级、一能一档、一责一薪、一绩一酬、一人一书"等"七个一"，用极简的管理方法打通公司战略到个人绩效的"任督二脉"的引爆企业人效的书稿，读者可以通过扫描下面的微信二维码，获得相关资讯及内容。